高等职业教育系列教材

COMPUTER TECHNOLOGY

# 人工智能技术

主 编 | 郑孝宗 何 欢
副主编 | 刘 桐 张桂英 周 艺

机械工业出版社
CHINA MACHINE PRESS

本书系统介绍了人工智能的基本原理、方法和技术，并反映国内外研究和应用的最新进展。全书共11章。第1章主要介绍人工智能从业人员的职业道德及行业准则和人工智能视角下的企业文化和职业素养。第2章主要介绍人工智能技术的定义、经典问题、发展史和产品应用等。第3章主要介绍人工智能与大数据、数据采集与预处理、数据可视化。第4章介绍了机器学习的学习类型、分类、常见任务及其应用。第5、6章对神经网络和深度学习做了引导性综述，包括图片识别、BP神经网络的数据分类、卷积神经网络、循环神经网络。第7章介绍了计算机视觉技术在图像分类和人脸识别中的应用。第8章介绍了中文分词原理和各种模型与算法设计。第9章对语音与语音识别过程进行了详细的介绍。第10、11章详细介绍了人工智能开发环境的设置与机器人的具体实现，以开阔读者的眼界。

本书内容丰富，叙述脉络清晰，实用性强，同时配有丰富的习题，可作为高等职业院校计算机相关专业高职专科生教材，也可作为人工智能工程技术人员的培训教材。

本书配有微课视频，扫描二维码即可观看。另外，本书配有教学资源包，需要的教师可登录机械工业出版社教育服务网（www.cmpedu.com）免费注册，审核通过后下载，或联系编辑索取（微信：13261377872，电话：010-88379739）。

### 图书在版编目（CIP）数据

人工智能技术/郑孝宗，何欢主编 . —北京：机械工业出版社，2023.7
高等职业教育系列教材
ISBN 978-7-111-72471-1

Ⅰ．①人… Ⅱ．①郑… ②何… Ⅲ．①人工智能-高等职业教育-教材 Ⅳ．①TP18

中国国家版本馆 CIP 数据核字（2023）第 057426 号

机械工业出版社（北京市百万庄大街22号 邮政编码100037）
策划编辑：王海霞　　　　　责任编辑：王海霞
责任校对：薄萌钰　赵小花　责任印制：单爱军
北京虎彩文化传播有限公司印刷
2023年7月第1版·第1次印刷
184mm×260mm·13.75 印张·358 千字
标准书号：ISBN 978-7-111-72471-1
定价：59.00 元

电话服务　　　　　　　　网络服务
客服电话：010-88361066　机　工　官　网：www.cmpbook.com
　　　　　010-88379833　机　工　官　博：weibo.com/cmp1952
　　　　　010-68326294　金　　书　　网：www.golden-book.com
封底无防伪标均为盗版　　机工教育服务网：www.cmpedu.com

# Preface 前 言

作为计算机科学与技术的重要研究与应用分支，人工智能（Artificial Intelligence，AI）的发展几起几落，终于迎来了硕果累累的时期。毫无疑问，一如当年的计算机，之后的网络与因特网，接着的物联网、云计算与大数据，今天，人工智能技术与这些技术一样，是每个人必须关注、学习和重视的知识。

党的二十大报告指出，推动战略性新兴产业融合集群发展，构建新一代信息技术、人工智能、生物技术、新能源、新材料、高端装备、绿色环保等一批新的增长引擎。

人工智能技术是研究、开发用于模拟、延伸和扩展人的智能的理论、方法、技术及应用系统的一门技术科学，它试图了解人类智能的本质，并生产出新的能以人类智能相似的方式做出反应的智能机器。可以想象，未来人工智能技术带来的科技产品，将会是人类智慧的"容器"。人工智能技术不是人的智能，但能像人一样思考，甚至可能超过人的智能。

人工智能技术是一门极富挑战性的科学，包括十分广泛的知识内容。本书编写的目的是契合当前人工智能技术的发展，为人工智能工程技术人员提供培训教材。全书主要内容包括：绪论、人工智能概述、人工智能与大数据、机器学习、神经网络、深度学习、计算机视觉、自然语言处理、语音与语音识别、人工智能开发环境和机器人的实现等。

本书共11章。第1章主要介绍人工智能从业人员职业道德及行业准则，以及人工智能视角下的企业文化和职业素养。第2章主要介绍人工智能技术的定义、经典问题、发展史和产品应用等。第3章主要介绍人工智能与大数据、数据采集与预处理、数据可视化。第4章介绍了机器学习的学习类型、分类、常见任务及其应用。第5章介绍了神经网络的基本原理、利用神经网络进行图片识别、BP神经网络的数据分类等。第6章从深度学习的基本概念入手，介绍了卷积神经网络、循环神经网络。第7章介绍了计算机视觉技术中的图像分类和人脸识别。第8章主要介绍中文分词原理和各种模型与算法设计。第9章介绍了语音与语音识别过程。第10章主要介绍了人工智能开发环境的设置与应用实现。第11章对机器人的具体实现进行了详细的介绍说明。

本书较为系统、全面地介绍了人工智能技术的相关概念与理论，每一章都有相关思政案例进行导入学习，既简明扼要地介绍了人工智能相关算法、深度学习等技术的分析、研究和开发，又对从事人工智能系统设计、优化、运维、管理和应用的工程技术人员进行专业知识培训，从而使参加考试者获得新的职业工种证书：人工智能工程技术人员。

本书的编写和整理工作主要由重庆电子工程职业学院人工智能技术教材编写组和科大讯飞股份有限公司完成，其中郑孝宗老师和何欢老师为主编，任月辉老师编写了第1章，刘桐老师和张桂英老师共同编写了第2章，郑孝宗老师和余平老师共同编写了第

3章，华成丽老师编写了第4章，尹宽老师编写了第5章，陈文杰老师编写了第6章，赵思雨老师、朱堂勋老师和吴明元老师共同编写了第7章，周艺老师编写了第8章，何欢老师编写了第9章，张浩淼老师编写了第10章，黄将诚老师和科大讯飞股份有限公司的王硕共同编写了第11章。同时，郑孝宗老师和刘桐老师负责全书统筹、修改工作。经过近一年的辛苦付出和努力，本书稿终于完成，在此，对全体成员表示衷心的感谢，同时感谢为本书撰写工作提供宝贵素材的企业，感谢石玉林等同学对书中案例进行优化，还要感谢机械工业出版社王海霞编辑给予的宝贵意见和指导。

尽管我们尽了最大的努力，但由于水平有限，书中难免存在不妥之处，恳请各界专家和广大读者提出宝贵意见，以便在后期改版时修正，也可以通过电子邮件 36282156@qq.com 与我们联系。

编　者

# 目 录 Contents

## 前言

## 第1章 绪论 ... 1

- 1.1 人工智能从业人员职业道德及行业准则 ... 1
  - 1.1.1 职业道德 ... 1
  - 1.1.2 行业准则 ... 2
  - 1.1.3 职业道德挑战 ... 3
- 1.2 职业素养与企业文化 ... 4
  - 1.2.1 职业素养 ... 5
  - 1.2.2 企业文化 ... 7
  - 1.2.3 人工智能视角下的企业文化和职业素养 ... 8
- 1.3 习题与练习 ... 9

## 第2章 人工智能概述 ... 11

- 2.1 人工智能的定义 ... 11
  - 2.1.1 智能的定义 ... 11
  - 2.1.2 智能的特征 ... 12
  - 2.1.3 人工智能的定义 ... 13
- 2.2 人工智能的经典问题 ... 14
  - 2.2.1 图灵测试 ... 14
  - 2.2.2 中文屋子 ... 17
- 2.3 人工智能的发展史 ... 17
  - 2.3.1 孕育阶段 ... 17
  - 2.3.2 形成阶段 ... 18
  - 2.3.3 发展阶段 ... 19
  - 2.3.4 我国人工智能的发展 ... 20
  - 2.3.5 人工智能的学派 ... 21
- 2.4 人工智能的应用分支 ... 22
  - 2.4.1 认知 ... 23
  - 2.4.2 机器学习 ... 23
  - 2.4.3 深度学习 ... 23
- 2.5 人工智能产品应用体系 ... 24
  - 2.5.1 人工智能产品的定义 ... 24
  - 2.5.2 人工智能产品及服务体系 ... 24
  - 2.5.3 智能金融 ... 25
  - 2.5.4 智慧城市 ... 27
  - 2.5.5 智慧交通 ... 32
  - 2.5.6 智能制造 ... 34
  - 2.5.7 智能家居 ... 37
- 2.6 习题与练习 ... 40

## 第3章 人工智能与大数据 ... 42

- 3.1 人工智能与大数据概述 ... 42
  - 3.1.1 大数据产生背景 ... 43
  - 3.1.2 大数据的特征 ... 43
  - 3.1.3 大数据的精髓 ... 44

3.1.4 了解大数据理论 ……………… 44
3.1.5 大数据编程主要工具软件 …… 45
3.1.6 大数据与人工智能的关系 …… 48
3.1.7 大数据与人工智能带来的
　　　社会变革 ……………………… 49
3.2 数据采集与预处理 ………………… 50
3.2.1 数据采集的对象 ……………… 50
3.2.2 数据采集简介 ………………… 51
3.2.3 大数据的预处理 ……………… 52
3.3 数据可视化 ………………………… 53
3.3.1 数据可视化简介 ……………… 54
3.3.2 数据可视化工具 ……………… 55
3.3.3 数据可视化案例 ……………… 57
3.4 习题与练习 ………………………… 58

# 第4章 机器学习应用技术 …………… 60

4.1 机器学习简介 ……………………… 60
　4.1.1 机器学习的发展 ……………… 61
　4.1.2 机器学习的定义 ……………… 61
4.2 机器学习的学习类型 ……………… 64
　4.2.1 非监督学习 …………………… 65
　4.2.2 监督学习 ……………………… 65
　4.2.3 强化学习 ……………………… 66
4.3 机器学习的分类 …………………… 68
4.4 机器学习的常见任务及其应用 …… 70
　4.4.1 机器学习的常见任务 ………… 70
　4.4.2 机器学习的应用 ……………… 72
4.5 习题与练习 ………………………… 73

# 第5章 神经网络应用技术 …………… 75

5.1 神经网络基本原理 ………………… 75
　5.1.1 生物神经网络 ………………… 75
　5.1.2 人工神经网络 ………………… 77
5.2 神经网络的应用——图片识别 …… 78
　5.2.1 卷积神经网络 ………………… 79
　5.2.2 手写数字识别 ………………… 81
5.3 BP神经网络的数据分类——
　　语音特征信号分类 ………………… 82
　5.3.1 BP神经网络 ………………… 82
　5.3.2 语音特征信号识别 …………… 85
5.4 RBF网络——非线性函数
　　回归的实现 ………………………… 86
5.5 习题与练习 ………………………… 87

# 第6章 深度学习应用技术 …………… 89

6.1 深度学习基本概念 ………………… 89
　6.1.1 深度学习相关人物介绍 ……… 90
　6.1.2 为什么需要深度学习 ………… 90
　6.1.3 深度学习的三大要素 ………… 92
6.2 卷积神经网络 ……………………… 92
　6.2.1 卷积神经网络特性 …………… 92
　6.2.2 卷积神经网络核心原理 ……… 93
6.3 循环神经网络 ……………………… 94
　6.3.1 循环神经网络的引入 ………… 94
　6.3.2 循环神经网络的历史 ………… 95
　6.3.3 循环神经网络原理介绍 ……… 96
　6.3.4 循环神经网络示例 …………… 97
6.4 深度学习的应用 …………………… 98
　6.4.1 机器博弈 ……………………… 98

6.4.2 自动驾驶 ……………………………… 99
6.4.3 智能机器人 …………………………… 99
6.5 习题与练习 …………………………………… 100

# 第 7 章 计算机视觉技术 …………………………… 102

7.1 OpenCV 的安装及环境配置 …… 102
7.2 图像分类 …………………………………… 103
   7.2.1 数字图像成像原理 …………… 104
   7.2.2 数字图像基础 ………………… 109
   7.2.3 视频处理基础 ………………… 112
7.3 人脸识别 …………………………………… 115
   7.3.1 人脸识别基础 ………………… 115
   7.3.2 人脸识别原理 ………………… 117
   7.3.3 人脸识别项目实战 …………… 119
7.4 习题与练习 ………………………………… 129

# 第 8 章 自然语言处理 …………………………… 131

8.1 语言的形态 ………………………………… 131
   8.1.1 语言的形态分类 ……………… 131
   8.1.2 自然语言与编程语言 ………… 132
8.2 中文分词原理 ……………………………… 133
   8.2.1 中文分词的难点 ……………… 133
   8.2.2 常见中文分词方法 …………… 134
   8.2.3 常见中文分词工具 …………… 135
8.3 统计语言模型 ……………………………… 135
   8.3.1 模型 …………………………… 135
   8.3.2 参数计算 ……………………… 136
8.4 NLP 算法设计 …………………………… 136
   8.4.1 切分算法 ……………………… 136
   8.4.2 正向最大匹配 ………………… 136
   8.4.3 逆向最大匹配 ………………… 137
   8.4.4 双向最大匹配 ………………… 137
8.5 文本数据标注管理与质量检验 ……………………………… 138
   8.5.1 数据标注管理 ………………… 138
   8.5.2 数据标注质量检验 …………… 140
8.6 习题与练习 ………………………………… 142

# 第 9 章 语音与语音识别 …………………………… 144

9.1 语音中的噪声 ……………………………… 144
   9.1.1 语音的特性 …………………… 144
   9.1.2 噪声的特性 …………………… 145
   9.1.3 语音增强 ……………………… 145
9.2 语音标注规范 ……………………………… 146
9.3 语音标注管理与质量检验 ………… 146
9.4 语音识别过程 ……………………………… 148
   9.4.1 特征提取 ……………………… 148
   9.4.2 声学模型 ……………………… 152
   9.4.3 语言模型 ……………………… 154
   9.4.4 字典与解码 …………………… 155
9.5 语音识别的相关算法 …………… 156
   9.5.1 基于动态时间规整的算法 …… 156
   9.5.2 基于参数模型的隐马尔可夫模型的方法 ………………… 159
   9.5.3 基于非参数模型的矢量量化（VQ）的方法 …………………… 161
9.6 语音识别应用场景及产品分类 ……………………………… 162
9.7 习题与练习 ………………………………… 163

# 第 10 章　人工智能开发环境 ... 166

## 10.1　Linux 操作系统 ... 166
### 10.1.1　Linux 发展历程 ... 167
### 10.1.2　Linux 主要特性 ... 167
### 10.1.3　安装 Ubuntu 18.04 ... 168

## 10.2　shell 指令 ... 171
### 10.2.1　什么是 shell 指令 ... 171
### 10.2.2　shell 的作用详析 ... 172
### 10.2.3　常见的 shell 指令 ... 172
### 10.2.4　shell 指令的应用 ... 174

## 10.3　Python 的安装与移植 ... 176
### 10.3.1　Python 语言在人工智能中的功能及优势 ... 176
### 10.3.2　在不同操作系统中如何搭建 Python 编程环境 ... 177
### 10.3.3　解决安装问题 ... 183

## 10.4　习题与练习 ... 184

# 第 11 章　机器人的实现 ... 186

## 11.1　ROS 基本原理 ... 186
### 11.1.1　ROS 架构设计 ... 186
### 11.1.2　计算图 ... 187
### 11.1.3　文件系统 ... 189
### 11.1.4　开源社区 ... 189
### 11.1.5　ROS 的通信机制 ... 190

## 11.2　ROS 平台搭建 ... 192
### 11.2.1　操作系统与 ROS 版本的选择 ... 192
### 11.2.2　配置系统软件源 ... 193
### 11.2.3　添加 ROS 软件源 ... 193
### 11.2.4　添加密钥 ... 194
### 11.2.5　安装 ROS ... 194
### 11.2.6　初始化 rosdep ... 194
### 11.2.7　设置环境变量 ... 195
### 11.2.8　构建工厂依赖 ... 195
### 11.2.9　完成安装 ... 195

## 11.3　ROS 机器人运动控制 ... 195
### 11.3.1　机器人的组成 ... 195
### 11.3.2　机器人系统搭建 ... 196
### 11.3.3　硬件平台 ... 197
### 11.3.4　控制系统与 MRobot 通信 ... 197
### 11.3.5　PC 端控制 MRobot ... 198

## 11.4　ROS 机器人的路径规划与导航 ... 199
### 11.4.1　准备工作 ... 199
### 11.4.2　gmapping ... 199
### 11.4.3　导航功能包 ... 201

## 11.5　对话机器人分类 ... 203
### 11.5.1　按技术实现方式分类 ... 204
### 11.5.2　按对话领域分类 ... 204
### 11.5.3　按功能角度分类 ... 205

## 11.6　对话机器人技术对比 ... 207
### 11.6.1　深度学习 ... 207
### 11.6.2　人工模板 ... 209
### 11.6.3　检索技术 ... 209

## 11.7　习题与练习 ... 210

# 参考文献 ... 212

# 第 1 章 绪论

## 1.1 人工智能从业人员职业道德及行业准则

本节介绍人工智能从业人员职业道德的基本概念、人工智能从业人员的特征、人工智能从业人员行业准则，包括国内外新一代人工智能治理准则，以及人工智能从业人员职业道德行为面临的三个方面的挑战。

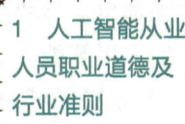 

1 人工智能从业人员职业道德及行业准则

### 1.1.1 职业道德

**1. 职业道德的定义**

职业道德是指担负不同社会责任和服务的人员应当遵循的道德准则[1]。它通过人们的信念、习惯和社会舆论而起作用，成为人们评判是非、辨别好坏的标准和尺度，从而促使人们不断增强职业道德观念，不断提高服务水平。

职业道德是社会道德体系的重要组成部分，它一方面具有社会道德的一般作用，另一方面它又具有自身的特殊作用。

**2. 人工智能从业人员的职业道德**

人工智能从业人员的职业道德是指担负人工智能研究、开发、生产、服务的人员应当遵循的道德准则。它较之其他职业活动有更特殊的一面，即存在伦理问题。所以对它的是非评判、好坏辨别的标准和尺度，要不断更新，才能更好地为人类服务。人工智能专业技术人员是指有一定人工智能基础知识并有较高人工智能专业知识和技术的人员。

广义的职业道德是指从业人员在职业活动中应该遵循的行为准则，涵盖了从业人员与企业、从业人员与客户、从业人员之间的关系，以增强企业的凝聚力。

狭义的职业道德是指在一定职业活动中应遵循的、体现一定职业特征的、调整一定职业关系的职业行为准则和规范。

不同职业的人员在特定的职业活动中形成了特殊的职业关系，包括了职业主体与职业服务对象之间的关系、职业团体之间的关系、同一职业团体内部人与人之间的关系，以及职业劳动者、职业团体与国家之间的关系。无论你从事的工作有多么特殊，它总是离不开一定的岗位责任、规章制度和职业道德的约束。

**3. 人工智能从业人员的特征**

（1）专业性

人工智能从业人员应具备基本的编程能力，对数据结构和基础算法有一定的了解，熟练使用 Python、C++或者 Java 等编程语言，会使用 Hadoop、Spark 对数据进行整合和挖掘。

（2）架构性

人工智能从业人员能够搭建一个人工智能系统，比如搜索系统、人脸识别系统、图像检索系统、推荐系统等；具备数据链路的设计、整体系统的架构、甚至前后端的衔接等多方面知识。

（3）人文素养

对于人工智能的发展，我们每个人都需要一定的"程序员素质"，因为人工智能是各个领域不可逆转的发展趋势。从赢得未来的角度来看，在人机交流的时代，谁能掌握编程语言，谁就是新的领导者。

（4）情怀性

从情怀角度，我国人工智能领域呼唤大国工匠。目前，我国每年人工智能人才缺口超过 100 万人，而我国的人工智能尖端人才不足美国的 6%，在人才培养的数量和质量上远远不能满足国家人工智能发展战略的需求。未来人工智能领域的竞争主要体现在人才之争，如何补上人才短板，打造人工智能产业的人才高地？目前我们提出了以下思考：

1）制定人工智能领域的人才培养和学科建设方案。

2）人工智能是一个交叉学科，跨度大，培养难度大，必须形成专业化、规范化和规模化的人工智能人才培养体系。

3）吸引海内外优秀领军人物参与我国人工智能发展。

4）打造高端人才聚集地，加强产学研合作，助力未来涌现出新的"大国工匠"。

### 1.1.2 行业准则

人工智能的发展可能引发方方面面的社会问题，如改变就业结构、冲击法律与社会伦理、侵犯个人隐私、挑战国际关系准则等，这些问题都对政府管理、经济安全和社会稳定甚至全球治理产生深远影响。

目前各国都十分重视研究人工智能准则，中国、美国、日本、新加坡、欧盟、澳大利亚等国家和组织都加大了对数据滥用、侵犯个人隐私、违背道德伦理等行为的惩戒力度。

阿西洛马人工智能 23 条原则是于 2017 年 1 月阿西洛马会议上由来自全球各地的顶级行业领袖讨论后制定的，旨在确保人类在新技术出现时能顺利规避其潜在的风险。

2019 年 6 月 17 日，我国国家新一代人工智能治理专业委员会发布《新一代人工智能治理原则——发展负责任的人工智能》，提出了人工智能治理的框架和行动指南，强调了和谐友好、公平公正、包容共享、尊重隐私、安全可控、共担责任、开放协作、敏捷治理八条原则。

（1）和谐友好

人工智能发展应以增进人类共同福祉为目标；应符合人类的价值观和伦理道德，促进人机和谐，服务人类文明进步。

（2）公平公正

人工智能发展应促进公平公正，保障利益相关者的权益，促进机会均等。通过持续提高技术水平、改善管理方式，在数据获取、算法设计、技术开发、产品研发和应用过程中消除偏见和歧视。

（3）包容共享

人工智能应促进绿色发展，符合环境友好、资源节约的要求；应促进协调发展，推动各行各业转型升级，缩小区域差距；应促进包容发展，加强人工智能教育及科普，提升弱势群体适应性，努力消除数字鸿沟；应促进共享发展，避免数据与平台垄断，鼓励开放有序竞争。

（4）尊重隐私

人工智能发展应尊重和保护个人隐私，充分保障个人的知情权和选择权。在个人信息的收集、存储、处理、使用等各环节应设置边界，建立规范。完善个人数据授权撤销机制，反对任何窃取、篡改、泄露和其他非法收集利用个人信息的行为。

（5）安全可控

人工智能系统应不断提升透明性、可解释性、可靠性、可控性，逐步实现可审核、可监督、可追溯、可信赖。高度关注人工智能系统的安全，提高人工智能鲁棒性及抗干扰性，形成人工智能安全评估和管控能力。

（6）共担责任

人工智能研发者、使用者及其他相关方应具有高度的社会责任感和自律意识，严格遵守法律法规、伦理道德和标准规范。建立人工智能问责机制，明确研发者、使用者和受用者等的责任。人工智能应用过程中应确保人类知情权，告知可能产生的风险和影响。防范利用人工智能进行非法活动。

（7）开放协作

鼓励跨学科、跨领域、跨地区、跨国界的交流合作，推动国际组织、政府部门、科研机构、教育机构、企业、社会组织、公众在人工智能发展与治理中的协调互动。开展国际对话与合作，在充分尊重各国人工智能治理原则和实践的前提下，推动形成具有广泛共识的国际人工智能治理框架和标准规范。

（8）敏捷治理

尊重人工智能发展规律，在推动人工智能创新发展、有序发展的同时，及时发现和解决可能引发的风险。不断提升智能化技术手段，优化管理机制，完善治理体系，推动治理原则贯穿人工智能产品和服务的全生命周期。对未来更高级人工智能的潜在风险持续开展研究和预判，确保人工智能始终朝着有利于人类的方向发展。

### 1.1.3 职业道德挑战

人工智能从业人员在职业道德和行为规范方面面临着安全、隐私、伦理挑战。

**1. 安全性挑战**

（1）反黑客行动永不停歇

人工智能对人类的作用很大程度上取决于人们如何使用与管理。人工智能从业人员首先不得从事黑客行为，其次还要加固技术，管理利用好人工智能，做到无漏洞可破。

黑客利用人工智能技术，通过智能方法发起网络攻击，智能化的网络攻击软件能自我学习，模仿系统中用户的行为，并不断改变方法，以期尽可能长时间地停留在计算机系统中非法窃取私人信息和破坏数据，左右和控制公众的认知和判断。

（2）深挖技术或管理缺陷

技术或管理缺陷，使人工智能系统工作异常，产生安全隐患。人工智能从业人员必须深挖技术或管理缺陷，完善安全防护技术或措施，杜绝人工智能系统按照犯罪分子的指令，做出对人类有害的事情。杜绝机器人、无人智能系统的设计、生产不当导致运行异常等情况的发生。

（3）超级智能的到来

超级智能机器人或人工智能系统能够自我演化，发展出类人的自我意识，对人类的主导性甚至存续造成威胁。不加约束地开发人工智能技术，会让机器获得超越人类智力水平的智能机器情感和机器意识，并引发一些难以控制的安全隐患。人工智能从业人员应做好应对措施，实现技术突破，应对风险的出现、威胁的爆发。

**2. 隐私保护挑战**

（1）智能系统比人更了解人

智能系统通过数据采集设施掌握了个人指纹、心跳、睡眠时间、饮食习惯、锻炼时间、体征变化等数据。这些数据如果使用得当，可以提升人类的生活质量，但如果出于商业目的非法使用某些私人信息，就会造成隐私侵犯。对数据的保密性、严肃性是人工智能从业人员必须具有的职业操守。

（2）云端隐私保护

云端隐私保护也是人工智能从业人员需要考虑的问题。云计算技术使用便捷、成本低廉，基于共享池实现按需式资源，将隐私数据信息存储至云端后，这些信息就容易遭到各种威胁和攻击。

（3）知识抽取整合

由数据到知识的抽取是人工智能的重要能力，知识抽取工具正在变得越来越强大，无数个看似不相关的数据片段可能会被整合在一起，识别出个人行为特征甚至性格特征。例如：只要将消费者的网站浏览记录、聊天内容、购物过程和其他各类别记录数据组合在一起，就可以描绘出其行为轨迹，并可分析出个人偏好和行为习惯，从而进一步预测出该消费者的潜在需求，商家可提前为其提供必要的信息、产品或服务。但是这些个性化定制过程又伴随着个人隐私的泄露和曝光，人工智能从业人员需要考虑如何规范隐私保护并与技术应用同步。

**3. 伦理规范挑战**

（1）机器人的行为规则

人工智能正在替代人的很多决策行为，智能机器人在做出决策时，同样需要遵从人类社会的各项规则。比如：假设无人驾驶汽车前方人行道上出现3个行人而无法及时刹车，智能系统是应该选择撞向这3个行人，还是转而撞向路边的1个行人？人工智能技术的应用，正在将一些生活中的伦理性问题在系统中规则化。如果在系统的研发设计中未与社会伦理约束相结合，就有可能在决策中遵循与人类不同的逻辑，从而导致严重后果。

（2）机器人的教育

有伦理学家认为，未来机器人不仅有感知、认知和决策能力，人工智能在不同环境中学习和演化，还会形成不同的个性。据新华网报道，国外研发的某聊天机器人在网上开始聊天后不到24个小时，竟然学会了发表种族主义的言论，这引发了人们对机器人教育问题的思考。尽管人工智能未来未必会产生自主意识，但可能会发展出不同的个性特点，而这是受其使用者影响的。机器人使用者需要承担类似监护人一样的道德责任甚至法律责任，以免对社会文明产生不良影响。

**4. 启示与建议**

人类社会即将进入人机共存的时代，为确保机器人和人工智能系统运行受控，且与人类能和谐共处，人工智能从业人员在设计、研发、生产和使用过程中，需要采取一系列的应对措施，妥善应对人工智能的安全、隐私、伦理问题和其他风险。

## 1.2 职业素养与企业文化

根据职业素养与企业文化定义，引出职业素养的三大核心、企业文化的力量、安全企业文化的重要性、人工智能视角下的企业文化和职业素养等内容。

## 1.2.1 职业素养

高凤林，刚参加工作时，牢记师傅教导"要尊重你的工作对象"这样的职业信念，用实际行动将自己的职业素养和工匠精神传授给徒弟们，他说："我最希望他们从我身上学到的还是对做人的理解，以及对事业的专注、投入、执着，还有时刻准备吃苦的精神，只有不断努力、追求极致，才能不断获得成长。"他不愧是世界顶级焊工，专门负责焊接我国的航天器部件，解决十余项工艺焊接难题。当他戴上面罩，拿起焊枪时就进入一种心无杂念的状态，这是对用户、对产品的高度负责，成为做一行、爱一行、钻一行的典型模范。

**1. 定义**

职业素养是人类在社会活动中需要遵守的行为规范。个体行为的总和构成了自身的职业素养，职业素养是内涵，个体行为是外在表象。它包括：

1）职业信念。
2）职业行为习惯。
3）职业技能。

前两项是职业素养中的基本部分，而职业技能是支撑职业人生的表象内容。前两项是世界观、价值观、人生观范畴的产物。从出生到退休或至死亡逐步形成和逐渐完善的过程，也就是人的思想形成和提高的过程。而最后一项，是通过学习、培训、实践来获得的。三者缺一不可，思想行为好，但是技能不行，不能为企业和团体创造价值；而技能过硬，思想不好，可能会给企业、团体、国家带来危险和损失。

**2. 职业素养的三大核心**

（1）职业信念

"职业信念"是职业素养的核心。良好的职业素养包涵了良好的职业道德、正面积极的职业心态和正确的职业价值观意识，是一个成功职业人必须具备的核心素养。它是指引我们职业前进的方向和航标灯。信念错误、方向错误和迷失，一切都是枉然。

不同行业、不同企业和单位都有自己的企业文化，以此来要求职工具备一定的职业信念、道德和价值观，作为一个中国人除了要具有基本的社会主义核心价值观外，良好的职业信念还应该由爱岗、敬业、忠诚、奉献、正面、乐观、用心、开放、合作及始终如一等关键词组成。

（2）职业行为习惯

职业素养就是在职场上通过长时间地学习、改变、形成，而最后变成习惯的一种职场综合素质。要让正确的信念、良好的技能发挥作用就需要不断地练习，做到内化于心、形成定律、形成自觉、直到成为习惯。这种习惯是在经过筛选后的一种自然行为。只有形成良好的职业行为习惯，个人的成长和企业、国家的发展才能是健康的、可持续的。

（3）职业技能

"职业技能"是从事一份职业应该具备的专业知识和能力。它要求职业人要有刻苦钻研和不断学习的能力，社会和技术的进步要求我们不能故步自封，要不断提高和创新，达到精益求精是对我们职业技能的基本要求。

**3. 职业素养的四个元素**

（1）工作境界

态度决定事业和人生的高度。

有人把工作看成谋生手段，庸庸碌碌，他是用力在工作；有人把工作看成职业选择，忙忙碌碌，他是用心在工作；有人把工作看成事业追求，兢兢业业，他是用情在工作。用力、用心、用情，就是三个不同的境界。境界不同，高度自然不同。有正确工作境界和态度的人，永远是赢家，才会和企业、团体以至于国家达到共赢。

当人们用力、用心、用情去做好工作，对事业不妥协、不将就、永葆一股拼劲，终有一天，会光芒万丈，成为国家的脊梁。一个国家的底气，依靠的是高素质高文化的国民，他们用情书写华丽的篇章。他们追求小到"工完、料尽、场地净"的工作习惯，大到书写情怀的人生境界。一个大国工匠的成长也是从用力、用心、用情三个阶段成长起来的。从就业到择业再到敬业，是时间经验的积累，职业一旦稳定沉淀下来，有了一定经济实力，达到用情那一步也就不远了。

（2）职场逻辑

1）价值逻辑。

对个人来说，价值观稳定，工作、学习、生活才有秩序。不然，就会陷入混乱之中。价值观摇摆不定的人，尽管态度积极，到处寻找学习机会，也终将无法形成正确的知识体系和认知体系。

2）情感逻辑。

基本主张：重理性，控情绪。对外界的刺激，我们不能做应激式反应，应该冷静思考。他人的言行伤害不了我们，唯一伤害我们的，是我们对他人言行选择的回应方式。

3）工作逻辑。

基本主张：先工作，后生活。享乐在先，与任何企业的价值取向都是背道而驰的。工作不是休闲娱乐的地方，是付出和贡献劳动的地方，先把本职工作做好，才可能有物质待遇的提升和个人价值的提升。

4）管理逻辑。

基本主张：法在前，情在后。管理是理解人性基础上的反人性，而优秀的管理者都有一个"克服人性弱点"的蜕变过程。

（3）职场行为

1）规范。

包含流程、程序、制度、标准。对规范的遵守有三个境界：被迫、认同、自觉。规范的最高境界是自觉遵守。我们个人对规范可提出合理化建议。

2）负责。

有三个境界：承担责任，采取行动；采取行动，效果良好；思考对策，做好预防。负责的最高境界是有预防意识、责任意识、担当意识。

3）合作。

与他人配合、为他人提供帮助，以利于工作完成。与规范、负责一样，合作也有三个境界：做好本职；主动协助；熟悉对方并主动支持，也是合作的最高境界。只有合作才能产生共赢，实现利益最大化和目标精准化。

（4）职业三度

高度（格局与胸怀）。有了正确态度，尤其当我们把工作当成事业的时候，尤其当我们用情工作的时候，格局就已经形成了。胸怀决定了格局的大小，容人容事，才能心宽路宽。

精度（专业与胜任）。每个岗位都有专业性，找对领路人，专心做事，用心体会，专业度就会不断提升。先把事情做对，然后再把事情做好，就有了职业发展的精度。

速度（方法与行动）。把态度、高度、精度落实到具体的行动之中。先把事情做对、做好（精度），再把事情做快（速度）。

### 1.2.2 企业文化

一流的企业文化管人，二流的企业制度管人，三流的企业人管人。没有文化的质量，就没有领导的质量，建设企业文化是团队合作的头等大事。

**1. 什么是企业文化**

企业界和学术界对企业文化有着不同的理解。企业文化作为一个管理概念，是在企业管理的根本性差异中提出来的。企业文化就是企业的识别系统，是评判企业之间的差别的标准，可以从视觉识别、行为识别、理念识别这三个方面来判断。企业文化具有激励、自律、导向、整合四个功能。企业文化像空气一样无处不在。当你走进一家公司，看到公司前台有公司的名称和 logo，这是公司企业文化中的物质文化；你告诉前台，你是来面试的，前台把你引进到会客厅，倒水等，这是公司的行为文化；你抬头，看到会客厅墙面上有一行字写着"诚实、勤奋、务实、忘我，做全球第一的零售企业"，这是公司的价值观和愿景，是企业文化中的理念部分，也是最核心的部分。

因此企业文化是在一定的条件下，企业生产经营和管理活动中所创造的具有该企业特色的精神财富和物质形态。

**2. 企业文化的"三大力量"**

（1）原动力

知识和技术的载体是人，文化应当充分调动组织中人的积极因素。企业文化又承载和推动企业向前发展，企业的组织构架是可以改变的，企业主体文化却基本不变，并且一直延续到未来。企业文化形成了企业的道德准则，补充了企业制度制约的盲点。

（2）维护力

文化就是生产力，企业文化是社会文化的一部分，企业的竞争实际上是文化的碰撞、交融、融合。健康成熟的企业文化，是企业的精神动力支撑，能激发员工创造力。没有文化精髓就没有活力和维系力，在市场的竞争中会被迅速摧毁。

（3）凝聚力

没有凝聚力的企业就像一盘散沙，永远建不成高楼，只能一次次地走向失败。企业文化让企业内的员工认识到自己是企业的主人，为追求崇高的目标与一群志同道合的人在一起打拼，形成强大的向心力，既提高了员工的积极性，还能吸引更多有智慧有抱负的人加入进来。

**3. 安全企业文化的重要性**

安全文化是个人和集体的价值观、态度、能力和行为方式的综合产物，它决定了健康安全管理上的承诺、工作作风和精通程度。

安全企业文化是企业在实现企业宗旨、履行企业使命而进行的长期管理活动和生产实践过程中，积累形成的全员性的安全价值观或安全理念、员工职业行为中所体现的安全性特征以及构成和影响社会、自然、企业环境、生产秩序的企业安全氛围等的总和。

企业文化是植根于企业全体员工中的价值观、道德规范、行为规范、企业作风及企业宗旨等。如果说各种规章制度、服务守则等是规范员工行为的"有形准则"，企业文化则作为一种"无形准则"存在于员工的意识中，如同社会道德约束着每一位公民一样约束着员工的精神

### 1.2.3 人工智能视角下的企业文化和职业素养

时代在变,技术在变,人工智能作为一个新兴的产业,也应从它的视角去开发它的企业文化和职业素养。人工智能人才的培养理念从技能型向智能型转变,教育模式从静态型向交互型转变,人才培养视野从一专多能型向跨界复合型转变,学生综合发展从工具型人才向智慧型人才转变,这些转变都需要企业文化和职业素养来规范。

协同构建"人工智能+"的职业素养教育模式,可有效培育大学生善于学习的智能型素养、人机协同的创造型素养、融会贯通的复合型素养、德才兼备的社会型素养,进而培养契合人工智能产业需求的智能型、创新型、复合型、德才兼备型高素质人才,推动人工智能人才的供给侧结构性改革。随着企业的组织构架改革,企业文化也要去适应改革。人工智能的发展从以下三个方面带来改革的同时也推动企业文化的改变。

**1. 人工智能融合发展将深刻改变现有产业格局**

随着互联网技术的进步和5G技术的到来,人工智能进入发展的快车道,将深刻影响国民经济的各个领域,对有些领域可能会带来颠覆性的变革,人工智能的"智能"属性决定了其必将促使许多重复性、规律性、程序化、标准化、"低脑力"的传统职业被智能机器人所替代。

与此同时,人工智能技术将和互联网一样成为经济社会发展的基础设施,向各个行业进行技术渗透并通过加乘借力的技术杠杆产生颠覆性链式突破,导致产业边界消融、产业跨界融合或产业要素重组。

作为产业变革的核心驱动力与经济发展的新引擎,人工智能边界的日益扩大与人工智能产业的融合发展,必将从微观到宏观不同层面重构现有产业形态中的生产、消费、服务等各个环节,产业智能化新需求也将催生一系列智能业态创新,包括新技术、新产品、新产业、新模式等,进而重塑产业链分工与产业竞争格局。

**2. 人工智能跨界发展将带来人才需求变革**

人工智能的发展,不但需要高新技术研发人员、维护人员,更需要普通大众都成为人工智能的智慧型使用者。

当前,人工智能的初级形态——弱人工智能已经在智能芯片、自然语言处理、计算机视觉与图像、智能无人机、智能机器人、自动驾驶、医疗护理、智能家居等多个领域被广泛应用。

反映在人才需求领域,涵盖人工智能基础人才与顶尖人才、研究型人才与应用型人才的人才培养体系亟待确立。"人工智能+"的跨界融合发展必将引发社会人才需求结构的根本性变化。

人工智能和互联网、大数据以及实体经济、战略新兴产业的深度融合,使得社会对于具备人工智能素养的复合型创新人才、高科技领军人才、战略性新兴产业高端人才和智能型高技能人才的需求与日俱增,这也契合国家人工智能战略中强化国际竞争力的人才培养政策。智能时代要求我们每个人都应成为"智慧人"。

**3. 人工智能普及发展将带来职业素养教育变革**

人工智能变革迅速,但人才培养过程相对缓慢,人工智能的发展必将面临智能人才支撑的挑战。人工智能驱动下,社会人才需求的深刻变化,也必将引起教育领域,尤其是职业教育领域的连锁反应,然而受办学自主权、传统教育评价体系等管理体制因素制约,其在教育领域的效应会相对滞后。但是对于职业教育而言,在唯分数论和唯学历论思想指导下培养的应试教育人才必将逐渐被淘汰。

传统应试教育通过题海战术强制灌输的知识属于陈述性知识，其在人工智能、大数据时代的被检索性显著增加，而重要性将急剧下降。智能时代的就业市场更加注重劳动者立足实践的程序性知识，人工智能的技术变革也将进一步挤压应试教育空间，倒逼教育转型升级。因此，人工智能的普及性发展仍然呼唤素质教育，而且更加强调与人工智能技术变革相适应的综合素质培育。可以预测，人工智能技术变革对教育领域最深刻的影响，是人工智能素养成为人才培养方案中的一种基本素养。

这就要求我们必须具有时代发展的前瞻性，在人才培养上，国家、科研院校、社会团体、企事业单位要协同配合，以国家宏观政策为导向，刻不容缓地转变思想和观念，积极探索出一条适应时代发展的企业文化和人才职业素养培养战略的实施路径。

## 1.3 习题与练习

**1. 填空题**

1）企业文化三大力量是（　　）、（　　）、（　　）。

2）安全文化是（　　）和（　　）的价值观、态度、能力和行为方式的（　　），它决定了健康安全管理上的承诺、工作作风和精通程度。

3）安全企业文化是（　　）在实现企业宗旨、履行企业使命而进行的长期管理活动和生产实践过程中，积累形成的全员性的安全价值观或安全理念、员工职业行为中所体现的安全性特征以及构成和影响（　　）、（　　）、（　　）、（　　）的企业安全氛围等的总和。

4）人工智能（　　）发展将深刻改变现有产业格局，人工智能（　　）发展将带来人才需求变革，人工智能（　　）发展将带来职业素养教育变革。

5）人工智能从业人员首先不得从事（　　），其次还要（　　），管理利用好人工智能，做到无漏洞可破。

6）智能时代就业市场更加注重劳动者立足实践的（　　），人工智能的技术变革也将进一步挤压（　　），倒逼教育转型升级。

7）阿西洛马人工智能23条原则，由（　　）制定。

**2. 选择题**

1）爱岗敬业的具体要求是（　　）。

A. 树立职业理想　　B. 强化职业责任　　C. 提高职业技能　　D. 抓住择业机遇

2）在企业生产经营活动中，员工之间团结互助的要求包括（　　）。

A. 讲究合作，避免竞争　　　　B. 平等交流，平等对话

C. 既合作，又竞争，竞争与合作相统一　　D. 互相学习，共同提高

3）无论你从事的工作多么特殊，它总是离不开一定的（　　）的约束。

A. 岗位责任　　B. 家庭美德　　C. 规章制度　　D. 职业道德

4）职业道德主要通过（　　）的关系，增强企业的凝聚力。

A. 协调企业职工间　B. 调节领导与职工　C. 协调职工与企业　D. 调节企业与市场

5）人工智能专业技术人员是指其职业具有一定的（　　）的人员。

A. 人工智能基础知识、较高个人修养

B. 人工智能基础知识、较高的人工智能专业知识和技术
C. 个人修养、较高人工智能专业知识和技术
D. 人工智能专业知识和技术、较高道德水准

6) 企业文化的功能有（　　）。
   A. 激励功能    B. 自律功能    C. 导向功能    D. 整合功能

7) （　　）是人工智能发展的硬道理，没有它的人工智能是没有用的。
   A. 数据    B. 应用    C. 逻辑    D. 算法

8) 安全文化是个人和集体的（　　）的综合产物。
   A. 价值观    B. 态度    C. 能力    D. 行为方式

9) 人工智能从业人员的特征是（　　）。
   A. 专业性    B. 架构性    C. 人文素养    D. 情怀性

3. **简答题**

1) 简述人工智能从业人员的特征。
2) 我国新一代人工智能八大治理原则是什么？
3) 人工智能从业人员应从哪些方面应对隐私保护挑战？
4) 人工智能从业人员应从哪些方面应对安全性挑战？
5) 人工智能从业人员应从哪些方面应对伦理规范挑战？

# 第 2 章　人工智能概述

1956年夏天,一群年轻的科学家聚集在一个名叫达特茅斯的小镇[2],讨论着对于当时的世人而言完全陌生的话题。从此,一个崭新的学科——人工智能异军突起,开启了它曲折传奇的漫漫征程。

人工智能既是计算机科学分支,又是计算机科学、控制论、信息论、语言学、神经生理学、心理学、数学、哲学等多种学科相互渗透而发展起来的综合性学科。人工智能主要研究如何使用机器来模仿和实现人的智能行为,使得机器具有智能:能听、能说、能看、能写、擅长计算、善于规划、优化设计、严格推理、会思考、会学习、会决策、会像人类专家那样解决疑难问题等,这就是人工智能这门新兴学科的研究任务。人工智能和原子能、空间技术一起被誉为20世纪三大尖端科技成就。

在工业社会,人类需要用机器去放大和延伸自己的体能;在当今所处的信息时代,人类需要用机器去放大和延伸自己的智能,实现脑力劳动的自动化。因此,人工智能的前景十分广阔,同时作为一门新兴学科又任重而道远。

## 2.1　人工智能的定义

人工智能的研究课题涵盖范围很广,包括了许多不同的研究领域。在这些研究领域中,其共同的基本特点是让机器学会"思考",成为智能机器(Intelligence Machine)。

人工智能和其他许多新兴学科一样,至今尚无一个统一的定义,目前所谓人工智能的定义,只能是人工智能学者根据对它的已有认识所做的一些不同解释。人工智能的定义主要依赖于智能的定义,但是,到目前为止,智能还没有一个严格的定义。什么是智能?智能的本质是什么?这是古今中外许多哲学家、脑科学家一直在努力探索和研究的问题,但至今仍然没有完全解决,以致被列为自然界四大奥秘(物质的本质、宇宙的起源、生命的本质、智能的发生)之一。人类已经创造出很多能够模仿人体某些器官功能的机器,比如无人驾驶飞机、扫地机器人、医学专家系统、购物车分析、信息过滤、人脸识别、人机博弈、机器人足球等,那么能不能让机器模仿人类的大脑呢?人工智能专家面临的挑战之一是如何构造一个系统,可以模仿由上百亿个神经元组成的人脑的行为,去思考宇宙中最复杂的问题。因此,要定义人工智能,首先应该理解智能的概念。

### 2.1.1　智能的定义

智能,对人们来说是一个既熟悉、又陌生的词汇。熟悉的是,智能天天在身边和身上发生;陌生的是,该如何来准确地定义它、衡量它,以及有效地使用它来构建智能系统,并让智能系统造福人类。

人类的诸多活动，比如看书、球类运动、编程、游戏、开车、竞技游戏等，都需要"智能"。如果机器能够执行这些活动，那么就可以认为该机器已经具有某种性质的"人工智能"。智能主要是一种认识客观事物和运用知识解决问题的综合能力。目前人们大多是把对人脑的已有认识与智能的外在表现结合起来，从不同的角度、不同的侧面、用不同的方法来对智能进行研究的，提出的观点亦不相同。其中影响较大的主要有思维理论、知识阈值理论及进化理论等。

**1. 思维理论**

思维理论来自认知科学（Cognitive Science，CS）。CS 又称为思维科学，它是研究人们认识客观世界的规律和方法的一门科学，其目的在于揭开大脑思维功能的奥秘。该理论认为智能的核心是思维，人的一切智慧或智能都来自于大脑的思维活动，人类的一切知识都是人们思维的产物，因而通过对思维规律与方法的研究可望揭示智能的本质。

思维科学是一门综合性的交叉学科，因此需要多种学科的配合研究，可以从心理学、人工智能、计算机科学、数学、生理学及文学艺术等方面着手来研究人的思维过程的规律。思维科学的应用领域十分广泛，涉及语言学、模式识别、人工智能、教育学、情报学、管理学、文字学等学科的研究。

1990 年，史忠植提出了人类思维的层次模型，表明人类思维有感知思维、形象思维、抽象思维，并构成层次关系。感知思维是简单的思维形态，它通过人的眼、耳、鼻、舌等感知器官产生表象，形成初级的思维。感知思维中知觉的表达是关键。形象思维主要是用典型化的方法进行概括，并用形象材料来思维，可以高度并行处理。抽象思维以物理符号系统为理论基础，用语言表述抽象的概念。

**2. 知识阈值理论**

知识阈值理论着重强调知识对于智能的重要意义和作用，认为智能行为取决于知识的数量及其一般化的程度，一个系统之所以有智能是因为它具有可运用的知识。在此认识的基础上，它把智能定义为：智能就是在巨大的搜索空间中迅速找到一个满意解的能力。这一理论在人工智能的发展史中有着重要的影响，知识工程、专家系统等都是在这一理论的影响下发展起来的。

**3. 进化理论**

进化理论是由美国麻省理工学院的 Brook 教授提出来的，该理论认为人的本质能力是在动态环境中的行走能力、对外界事物的感知能力、维持生命和繁衍生息的能力，正是这些能力为智能的发展提供了基础，因此智能是某种复杂系统所浮现的性质。该理论的核心是用控制取代表示，从而取消概念、模型及显式表示的知识，否定抽象对于智能及智能模拟的必要性，强调分层结构对于智能进化的可能性与必要性。

综上三种理论的观点，可以认为智能是知识与智力的总和。其中，知识是一切智能行为的基础，而智力是获取知识并运用知识求解问题的能力，即在任意给定的环境和目标的条件下，正确制定决策和实现目标的能力，它来自人脑的思维活动。

### 2.1.2 智能的特征

智能是一种综合能力。具体地说，它包含四种能力：感知能力、记忆与思维能力、学习和自适应能力、行为能力。

### 1. 感知能力（Perceiving Ability）

感知能力是指人们通过视觉、听觉、触觉、嗅觉等感觉器官来感知外部的能力，它取决于感官对刺激的敏感程度，而且经验和知觉决定对刺激的判断。例如驾驶员对汽车的"车感""路感"，就是通过对身体周围环境的刺激做出的，敏感程度不同的人，反应行为不同。感知是产生智能活动的前提，在人类感知中，视觉和听觉占有主导地位，80%以上的外界信息是通过视觉得到的，10%左右的外界信息是通过听觉得到的，剩下的10%的外界信息则是通过触觉、嗅觉等得到的。因此，人工智能的机器感知研究主要指机器的视觉与听觉的研究。

### 2. 记忆与思维能力（Memorizing and Thinking Ability）

记忆是人脑对过去经验中发生过的事物的反映，是对输入信息的接收、编码、储存和提取的过程。思维是人以已有的知识为中介，对客观现实的间接概括的反映。记忆和思维是人脑最重要的功能，也是人类智能最主要的表现形式。人的一切智能都来自大脑的思维活动，人类的一切知识都是大脑思维的产物。人类最基本的思维方式有形象思维、抽象思维、灵感思维（顿悟思维）。人的记忆与思维是不可分的。记忆与思维能力包括分析、比较、对比、判断、推理、联想、决策等。因此记忆与思维能力是人有智能的根本原因。

### 3. 学习和自适应能力（Learning and Self-Adapting）

学习能力是指能够进行学习的各种能力和潜力的总和。对个体而言，包括能够容纳、储存知识、信息的种类和数量，行为活动模式种类，新旧信息更替的能力等，具体表现在如何学、怎样学以及学习的效果等。对于种系发展而言，演化越高级，学习能力总体上越强。学习能力在有机体一生中都在变化。自适应能力一般是指系统按照环境的变化，调整其自身使得其行为在新的或者已经改变了的环境下达到最好的或者至少是容许的特性和功能所具有的能力。

### 4. 行为能力（Acting Ability）

行为能力是指人类对感知的外界信息做出动作反应的能力。引起动作反应的信息可以是由感知直接获得的外部信息，也可以是经思维加工后的内部信息。动作反应的过程一般通过内在情感来控制，并由语言、表情、体态等来实现。

## 2.1.3 人工智能的定义

人工智能（Artificial Intelligence，AI）的定义可以分为两部分，一部分为"人工"，另一部分为"智能"。"人工"即是人工制造；"智能"涉及其他诸如意识、自我、思维，包括无意识的思维等问题。

人工智能是计算机科学的一个分支。它是研究、开发用于模拟、延伸和扩展人的智能的理论、方法、技术及应用系统的一门新的技术科学。它企图了解智能的实质，并生产出一种新的、能以人类智能相似的方式做出反应的智能机器，该领域的研究包括机器人、语言识别、图像识别、自然语言处理和专家系统等。人工智能从诞生以来，理论和技术日益成熟，应用领域也不断扩大，可以设想，未来人工智能带来的科技产品，将会是人类智慧的"容器"。人工智能可以对人的意识、思维的信息过程进行模拟。人工智能不是人的智能，但能像人那样思考、甚至超过人的智能。

人工智能是一门极富挑战性的科学。人工智能由不同的领域组成，如机器学习，计算机视觉等。总的说来，人工智能研究的一个主要目标是使机器能够胜任一些通常需要人类智能才能完成的复杂工作，但不同的时代、不同的人对这种"复杂工作"的理解是不同的。

综合各种不同的人工智能观点，可以从"能力"和"学科"两个方面对人工智能进行定义。从能力的角度来看，人工智能是相对于人的自然智能而言的，所谓人工智能是指用人工的方法在机器（计算机）上实现的智能；从学科的角度来看，人工智能是作为一个学科名称来使用的，所谓人工智能是一门研究如何构造智能机器或智能系统，使它能模拟、延伸和扩展人类智能的学科。部分学者也对人工智能都进行了概念性的描述。

- 1978 年，Bellman："人工智能是那些与人的思维相关的活动，诸如决策、问题求解和学习等的自动化。"
- 1985 年，Haugeland："人工智能是一种计算机能够思维，使机器具有智力的激动人心的新尝试。"
- 1991 年，Rich Knight："人工智能是研究如何让计算机做现阶段只有人才能做得好的事情。"
- 1992 年，Winston："人工智能是那些使知觉、推理和行为成为可能的计算的研究。"
- 1998 年，Nilsson："广义地讲，人工智能是关于人造物的智能行为，而智能行为包括知觉、推理、学习、交流和在复杂环境中的行为。"
- 2003 年，Stuart Russell 和 Peter Norvig 将人工智能定义分为 4 类：像人一样思考的系统、像人一样行动的系统、理性地思考的系统、理性地行动的系统。
- 我国《人工智能标准化白皮书（2018 年）》中也给出了人工智能的定义："人工智能是利用数字计算机或者由数字计算机控制的机器，模拟、延伸和扩展人类的智能，感知环境、获取知识并使用知识获得最佳结果的理论、方法、技术和应用系统。"

围绕人工智能的各种定义可知，人工智能的核心思想在于构造智能的人工系统。人工智能是一项知识工程，利用机器模仿人类完成一系列的动作。根据是否能够实现理解、思考、推理、解决问题等高级行为，人工智能又分为强人工智能和弱人工智能。

**1. 强人工智能**

强人工智能指的是机器能像人类一样思考，有感知和自我意识，能够自发学习知识。机器的思考又分为类人和非类人两大类：类人表示机器思考与人类思考类似，而非类人则是指机器拥有与人类完全不同的思考和推理方式。强人工智能在哲学上存在着巨大的争论，在技术研究层面也面临着巨大的挑战，使得强人工智能的发展受到了限制。

**2. 弱人工智能**

弱人工智能是指不能像人类一样进行推理思考并解决问题的智能机器。至今为止，人工智能系统都是实现特定功能的系统，而不是像人类智能一样，能够不断地学习新知识，适应新环境。现阶段，理论研究的主流力量仍然集中于弱人工智能方面，并取得了一定的成绩，对于某些特定领域，如机器翻译、图片识别等，专用系统已接近于人类的水平。

显然，强人工智能的实现难度要远大于弱人工智能。现阶段我们所学习、研究和开发的人工智能仅限于弱人工智能。但应该指出，从效果上看，强人工智能并非总是高于弱人工智能，究竟哪个效果更好，要看具体的应用场景。

## 2.2 人工智能的经典问题

### 2.2.1 图灵测试

在一篇1950年发表的著名论文 Computing Machinery and Intelligence 中，数学家图灵（1912—

1954年)(图2-1)详细讨论了"机器能否拥有智能"的问题。有趣的是,作为计算机科学与人工智能领域共同的先驱,图灵成功定义了什么是机器,但却不能定义什么是智能。正因如此,图灵设计了一个实验,即图灵测试。图灵测试的核心想法是要求计算机在没有直接物理接触的情况下接受人类的询问,并尽可能把自己伪装成人类。如果"足够多"的询问者在"足够长"的时间里无法以"足够高"的正确率辨别被询问者是机器还是人类,就认为这个计算机通过了图灵测试。图灵把该测试看作人工智能的一个充分条件,主张认为通过图灵测试的计算机应该被看作是拥有智能的。

假设有一台计算机,其运算速度非常快,记忆容量和逻辑单元的数目也超过了人脑,而且还为这台计算机编写了许多智能化的程序,并提供了合适种类的大量数据,那么,是否就能说这台机器具有思维能力?

图灵测试是这样进行的,如果一个人(代号C)使用测试对象皆理解的语言去询问两个他不能看见的对象任意一串问题。这里的对象,一个是正常思维的人(代号B)、一个是机器(代号A)。如果经过若干询问以后,C仅根据通过这个仪器提问收到的答案辨别出哪个是计算机,哪个是人。如果C不能区别出机器和人,那么根据图灵的理论,就可以认为这个机器A是智能的,则此机器A通过图灵测试,如图2-2所示。

图2-1 艾伦·麦席森·图灵

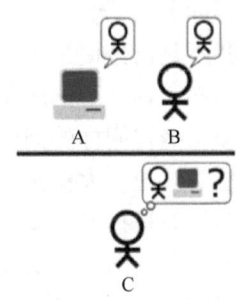

图2-2 图灵测试

这就是著名的"图灵测试"(Turing Testing)。当时全世界只有几台计算机能够通过,其他所有计算机根本无法通过这一测试。图灵称,要分辨一个想法是"自创"的思想还是精心设计的"模仿"是非常难的,任何自创思想的证据都可以被否决。他试图解决长久以来关于如何定义思考的哲学争论,提出了一个虽然主观但可操作的标准:如果一台计算机表现、反应和互相作用都和有意识的个体一样,那么它就应该被认为是有意识的。

因此,图灵采用"问"与"答"模式,即观察者通过控制打字机向两个测试对象通话,其中一个是人,另一个是机器。要求观察者不断提出各种问题,从而辨别回答者是人还是机器。图灵还为这项测试亲自拟定了几个示范性问题:

问:请给我写出有关"第四号桥"主题的十四行诗。

答:不要问我这道题,我从来不会写诗。

问:34957加70764等于多少?

答:(停30秒后)105721。

问:你会下国际象棋吗?

答:是的。

问:我在我的K1处有棋子K;你仅在K6处有棋子K,在R1处有棋子R。轮到你走,你应该下哪步棋？

答：（停15秒钟后）棋子R走到R8处，将军！

图灵指出："如果机器在某些现实的条件下，能够非常好地模仿人回答问题，以至提问者在相当长时间里误认它不是机器，那么机器就可以被认为是能够思维的。"

从表面上看，要使机器回答按一定范围提出的问题似乎没有什么困难，可以通过编写特殊的程序来实现。然而，如果提问者不遵循常规标准，编写回答的程序是极其困难的事情。例如，提问与回答呈现出下列状况：

问：你会下国际象棋吗？

答：是的。

问：你会下国际象棋吗？

答：是的。

问：请再次回答，你会下国际象棋吗？

答：是的。

你多半会想到，面前的这位是一部笨机器。如果提问与回答呈现出另一种状态：

问：你会下国际象棋吗？

答：是的。

问：你会下国际象棋吗？

答：是的，我不是已经说过了吗？

问：请再次回答，你会下国际象棋吗？

答：你烦不烦，老提同样的问题？

那么，你面前的这位，大概是人而不是机器。上述两种对话的区别在于，第一种可明显地感到回答者是从知识库里提取简单的答案，第二种则具有分析综合的能力，回答者知道观察者在反复提出同样的问题。图灵测试没有规定问题的范围和提问的标准，如果想要制造出能通过试验的机器，以当前的技术水平，必须在计算机中储存人类所有可以想到的问题，储存对这些问题的所有合乎常理的回答，并且还需要理智地做出选择。

那么，一台机器要通过图灵测试，它需要有下面的能力。

1）自然语言处理：实现用自然语言与计算机进行交流。

2）知识表示：存储它知道的或听到的、看到的。

3）自动推理：能根据存储的信息回答问题，并提出新的结论。

4）机器学习：能适应新的环境，并能检测和推断新的模式。

5）计算机视觉：可以感知物体。

6）机器人技术：可以操纵和移动物体。

图灵测试具有远大的发展意义，它考虑的是一个智能只能由其他智能来识别，代表着机器对人类知识体系/交互的理解程度。如果机器能理解人，再有高效的控制系统，那总有一天能让人类完全脱离体力劳动，生存不再那么困难，可以做自己想做的事情。事实上，每个人对于智能的理解都不同，有些人可能觉得会解数学题就是智能了，有些人还要求智能有自我学习的能力……图灵测试显然没有展开讨论这些情况。作为计算机科学与人工智能领域共同的先驱，图灵成功定义了什么是机器，却不能定义什么是智能。这也反映了一个困局：我们试图创造智能，但我们连智能应是怎样都不知道。测试一个系统是否具有强智能应该有更好的准则，但目前我们首先要做的是去理解更广义的智能。

### 2.2.2 中文屋子

在图灵测试中,询问者与接受检验的机器之间的问答是用同一种语言间接进行的。如果在机器的信息库中有足够的关于所提问题的信息,并且对于一些理解性问题,也提供了直接的答案,那么,这台计算机还是有可能通过图灵测试的。但是,是不是这就说明这台计算机具有了思维能力?

美国哲学家约翰·塞尔勒(John Searle)认为算法并不等同于思维能力。假定有一台适当地编写了程序并已经通过了简化的图灵测试的计算机,即便如此,这台计算机仍然完全不具备和理解有关的精神属性。第一个例子是基于 Schankand Abelson 设计的计算机程序,该程序可以为理解简单的故事提供模拟,例如:"一个人进入餐馆并订了一份汉堡包。当汉堡包端来时发现被烘坏了,此人暴怒地离开餐馆,没有付账或留下小费。"第二个例子是:"一个人进入餐馆并订了一份汉堡包。当汉堡包端来后他非常喜欢它;而且在离开餐馆付账之前,给了女服务生很多小费。"

作为对"理解"这一故事的检验,可以询问计算机,在每一种情形下此人是否吃了汉堡包(这一事实在任一故事中都没有说清)。计算机对这类简单的故事和问题可给出和任何讲英文的人给出的根本无区别的回答(对于这些问题只有是或非两种回答)。这样一台机器在这一有限的意义上通过了图灵测试。但是这类成功是否表明机器本身具有任何真正的理解能力呢?塞尔勒提出了名为"中文屋子"的假想实验,模拟图灵测试,用以反驳强人工智能观点;并且说明某台计算机即使通过了图灵测试,能正确地回答问题,但是由于它对问题仍然没有任何理解,因此不具备真正的智能。

"中文屋子"实验过程:在一个完全封闭的房间内,里面有一个不懂中文的人,房间只有一个小窗口,以供在房间内外进行信息交换。我们在一张纸条上写上中文,这个中文可以是一个问题,可以是一个问候,可以是一个玩笑,总之,要通过小窗口把纸条递给房间内那个不懂中文的人。在房间内部,有一个可以在任何语言之间转换的机器,那个不懂中文的人通过机器来看懂纸条并且进行相应的回复。那么,在房间外的人,能否通过纸条回复来判断房间内的人是否懂中文?

塞尔勒认为,我们不能判断出来房间内的人是否懂中文。房间里的人不会说中文,他不能够用中文思考。但因为他拥有某些特定的工具,他甚至可以让以中文为母语的人以为他能流利地说中文。根据 Searle 的说法,计算机就是这样工作的。它们无法真正地理解接收到的信息,但它们可以运行程序、处理信息,然后给出一个智能的印象。可以说,人工智能本身并不是真正的智能,而是一种人工的、模拟的、能做某些人性化的事情的算法或技术。

## 2.3 人工智能的发展史

人工智能在 1956 年作为一门新兴学科被正式提出,自此之后,它已经取得了惊人的成就,获得了迅速的发展。它的发展历史,可总结为孕育、形成、发展三个阶段。

### 2.3.1 孕育阶段

这个阶段主要是指 1956 年以前。自古以来,人们就一直试图用各种机器来代替人的部分脑力劳动,以提高人们征服自然的能力,其中对人工智能的产生、发展有重大影响的主要研究成果包括以下几个方面。

- 公元前 384 年—公元前 322 年,伟大的哲学家亚里士多德（Aristotle）就在他的名著《工具论》中提出了形式逻辑的一些主要定律,他提出的三段论至今仍是演绎推理的基本依据。
- 英国哲学家培根（Bacon）曾系统地提出了归纳法,还提出了"知识就是力量"。这对于研究人类的思维过程,以及自 20 世纪 70 年代人工智能转向以知识为中心的研究都产生了重要影响。
- 德国数学家和哲学家莱布尼茨（Leibniz）提出了万能符号和推理计算的思想,他认为可以建立一种通用的符号语言,以及在此符号语言上进行推理的演算。这一思想不仅为数理逻辑的产生和发展奠定了基础,而且是现代机器思维设计思想的萌芽。
- 英国逻辑学家布尔（Boole）致力于使思维规律形式化和实现机械化,并创立了布尔代数。他在《思维法则》一书中首次用符号语言描述了思维活动的基本推理法则。
- 英国数学家图灵在 1936 年提出了一种理想计算机的数学模型,即图灵机,为后来电子数字计算机的问世奠定了理论基础。
- 美国神经生理学家麦克洛奇（McCulloch）与匹兹（Pitts）在 1943 年提出了第一个神经网络模型（M-P 模型）,开创了微观人工智能的研究领域,为后来人工神经网络（ANN）的研究奠定了基础。

由上面的发展过程可以看出,人工智能的产生和发展绝不是偶然的,它是科学技术发展的必然产物。

### 2.3.2 形成阶段

这个阶段主要是指 1956—1969 年。1956 年夏季,由当时达特茅斯大学的年轻数学助教、现任斯坦福大学教授麦卡锡（McCarthy）联合哈佛大学年轻数学和神经学家明斯基（Minsky）、IBM 公司信息研究中心负责人洛切斯特（Rochester）、贝尔实验室信息部研究员香农（Shannon）共同发起,邀请普林斯顿大学的摩尔（Moore）和 IBM 公司的塞缪尔（Samuel）等人在美国达特茅斯大学召开了一次为时两个月的学术研讨会,讨论关于机器智能的问题。会上经麦卡锡提议正式采用了"人工智能"这一术语,麦卡锡因此被称为人工智能之父。这是一次具有历史意义的重要会议,它标志着人工智能作为一门新兴学科正式诞生了。此后,美国形成了多个人工智能研究组织,如纽厄尔（Newell）和西蒙（Simon）的 Carnegie-RAND 协作组、明斯基和麦卡锡的 MIT 研究组、塞缪尔的 IBM 工程研究组等。

自这次会议之后的十多年间,人工智能的研究在机器学习、定理证明、模式识别、问题求解、专家系统及人工智能语言等方面都取得了许多引人注目的成就,例如：

- 在机器学习方面,1957 年 Rosenblatt 成功研制了感知机。这是一种将神经元用于识别的系统,它的学习功能引起了广泛的兴趣,推动了连接机制的研究,但人们很快发现了感知机的局限性。
- 在定理证明方面,美籍华人数理逻辑学家王浩于 1958 年在 IBM-704 机器上用 3~5 min 证明了《数学原理》中有关命题演算的全部定理（220 条）,并且还证明了谓词演算中 150 条定理的 85%；1965 年 Robinson 提出了归结原理,为定理的机器证明做出了突破性的贡献。
- 在模式识别方面,1959 年 Selfridges 推出了一个模式识别程序；1965 年 Roberts 编制出了可分辨积木构造的程序。
- 在问题求解方面，1960年纽厄尔等人通过心理学试验总结出了人们求解问题的思维规律，编制了通用问题求解程序（General Problem Solver，GPS），可以用来求解11种不同类型的问题。
- 在人工智能语言方面，1960年麦卡锡研制出了人工智能语言LISP（List Processing），成为建造专家系统的重要工具。
- 在专家系统方面，美国斯坦福大学的费根鲍姆（Feigenbaum）领导的研究小组自1965年开始专家系统DENDRAL的研究，1968年完成并投入使用。该专家系统能根据质谱仪的实验，通过分析推理决定化合物的分子结构，其分析能力已接近甚至超过有关化学专家的水平，在美、英等国得到了实际的应用。该专家系统的研制成功不仅为人们提供了一个实用的专家系统，而且对知识表示、存储、获取、推理及利用等技术是一次非常有益的探索，为以后专家系统的建造树立了榜样，对人工智能的发展产生了深刻的影响，其意义远远超过了系统本身在实用上所创造的价值。

1969年成立的国际人工智能联合会议（International Joint Conferences on Artificial Intelligence，IJCAI）是人工智能发展史上一个重要的里程碑，它标志着人工智能这门新兴学科已经得到了世界的肯定和认可。

1970年创刊的国际性人工智能杂志 *Artificial Intelligence*，为推动人工智能的发展、促进研究者们的交流起到了重要的作用。

## 2.3.3 发展阶段

这个阶段主要是指1970年以后。进入20世纪70年代，许多国家都开展了人工智能的研究，涌现了大量的研究成果。例如：1972年法国马赛大学的Comerauer提出并实现了逻辑程序设计语言PROLOG；斯坦福大学的Shorliffe等人从1972年开始研制用于诊断和治疗感染性疾病的专家系统MYCIN。

但是，和其他新兴学科的发展一样，人工智能的发展道路也不是平坦的。例如：机器翻译的研究没有像人们最初想象的那么容易。当时人们总以为只要一部双向词典及一些词法知识就可以实现两种语言文字间的互译。实际上，由机器翻译出来的文字有时会出现十分荒谬的错误。例如，把"眼不见，心不烦"的英语句子"Out of sight, out of mind"翻译成俄语变成"又瞎又疯"；把"心有余而力不足"的英语句子"The spirit is willing but the flesh is weak"翻译成俄语，然后再翻译回来时竟变成了"The wine is good but the meat is spoiled"，即"酒是好的，但肉变质了"；把"光阴似箭"的英语句子"Time flies like an arrow"翻译成日语，然后再翻译回来的时候，竟变成了"苍蝇喜欢箭"。由于机器翻译出现的这些问题，1960年美国政府顾问委员会的一份报告裁定："还不存在通用的科学文本机器翻译，也没有很近的实现前景。"因此，英国、美国当时中断了对大部分机器翻译项目的资助。在其他方面，如问题求解、神经网络、机器学习等，也都遇到了困难，使人工智能的研究一时陷入了困境。

人工智能研究的先驱者们认真反思，总结前一段研究的经验和教训。1977年Feigenbaum在第五届国际人工智能联合会议上提出了"知识工程"的概念，对以知识为基础的智能系统的研究与建造起到了重要的作用。大多数人接受了Feigenbaum关于以知识为中心展开人工智能研究的观点。从此，人工智能的研究又迎来了蓬勃发展的以知识为中心的新时期。

这个时期，专家系统的研究在多个领域中取得了重大突破，各种不同功能、不同类型的专家系统如雨后春笋般地建立起来，产生了巨大的经济效益及社会效益。例如：地矿勘探专家系统 PROSPECTOR 拥有 15 种矿藏知识，能根据岩石标本及地质勘探数据对矿藏资源进行估计和预测，能对矿床分布、储藏量、品位及开采价值进行推断，制定合理的开采方案。应用该系统成功地找到了超亿美元的钼矿。专家系统 MYCIN 能识别 51 种病菌，正确地处理 23 种抗生素，可协助医生诊断、治疗细菌感染性血液病，为患者提供最佳处方。该系统成功地处理了数百个病例，并通过了严格的测试，显示出了较高的医疗水平。美国 DEC 公司的专家系统 XCON 能根据用户要求确定计算机的配置。由专家做这项工作一般需要 3 小时，而该系统只需要 0.5 分钟，速度提高了 360 倍。DEC 公司还建立了另外一些专家系统，由此产生的净收益每年超过 4000 万美元。信用卡认证辅助决策专家系统 American Express 能够防止不应有的损失，据说每年可节省 2700 万美元左右。

1996 年 2 月 10 日至 17 日，为了纪念世界上第一台电子计算机诞生 50 周年，美国 IBM 公司出巨资邀请国际象棋世界冠军卡斯帕罗夫与 IBM 公司的深蓝计算机系统进行了 6 局"人机大战"。参赛的双方分别代表了人脑和计算机的世界最高水平。当时的深蓝是一台运算速度达每秒 1 亿次的超级计算机。第一盘，深蓝就给卡斯帕罗夫一个下马威，赢了这位世界冠军。最后深蓝计算机以总比分 4:2 获胜。

一年后，即 1997 年 5 月 3 日至 11 日，深蓝再次挑战卡斯帕罗夫。这时，深蓝是一台拥有 32 个处理器和强大并行计算能力的 RS/6000SP/2 的超级计算机，运算速度达每秒 2 亿次。计算机里存储了百余年来世界顶尖棋手的棋局。深蓝最终以 3.5:2.5 的总比分赢得这场举世瞩目的"人机大战"的胜利。深蓝的胜利表明了人工智能所达到的成就。尽管它的棋路还远非真正地对人类思维方式的模拟，但它已经向世人说明，计算机能够以人类远远不能企及的速度和准确性，实现属于人类思维的大量任务。深蓝精湛的残局战略使观战的国际象棋专家们大为震惊。

21 世纪以来，由于深度学习技术的出现，人工智能的发展取得了突破性的进展，同时，大数据技术的出现也使人们对于人工智能技术的研究更加深入。目前，人工智能已经渗透到了各个领域，包括自动驾驶、自然语言处理和智能家居等，并取得了显著成果。

### 2.3.4 我国人工智能的发展

进入 21 世纪后，越来越多的人工智能与智能系统研究课题获得国家自然科学基金重点和重大项目、国家高技术研究发展计划（863 计划）和国家重点基础研究发展计划（973 计划）项目、科技部科技攻关项目、工信部重大项目等各种国家基金计划支持，并与我国国民经济和科技发展的重大需求相结合，力求为国家做出更大贡献。这方面的研究项目很多，代表性的研究有视觉与听觉的认知计算、面向 Agent 的智能计算机系统、中文智能搜索引擎关键技术、智能化农业专家系统、虹膜识别、语音识别、人工心理与人工情感、基于仿生机器人的人机交互与合作、工程建设中的智能辅助决策系统、未知环境中移动机器人导航与控制等。

2006 年 8 月，中国人工智能学会联合其他学会和有关部门，在北京举办了"庆祝人工智能学科诞生 50 周年"大型庆祝活动。除了人工智能国际会议外，纪念活动还包括由中国人工智能学会主办的首届中国象棋计算机博弈锦标赛暨首届中国象棋人机大战。东北大学的"棋天大圣"象棋软件获得机器博弈冠军。

同年，《智能系统学报》创刊，这是继《人工智能学报》和《模式识别与人工智能》之后国内第 3 个人工智能类期刊。它们为国内人工智能学者和高校师生提供了一个学术交流平台，对中国人工智能研究与应用起到了促进作用。

2009 年，中国人工智能学会牵头组织，向国家学位委员会和国家教育部提出设置"智能科学与技术"学位授权一级学科的建议，对中国人工智能学科建设具有十分深远的意义。

近年来，我国的人工智能已发展成为国家战略。

2014 年 6 月 9 日，习近平总书记在中国科学院第十七次院士大会、中国工程院第十二次院士大会首次对人工智能和相关智能技术的高度评价，是对开展人工智能和智能机器人技术开发的庄严号召和大力推动。

2015 年 7 月，2015 中国人工智能大会在北京召开。发表了《中国人工智能白皮书》，包括《中国智能机器人白皮书》《中国自然语言理解白皮书》《中国模式识别白皮书》《中国智能驾驶白皮书》《中国机器学习白皮书》，为中国人工智能相关行业的科技发展描绘一个轮廓，给产业界指引一个发展方向。

2016 年 4 月，工业和信息化部、国家发展改革委、财政部等三部委联合印发了《机器人产业发展规划（2016—2020 年）》，为"十三五"期间中国机器人产业发展描绘了清晰的蓝图。该发展规划提出的大部分任务，如智能生产、智能物流、智能工业机器人、人机协作机器人、消防救援机器人、手术机器人、智能型公共服务机器人、智能护理机器人等，都需要采用各种人工智能技术。人工智能也是智能机器人产业发展的关键核心技术。

2016 年 5 月，国家发改委和科技部等 4 部门联合印发《"互联网+"人工智能三年行动实施方案》，明确未来 3 年智能产业的发展重点与具体扶持项目，进一步体现出人工智能已被提升至国家战略高度。根据方案的内容，未来将在 3 个大方面、9 个小项推进智能产业发展。

现在，我国已有数十万的科技人员和大学师生从事不同层次的人工智能相关领域研究、学习、开发与应用，必将为促进其他学科的发展和我国的现代化建设做出新的重大贡献。

### 2.3.5 人工智能的学派

不同学科或学科背景的学者对人工智能有着各自的理解，提出了不同的观点，由此产生了不同的学术流派。期间对人工智能研究影响较大的主要有符号主义、连接主义和行为主义三大学派。

#### 1. 符号主义

符号主义的代表人物是西蒙与纽厄尔，他们提出了物理符号系统假设，即只要在符号计算上实现了相应的功能，那么在现实世界就实现了对应的功能，这是智能的充分必要条件。因此，符号主义认为，只要在机器上是正确的，现实世界就是正确的。

前面提到过的图灵测试。图灵测试要解决的问题就是如何判断一台机器是否具有智能。哲学家约翰·塞尔勒用中文屋子实验来否认图灵测试。这是哲学上对符号主义的一个正式批判，明确指出了按照符号主义实现的人工智能不等同于人的智能。

虽然如此，符号主义在人工智能研究中依然扮演着重要角色，其早期工作的主要成就体现在机器证明和知识表示上。

实现符号主义面临的挑战有三个。第一个是概念的组合爆炸问题。每个人掌握的基本概念大约有 5 万个，其形成的组合概念却是无穷的。因为常识难以穷尽，推理步骤可以无穷。第二个是命题的组合悖论问题。两个都是合理的命题，合起来就变成了没法判断真假的句子，比如著名的柯里悖论（Curry's Paradox）（1942 年）。第三个也是最难的问题，即经典概念在实际生活当中是很难得到的，知识也难以提取。上述三个问题成了符号主义发展的瓶颈。

### 2. 连接主义

连接主义认为大脑是一切智能的基础，主要关注于大脑神经元及其连接机制，试图发现大脑的结构及其处理信息的机制、揭示人类智能的本质机理，进而在机器上实现相应的模拟。

连接主义学派的早期代表人物有匹兹、Hopfield等。连接主义认为可以实现完全的人工智能。对此，哲学家普特南设计了著名的"缸中之脑实验"，可以看作是对连接主义的一个哲学批判。该实验内容如下：想象有一个疯狂科学家把你的大脑从你的体内取出，放在某种生命维持液体中。大脑上插着电极，电极连到一台能产生图像和感官信号的计算机上。因为你获取的所有关于这个世界的信息都是通过你的大脑来处理的，这台计算机就有能力模拟你的日常体验。如果这确实可能的话，你要如何来证明你周围的世界是真实的，而不是由一台计算机产生的某种模拟环境？缸中之脑实验说明连接主义实现的人工智能也不等同于人的智能。

尽管如此，连接主义仍是目前最为大众所知的一条AI实现路线。在围棋上，采用了深度学习技术的AlphaGo战胜了李世石，之后又战胜了柯洁。在机器翻译上，深度学习技术已经超过了人的翻译水平。在语音识别和图像识别上，深度学习也已经达到了实用水准。客观地说，深度学习的研究成就已经取得了工业级的进展。

但是，这并不意味着连接主义就可以实现人的智能。更重要的是，即使要实现完全的连接主义，也面临极大的挑战。

### 3. 行为主义

行为主义假设智能取决于感知和行动，不需要知识、表示和推理，只需要将智能行为表现出来就好，即只要能实现指物功能就可以认为具有智能了。这一学派的早期代表作是布鲁克斯（Brooks）的六足爬行机器人。

对此，哲学家Putnam设计了一个思想实验，可以看作是对行为主义的哲学批判，这就是"完美伪装者和斯巴达人"。完美伪装者可以根据外在的需求进行完美的表演，需要哭的时候可以哭得很难受，需要笑的时候可以笑得让人兴高采烈，但其内心可能始终冷静如常。斯巴达人则相反，无论其内心是高兴还是难受，其外在总是一副泰山崩于前而色不变的表情。

完美伪装者和斯巴达人的外在表现都与内心没有联系，这样的智能如何从外在行为进行测试？因此，行为主义路线实现的人工智能也不等同于人的智能。

对于行为主义路线，其面临的最大实现困难可以用莫拉维克悖论来说明。所谓莫拉维克悖论，是指对计算机来说困难的问题是简单的、简单的问题是困难的，最难以复制的反而是人类技能中那些无意识的技能。

目前，模拟人类的行动技能面临很大挑战。比如，在网上看到波士顿动力公司的人形机器人可以做高难度的后空翻动作，大狗机器人可以在任何地形负重前行，其行动能力似乎非常强。但是这些机器人都有一个大的缺点是能耗过高、噪音过大。大狗机器人原是美国军方订购的产品，但因为大狗机器人开动时的声音在十里之外都能听到，使其在战场上几乎没有实用价值，美国军方最终放弃了采购。

## 2.4 人工智能的应用分支

人工智能主要有三个分支：认知（Cognitive），机器学习（Machine Learning）和深度学习（Deep Learning）。

### 2.4.1 认知

认知 AI 是最受欢迎的一个人工智能分支，负责所有感觉"像人一样"的交互。认知 AI 必须能够轻松处理复杂性和二义性，同时还持续不断地在数据挖掘、自然语言处理（NLP）和智能自动化的经验中学习。

现在人们越来越倾向于认为认知 AI 混合了人工智能做出的最好决策和人类工作者们的决定，用以监督更棘手或不确定的事件。这可以帮助扩大人工智能的适用性，并生成更快、更可靠的答案。

### 2.4.2 机器学习

机器学习目前处于计算机科学的前沿，但将来有望对日常工作场所产生极大的影响。机器学习是在大数据中寻找一些"模式"，然后在没有过多的人为解释的情况下，用这些模式来预测结果，而这些模式在普通的统计分析中是看不到的。

然而机器学习需要三个关键因素才能有效。

**1. 大量的数据**

为了教给人工智能新的技巧，需要将大量的数据输入给模型，用以实现可靠的输出评分。例如特斯拉已经向其汽车部署了自动转向特征，同时发送它所收集的所有数据、驾驶员的干预措施、成功逃避及错误警报等到总部，从而在错误中学习并逐步锐化感官。一个产生大量数据的方法是通过传感器。蓝牙信标、健康跟踪器、智能家居传感器及公共数据库等只是连接的传感器中的一小部分，这些传感器可以生成大量的数据。

**2. 发现**

为了理解数据和克服噪声，机器学习算法可以对混乱的数据进行排序、切片等操作，转换成可理解的数据。从数据中学习的算法有两种，无监督算法和有监督算法。

无监督算法是根据类别未知的训练样本解决模式识别中的各种问题。该算法的目的是找到一个人们没想到会有的内在结构。这对于深入了解市场细分，相关性，离群值等非常有用。有监督算法通过标签和变量知道不同数据集之间的关系，使用这些关系来预测未来的数据，可以应用在气候变化模型、预测分析和内容推荐等方面。

**3. 部署**

机器学习需要从计算机科学实验室进入到软件当中。越来越多像 CPOVI、Marketing、ERP 等供应商正在开发和提高嵌入式机器学习或提供与之紧密相关的服务的能力。

### 2.4.3 深度学习

如果机器学习是前沿的，那么深度学习则是尖端的。它将大数据和无监督算法的分析相结合。它的应用通常围绕着庞大的未标记数据集。这些数据集需要结构化成互联的群集。深度学习的这种灵感来自于人类大脑中的神经网络，因此可恰当地称其为人工神经网络。

深度学习是许多现代语音和图像识别方法的基础，并且与以往提供的非学习方法相比，随着时间的推移具有更高的准确度。

人工智能通过在其上使用的数据规模来生存和改进，这意味着不但我们能够随着时间的推移看到更好的人工智能，而且它们的发展将会围绕着那些可以挖掘最大数据集的组织。

## 2.5 人工智能产品应用体系

3 人工智能产品

### 2.5.1 人工智能产品的定义

人工智能产品指运用人工智能的理论、方法和技术处理问题的产品或系统。微软在一项人工智能系统交互指南的研究中，使用了 AI 系统（AI-Infused System）来指代运用了人工智能技术且直接面向终端用户的系统。还有一些文献中则进一步描述了人工智能产品所呈现出的具体能力，包括：

1）感知能力，可以感知并获取外部世界的信息。

2）记忆和思维能力，可以对感知到的信息进行存储，并用类似人的思维进行加工，产生知识并支持决策。

3）学习能力和自适应能力，可以在与环境的相互作用中通过学习积累知识，以适应变动的环境。

4）行为决策能力，可以对外界刺激做出反应，形成决策并产生相应行为。

有关专家在关于智能机器人的综述文章中，将拥有"感知、学习、理解或推理形成新知识和应对新情况"的能力的机器人称为智能机器人，并将其作为一种典型的人工智能产品。

人工智能作为一项极具前瞻性的技术，目前广泛应用于计算机科学，在金融投资、医药、医疗诊断、重工业、运输、远程通信、在线服务、法律、交通、教育、网络安全等诸多方面都有很好的应用。可以说，人工智能正在各个领域帮助人类创造价值。潘云鹤院士对人工智能 2.0 时代下的技术与社会形势进行了分析，将面向人工智能 2.0 的新兴人工智能技术研究归纳为五大方向：大数据人工智能、群体智能、跨媒体智能、人机混合增强智能及自主无人系统。国务院、工信部也通过了《新一代人工智能发展规划》，着力推动这几大方向上的关键共性技术研究，并加快人工智能技术在医疗、交通、教育、城市治理等多领域的应用与产品转化。

### 2.5.2 人工智能产品及服务体系

人工智能的发展依赖于产业生态的共同推进，人工智能产业设计领域包括基础层、技术层、产品与解决方案层。其中，基础层，涉及芯片、各技术平台、开源框架、传感器技术、云服务和大数据服务，例如位于产业上游的芯片，为人工智能提供算力保障。技术层，涉及人工智能通用技术，包括计算机视觉、智能语音识别、自然语言处理，机器学习与知识图谱，人工智能通用技术的发展取决于技术成熟度和业务渗透力。产业中流人工智能厂商着力研发算法模型，因为人工智能技术的发展依赖于数据积累，企业通过向场景渗透，用数据优化技术算法，构建行业壁垒。产品与解决方案层，为产业下游的应用领域提供具体的落地场景，涉及具体的行业应用场景包括安防领域、医疗健康领域、制造业、农业、金融、文娱、教育等。未来市场潜力取决于人工智能技术与硬件基础、应用功能之间的协同发展。

一方面，人工智能技术依赖于数据支持，企业数字化进程直接决定了人工智能应用的程度。另一方面，人工智能由单点技术应用转向提供行业解决方案，要求人工智能厂商具备行业背景，对业务有深刻的理解，通过技术与业务的深度融合，实现企业的降本、增效和体验升级。从产业图谱中可以看出，有不少的具备行业背景的人工智能典型厂商，例如：金融领域的新颜科技、安防领域的海康威视等。

Valencia A 等人指出，人工智能产品的服务体系核心组成要素分为三个层面：结构化的产品、智能化的技术、联结化的服务。其中，智能化的技术能够提升结构化产品的效用及功能，而联结化的服务意味着通过数字及网络，使得结构化产品的部分功能和效用能够脱离产品本身而存在，产生更多的附加价值。另外，通过与各领域拥有人工智能产品的服务体系构建经验的专家进行访谈，了解到服务系统构建中设计发挥作用的五个方面：预见未来场景、创造良好用户体验、整合利益相关者需求、提出问题解决方案和发掘可实现的目标。

### 2.5.3 智能金融

在当下，金融科技一词被频频提及，由英文 Fintech（Financial Technology）翻译而来，是指企业运用科技手段使得金融服务变得更有效率，因而形成的一种经济产业，可以说，金融科技是金融行业尖端技术使用的总称。其中，科技手段包括云计算、区块链、大数据以及人工智能，人工智能在金融业中有哪些应用呢？

第一种场景，人工智能帮助金融企业进行身份认证，相关流程的耗时可能从几天提升到几秒，极大地提高了认证的准确率与效率。

第二种场景，人工智能帮助金融企业更好地进行风险管理。在大数据时代，因为数据量庞大，金融风控已到达一个新高度。过去，只有客户的部分数据，而现在可获得的数据是全方位的，金融企业可以通过互联网获得用户的浏览习惯、电子商务的交易记录、社交网络的关系链，从而得到全方位的客户画像。

第三种场景，人工智能帮助金融企业更好地进行用户洞察与个性化运营。通过历史交易数据和交易喜好可以为客户进行更精准的推荐，同时提升用户体验和用户忠诚度。

第四种场景，人工智能帮助金融企业完成大量重复性烦琐工作，节省人力、提高效率。商业银行既是劳动密集型的，又是知识密集型的。在这种双重密集型的情况下，人工智能扮演了重要角色。以贷款中的大量审核工作为例，人工智能能够极大地节省处理此类事务的时间。

以金融科技为手段，实现智能金融。智能金融即人工智能与金融的全面融合，以人工智能、大数据、云计算、区块链等高新科技为核心要素，全面赋能金融机构，提升金融机构的服务效率，拓展金融服务的广度和深度，使得全社会都能获得平等、高效、专业的金融服务，实现金融服务的智能化、个性化、定制化。金融主体之间的开放和合作，使得智能金融表现出高效率、低风险的特点。智能金融具有透明性、即时性、便捷性、灵活性和安全性等特点。

**1. 透明性**

智能金融解决了传统金融的信息不对称。基于互联网的智能金融体系，围绕公开透明的网络平台，共享信息流，使得以前封闭的信息通过网络变得越来越透明化。

**2. 即时性**

例如美利金融自主搭建的大数据平台提供的计算能力，已经可以方便地处理几百万用户多达亿级的节点维度数据，3C 类分期贷款审批平均在 4 分钟左右就可以完成，而对比传统金融人工信贷审查可能需要 10 个工作日（如信用卡审批）。未来，即时性将成为衡量金融企业核心竞争力的重要指标，即时金融服务也会成为未来的发展趋势。

**3. 便捷性**

智能金融体系下，用户使用金融服务更加便捷，不需要去银行网点排上几个小时的队办理业务。金融机构获得充足的信息后，经过大数据引擎统计分析和决策就能够即时做出反应，为用户提供有针对性的服务，满足用户的需求。

**4. 灵活性**

开放平台融合了各种金融机构和中介机构，能够为用户提供丰富的金融服务。这些金融服务既是多样化的，又是个性化的；既有打包的一站式服务，也可以由用户根据需要进行个性化选择、组合。

**5. 安全性**

一方面金融机构在为用户提供服务时，依托大数据征信弥补我国征信体系不完善的缺陷，在进行风控时数据维度更多，决策引擎判断更精准，反欺诈成效更好。另一方面，互联网技术对用户信息、资金安全保护更加完善。

智能化、自助化成为银行业、保险业关注的重点。以银行业为例，建设银行、招商银行等各大银行都在向智慧金融转型，包括银行网点、手机银行 App、微信服务等"一站式、自助化、智能化"的全新服务体验。业务办理模式由"柜员操作为主"转变为"客户自主、自助办理"。目前各大银行已经充分运用半自动化的智能应用技术，融入网点办公。比如 ATM 向 VTM 的升级换代，VTM 融入了高清视频通信技术，以及呼叫调度中心、人机交互协作、远程智能控制、电子数据采集等高科技功能，可以为客户提供 7×24 小时自助可视互动服务。通过这种柜面业务替代率达 95%的创新应用，银行解决了迅速扩张的高成本问题，降低柜面网点的业务压力。

智能金融应用场景与人工智能技术相对应，智能金融的典型应用如下。

**1. 身份识别**

以人工智能为内核，通过人脸识别、指纹识别、声纹识别等技术手段，确认客户的生物特征信息，确保客户交易的安全性。还可以通过结合交易异常数据的分析生成客户黑白名单，从而控制交易风险。

**2. 大数据风控**

在金融交易的反欺诈、异常交易分析中，结合机器学习、知识图谱、大数据等技术，搭建反欺诈、信用风险等模型，通过分析历史交易记录，从数据中自动识别异常行为和恶意欺诈，并监控告警，能够从多维度控制金融机构的信用风险和操作风险，避免资产损失。其中，对于金融交易中的欺诈检测来说，以往金融欺诈行为依赖复杂而呆板的规则来检测，这种规则不能适应现今一些越来越高明的金融欺诈行为。但是借助机器学习，系统可以检测出异常的活动或行为，并自动发送安全团队。其面临的主要挑战是一些正常的交易行为会被系统误判为存在风险。不过机器学习专家认为随着机器学习技术的发展，伴以更多的学习数据和日益提高的学习能力，未来是可以解决这个问题的。

**3. 智能投顾**

即智能投资顾问，利用深度学习、知识图谱等技术，基于大数据和算法能力，对捕捉到的用户信息、用户行为进行深度挖掘，然后从职业、收入、风险偏好、社会阶层、性格特征等不同维度精准刻画用户画像，对用户与资产信息进行标签化，从而给用户提供精准的、个性化的投资方案和建议，引导用户合理配置资产，最大限度规避金融市场风险，最大限度提高金融资本的收益率。

**4. 智能客服**

人工智能通过机器学习和深度学习，利用自然语言处理文字识别和语音数据挖掘技术，智能客服能自动猜出用户可能会提出的各种疑问，并用问题识别模型针对用户的使用场景和用户行为抽取出合适的答案，并收集结果反复校验精准度，扩展客服领域的深度和广度，大幅度降低服务成本，提升服务体验。

**5. 智能获客**

依托大数据，对金融用户进行画像，通过需求响应模型，提供多渠道、多平台展现，实现用户需求与金融产品的精准匹配，极大提升获客效率；提升金融机构不同业务场景营销转化，激活长尾用户，从而实现客户核心业务指标有效增长。

**6. 金融云**

依托云计算能力的金融科技，利用云计算模型构成原理，将各金融机构及相关机构的数据中心互联互通，构成云网络，以提高金融机构迅速发现并解决问题的能力，提升整体工作效率，改善流程，降低运营成本，为客户提供更便捷的金融服务和金融信息服务，为金融机构提供更安全高效的全套金融解决方案。

**7. 区块链**

区块链本质上是去中心化的信任机制，具有透明且不可篡改的特性，通过在分布式节点共享来集体维护一个可持续生长的数据库，实现信息的安全性和准确性，在金融领域具有广阔的应用场景。区块链已率先应用于资产证券化过程中，使整个流程更透明、更安全。

智能金融是在互联网时代，传统金融服务演化的更高级阶段。它的实现是基于大规模的真实数据分析，因此智能金融的决策更能贴近用户的需求。智能金融代表未来金融业的发展方向，相较于传统金融，智能金融效率更高，服务成本更低。

## 2.5.4 智慧城市

随着信息技术的不断发展，城市信息化应用水平不断提升，智慧城市建设应运而生。智慧城市是指利用各种信息技术或创新概念，把新一代信息技术充分运用在城市中的各行各业，将城市的系统和服务打通、集成，以提升资源运用的效率，优化城市管理和服务，以及改善市民生活质量。建设智慧城市在实现城市可持续发展、引领信息技术应用、提升城市综合竞争力等方面具有重要意义。

智慧城市建设可分为基础设施建设（主要是基础网络建设）、智慧管理服务、产业智慧化建设；根据面向的对象不同，可分为智慧政务、智慧产业、智慧民生三大内容。

**1. 基础设施建设**

通过建设高速宽带泛在的新一代信息基础设施，利用物联网等信息技术实现对城市井盖、路灯、地下管线、景点景观、建设设施等城市部件的信息采集和运行监测，形成高度一体化、智能化的新型城市基础设施。建设人口、法人、宏观经济、城市地理信息和建筑物信息数据库，完成公共信息平台及信息中心建设。

**2. 智慧管理服务**

通过实施智慧医疗、智慧教育、智能金融、智能社区、智能家居等一系列智慧应用，使城市服务更加及时便捷，有效提高市民的满意度。智慧服务是智慧城市的普惠基石。一是要整合政务资源，促进业务协同，提供优质的智慧政务服务；二是要超前部署教育信息网络，促进优质教育资源的普及与共享；三是要打通分散独立的各类社保系统，提高为民服务的效率；四是要以新一代信息技术为驱动，实现医疗管理与服务的全程智能；五是要智慧化管理社区多种元素，为社区居民提供全方位的服务。

### 3. 产业智慧化建设

建设绿色建筑节能示范工程、智慧生态旅游工程、智慧生态农业产业基地，着力改善生态环境，建成低碳节能、绿色宜居的新城区；加快智慧产业建设，具体包括建设数据完备、高度共享的公共基础数据共享服务体系；对城市进行全面的自动化、智能化管理的城市运行体系，具有智能分析识别功能的公共安全体系，全流程全覆盖的社会管理体系，教育、卫生等公共服务均衡化发展的社会公共服务体系，以电子商务、数字内容等重点的战略性新兴产业体系，信息资源、业务流程、服务以及人员高度协同的电子政务体系等；以及智能装备、有机光电、智能金融等一批智慧产业项目的转型升级。

智慧城市建设是一项系统性和长期性的工程，由政府主导、市场运作，注重资源共享、业务协同发展，并统筹规划、分步实施。

智慧城市建设，就不得不提另外一个词：城市大脑。它是互联网大脑架构与智慧城市建设结合的产物，是城市级的类脑复杂智能巨系统，在人类智慧和机器智能的共同参与下，在物联网、大数据、人工智能、5G、云计算等前沿技术的支撑下，城市神经元网络和城市云反射弧将是城市大脑建设的重点。城市大脑的作用是提高城市的运行效率，解决城市运行中面临的复杂问题，更好地满足城市各成员的不同需求。城市大脑的发展目标不仅仅局限在一个城市或一个地区，当世界范围的城市大脑连接在一起，城市大脑最终将形成世界神经系统（世界脑），为人类协同发展提供一个全球性的类脑智能支撑平台。

城市大脑，是为城市生活打造的一个数字化界面。市民凭借它可以触摸城市脉搏、感受城市温度、享受城市服务，城市管理人员通过它配置公共资源、做出科学决策、提高治理效能。以杭州为例，城市大脑包括警务、交通、文旅、健康等 11 大系统和 48 个应用场景，日均数据可达 8000 万条以上。

智慧城市典型应用场景如下。

### 1. 智能安防

智能安防最关键的是监控设备，以往使用的传统监控系统只具备基本的功能，就是实时监控和回看录像；随着人工智能技术的发展，机器视觉、图像处理、模式识别、深度学习等前沿技术的不断成熟，如今智能监控系统除了基本的实时监控功能以外，还具备了识别和分析功能，可以进行车辆识别、动态人脸识别、行人属性分析、密度检测、检测异常情况等。

安防智能化视频监测流程如下。

第一步是目标检测：提取视频目标，利用运动目标检测、人脸检测、车辆检测技术，识别有效和无效目标。

第二步是目标跟踪：在特定场景中有效持续跟踪，利用多目标跟踪、目标融合、目标评分技术，获得高质量抓拍图片。

第三步是目标特征提取：对目标图片进行属性识别，利用深度学习网络结构的特征提取和分类技术，判断目标特征属性。

第四步是目标检索：基于大数据的 GPU 检索技术，在千亿规模数据中定位，对目标的特征进行检索。

### 2. 社会管理场景

社会管理场景与人们的出行相关的是汽车驾驶。人工智能在汽车驾驶方面的应用最初阶段是实现部分辅助驾驶功能，例如车道保持辅助、前车避撞、疲劳驾驶检测、夜视辅助、行人避撞等,具有强感知、辅助决策、辅助执行的特点。这一阶段人对车的控制依然很强,车的智能化水平相对来说还是很弱的。第二个阶段,自动驾驶限定场景:货车高速公路运输、功能车作业生产、低速限定范围接送车、停车场自动泊车等,部分功能在当下应用较广泛。这个阶段具有强感知、弱决策、强执行的特点,人对车的控制有所减弱,车的智能化水平有所提升。第三个阶段,是对未来的无人驾驶展望阶段:环境完全开放、人-车-道路无障碍交互,重新定义车的功能,城市交通最优化。这一阶段具有强感知、强决策、强执行的特点,人对车的控制几乎接近零,车的智能化水平达到最高。

### 3. 公共服务场景

公共服务场景中涉及最多的是身份验证。线上,例如银行的手机应用终端、互联网金融、移动运营商等需要实名认证;线下,机场、火车站安检,一些公共场所、出入境安检,银行等,都有身份验证环节,除了居民身份证验证,还需结合生物识别技术进行身份验证,例如声纹验证、指纹识别、虹膜识别、人脸识别等。获取的居民生物识别信息将与政府数据库数据进行比对,比对一致,身份验证才能通过。

### 4. 零售业场景

零售业发展已久,传统的成本控制和营销推广方式早已达到瓶颈,在电商零售发展的冲击下,实体零售业面临前所未有的困局。智慧城市建设过程中,传统零售面临着必要的转型,新零售线上线下融合的模式正在普及。传统零售转型的关键在于:开源建设投入,升级店铺IT设施、安装各类传感器、打通流程并信息化、建立数据库、人工智能处理、营销预判和管理等,目标在于吸引顾客和精准营销。这部分的投入带来的效益有:例如电子标签的应用,可根据后台系统合理调整价格;减少因为人力出错、标价不一造成的损失;通过摄像头的人脸识别、传感器、手机 WiFi 信号等收集综合信息,多渠道推送顾客感兴趣的信息;通过数据积累配合深度学习,预判营销情况,减少库存,降低压货;此外,监控系统还能有效防止实体店当中的偷窃,标记重点防控对象,提供嫌疑人信息,减少甚至避免商铺损失。

### 5. 社区服务场景

社区是城市中的一个非常重要的单元,其承载的群体虽然在量级上存在差异,但是都存在多元化和多层次的需求,涉及公共治理与服务的多个方面。正是因为其相关利益方较为复杂,传统公共治理与服务中会面临不同职能方沟通不畅、人力资源浪费、决策缺少数据支持等问题。而人工智能产品及服务体系可以发挥群体智能的优势,在数据感知与分析、全局管理与协调、自主或辅助决策、专业领域服务等方面提供有效的支持。社区某种程度上可以被认为是微缩版的城市场景,因此针对社区场景进行人工智能产品及服务体系的应用研究,将有潜力扩展到城市服务场景。

在智能社区与城市服务场景的研究方面,有研究学者提出了一种集成的社区服务平台系统架构。该架构可以提供与大到智能城市和小到智能家居相关联的公共智能社区服务,如能源、水电、公共安全和公共卫生等方面,把居民日常生活的个人空间、社区空间到城市空间有机地结合起来,有助于构建智慧城市服务生态系统,并可能支持新的智慧社区服务商业模式。面向老年社区设计的智能社区服务系统,将智慧老年社区的服务模式模块化,包括传感技术层、用于公共信息的虚拟专用网、数据库、专用系统、申请系统和综合应用服务平台,形成由老年人支持的和服务管理的智能综合体。通过智慧老年社区服务系统的构建,可以有效整合老年人社区的社会资源,为老年人群提供更好的服务并提高其生活质量。此外,为了了解居民在城市内部及周边活动的日常规律,将多种人工智能产品整合成多智能体系统对城市居民行为进行建模,并对影响模拟质量的相关城市信息进行了更为详细地梳理,包括居民基本信息、对其他居民的信任程度、对机构的信任程度、利他主义、生活满意度等。居民与公共空间内的人工智能产品之间的相关互动,也细分为了专注式互动、象征性互动和社交网络互动三种,为智慧社区乃至智慧城市的构建提供了支持。

### 6. 智慧农业

随着新一代信息技术的广泛应用,也推动了农业的改革,逐步实现由传统农业到现代农业,再到智慧农业的转型升级。

传统农业:人工管理、缺乏有效的技术手段采集农作物生长环境参数;采用手动实现对灌溉、水帘、遮阳网、抽风机等的控制,耗费人力、耗费时间,出错率很高。

现代农业:传感数据相对单一,对获取的数据还需要进行手工统计和人工分析,缺乏智能化的数据管理和分析平台,不能做到灾害预警和应对联动。

智慧农业:传感数据多样,集传感、存储、分析、联动于一体;实现远程监测及控制;智能数据处理和多样化报警方式。

智慧农业监控系统通过各种定制开发的智能终端设备监控农业生产过程中的各类指标,包括气象环境、土壤情况、设备状态等,实现农业大棚信息检测和标准化生产监控,帮助用户精确了解农作物生长情况、病虫害情况、土地灌溉情况、土壤空气变更情况等。结合各个种类农产品的生产流程和标准指标设置预警反馈,最终实现农产品全程精细监控和预警机制。

例如气象监测:设置在田间的一站式气象站采用太阳能供电,集成了多种传感器,实时监测各种气象信息(包括风向、风速、光照、温度、降雨量等),并通过智能网关直接将数据信息传回云数据中心。

智慧农业的另一个典型的应用是农业机器人,农业机器人的历史分为两个阶段,2000年以前农业机器人是机械电气自动化设备,2000年以后是加入人工智能、机器视觉等新技术的自动化设备。在进入21世纪以后,新型多功能农业机器人得到广泛应用,智能化机器人也在广阔的田野上越来越多地代替手工完成各种农活,例如施肥机器人、除草机器人、采摘西红柿机器人、分拣果实机器人等。农业机器人的广泛应用,改变了传统的农业劳动方式,提高了农民的劳动力,促进了现代农业的发展。

(1)采摘机器人

美国公司 Abundant Robotics 研发了一款苹果采摘机器人,如图2-3所示,能够24小时不间断完成采摘工作,用来提升农业生产的效率。虽然该机器人以采摘苹果为核心功能,但是这种功能也将延伸到其他种类的果实的采摘工作当中。Abundant Robotics 的解决方案是将机械手臂改成类"吸尘器"的形式,即将水果"吸"到收纳装置当中,水果和空气接触,避免了机械设备对水果表面的伤害,这同时也意味着这款机器人的运用范围将更加广泛,而不局限于苹果的采摘。

图 2-3 采摘机器人

(2)除草机器人

美国初创公司 FarmWise 开发出一款 8000 磅重的机器人,它可以不使用任何杀虫剂就清洁地除草,每天可以为一个大约 40 万人口的中型城市除草。不仅仅是除草,该公司的机器人可以使用计算机视觉来感知每个工厂的各种信息。

(3) 施肥机器人

传统的人工施肥，不仅会造成浪费，而且成本较高，还可能污染环境。施肥机器人则非常"聪明"，可以根据不同类型的土壤的实际情况，制定不同的施肥策略。机器人可以科学配比出最适量的施肥方案，既能减少总量，控制成本，又能提升效率，还可以改善地下水质。

(4) 分拣机器人

在农业生产中，将各种成熟作物进行分拣是一项必不可少的农活，往往需要投入大量的劳动力。而且，人力分拣有时候还会有所遗漏，做得不够完美。这时候，就需要分拣机器人上场了。农业分拣机器人不仅坚固耐用、操作简便，还能够自动辨别不同的作物果实，进行快速分类，而且不会擦伤果实外皮。

(5) 大棚巡检机器人

福建首款人工智能农业机器人正式在中国以色列示范农场智能蔬果大棚开始全天候生产巡检。这款农业机器人外形为白色的卡通人物形象，它有清晰的五官和四肢，通过底部的轮子和万向结构能够完成360°旋转和移动，可以流畅地沿着栽培槽自动巡检、定点采集、自动转弯、自动返航、自动充电等，自行完成整个流程。

"未来的农场将是无人农场，将会需要大量的农业机器人。"中国工程院院士赵春江表示。在技术上，随着云计算、大数据和人工智能等新一代信息技术与农业技术的深度融合，农业机器人作为新一代智能化农业机械将突破瓶颈并得到广泛应用。同时，未来农牧机器人新技术研究包括深度学习、新材料、人机共融、触觉反馈等技术。人机共融是未来农业发展重要的一环，可提高作业效率，人机共融技术减少了研发成本，由机器人预测人的意图配合完成工作。近年来随着农业集聚化的快速发展，用于农业生产的各种机器人逐渐成为农业技术、装备研发的重要内容。农业机器人的出现和应用不仅在一定程度上缓解农村劳动力短缺和结构不合理的问题，也改变了传统农业劳动方式，促进现代农业发展。

下面对智慧城市价值链进行简要分析。首先从智慧城市产业链来看包括了硬件设备制造、网络通信、软件和信息服务、系统集成、运营服务、规划咨询等，从相对宏观的角度我们可以将智慧城市产业链划分为上游基础架构与技术（包括硬件设备、物联网架构基础设施、传输网络），中游软件服务和下游运营服务。

(1) 智慧城市产业链上游

硬件设备制造业，主要包括各种芯片、感知硬件设备、网络传输硬件设备和存储硬件设备的生产制造。这些智能硬件设备将为整个智慧城市建设提供信息采集入口和处理设备，它们是构建智慧城市的基础。

(2) 智慧城市产业链中游

软件和信息服务业，主要包括针对特定行业提供专业软件产品及解决方案的厂商、提供综合信息服务与应用平台的企业、设备系统集成商和应用系统集成商，为交通、安防、医疗、能源、政务、农业、零售、教育等各个领域提供智能化方案。

(3) 智慧城市产业链下游

运营服务，当智慧城市建设完成后，需要对其进行长期的运营维护及管理，长远来看必将形成新的商业模式。事实上产业链上的企业并不是孤立存在，上、中游的企业已纷纷涉足智慧城市的运营服务，力图建成一个完整的生态链。

而智慧城市建设的智能主体有城市居民、城市建筑、道路、机构等，构建城市乃至区域或社会。

### 2.5.5 智慧交通

在现代城市中,交通的可达性和运输效率是衡量城市运营水平的重要指标。然而随着城市人口越来越多,城市规模不断变大,如何打造高效、舒适、快速出行的交通系统,已经成为城市管理机构面临的一大挑战。在人工智能应用于智能交通设施和云平台不断完善的背景下,城市交通服务体系能够在提升安全、减少拥堵、改善健康、提高生产力、共享交通等方面带来巨大好处,将逐渐成为改变城市交通管理与运营方式的新的服务体系。

智慧交通,实际上与智慧城市建设是有交叉部分的,它是建设智慧城市的必经之路。城市交通目前存在的一些问题亟须解决。

**1. 交通管理存在的问题**

机动车增长迅速,路网建设满足不了交通出行需求;调控手段单一,没有科学的论证和数据支撑;车辆安全、黑车、假车或者套牌车猖獗,真车主蒙受损失,部门治理难度高。造成以上问题的主要原因是重视单个系统建设,缺乏对全局的把握,以及大数据的支撑分析能力薄弱。

**2. 交通运输存在的问题**

信息资源分散,行业壁垒,导致黑车运营等执法以及共享的联动性差;缺乏对大交通的资源整合和监管支撑能力。存在以上问题的主要原因是缺乏信息化系统的顶层设计,缺乏对交通运输数据价值的认识(数据共享、数据挖掘等)。

**3. 交通信息服务存在的问题**

信息服务网站众多,但是访问的人很少,同时更新也越来越少;数据延迟严重;缺乏大交通的综合信息汇聚共享机制。存在以上问题的主要原因是无法获取实时的交通服务信息;公众获取交通信息渠道单一;行业管理壁垒,交通服务信息不共享。

针对城市交通存在的多方面的问题,智慧交通的提出以及实施,能有效地解决这些问题。从应用领域来看,我国智慧交通的落地应用集中于公路交通信息化、城市道路交通信息化以及城市公交信息化领域。智慧交通在城市轨道交通的建设集中于对城市道路实施全面监控,创建城市轨道交通综合管理与服务系统;在城市道路交通的建设主要集中于构建城市交通基础设施体系,搭建城市交通管控中心;在城市高速公路的建设主要集中于通过物联网、云计算和大数据分析等技术,逐步建立完善的基础设施监控体系、实时的预报预警体系和高效的应急保障体系。智慧交通的建设从抓住城市交通管理的核心需求着手,涵盖以下几个方面。

- 交通管理方面:信号控制、违章处罚、交通引导、缓解拥堵。
- 指挥决策:交通信息采集、交通仿真、预案决策支持、特勤服务。
- 人员、车辆管理:车牌识别、车牌防伪、车辆查缉、驾驶人管理。
- 设施管理:现场设备管理、交通标志、设备维护。
- 交通信息服务:路况信息、便民服务、气象环境等。

智慧交通是在智能交通(简称ITS)的基础上,在交通领域中充分运用物联网、云计算、互联网、人工智能、自动控制、移动互联网等技术,通过高新技术汇集交通信息,对交通管理、交通运输、公众出行、行业应用等交通领域全方面以及交通建设管理全过程进行管控支撑,使交通系统在区域、城市甚至更大的时空范围具备感知、互联、分析、预测、控制等能力,以充分保障交通安全、发挥交通基础设施效能、提升交通系统运行效率和管理水平,为通畅的公众出行和可持续的经济发展服务。实现行业资源配置优化能力、公共决策能力、行业管理能力、公众服务能力的提升，推动交通运输更安全、更高效、更便捷、更经济、更环保、更舒适的运行和发展，带动交通运输相关产业转型升级。

智慧交通涉及三个领域：行政管理、行业应用、公众服务。如图2-4所示，行政管理包括车辆稽查、运营稽查、行业管理、交通指挥等；行业应用包括出租管理、公交管理、货运管理、4S店服务、汽车厂商等；公众服务包括信息服务、安全驾驶、智慧停车、车况分析、维护保养、车辆救援等。

图2-4 智慧交通概览图

综上所述，智慧交通系统将人、车、路三者综合起来考虑。在系统中，运用了信息技术、数据通信传输技术、电子传感技术、卫星导航与定位技术、电子控制技术、计算机处理技术及交通工程技术等，并将这些技术有效地集成、应用于整个交通运输管理体系中，从而使人、车、路密切配合，达到和谐统一。智慧交通的核心在"智慧"，即给交通安装"大脑"，使之能够及时看到、听到有关信息，并及时做出反应。交通信息的收集、存储不是目的，目的在于使城市交通更加便捷、快速、绿色、安全和高效。

智慧交通的几个典型应用如下。

**1. 智慧交通实时监控系统**

智慧交通监控是利用计算机视觉技术对视频信号进行处理、分析和理解，在不需要人为干预的情况下，通过对序列图像自动分析，对监控场景中的变化进行定位、识别和跟踪，并在此基础上分析和判断目标行为，如图2-5所示。

目前，智能视频监控系统可以有效完成行人行为、车辆行为、道路设施状态、交通环境状况等信息的实时自动监控，为道路安全运行与危险情况营救提供必要的数据支持。主要表现在：

1）准确判断车辆的驾驶行为，实时掌握车辆减超速、车辆逆行等交通违章现象并及时处理。

图2-5 智慧交通监控示意图

2）对车流量、车速、交通拥堵状况等进行分析和预测，实时显示道路运行信息，自动完成拥堵、畅通等级的划分。

3）迅速评估火灾、急救、道路烟雾等突发事件紧急程度，为应急救援车辆规划最佳路线，同时快速为周边车辆传播突发危险信息。

**2. 公共车辆管理**

结合物联网传感技术，实时了解公交车的位置，实现弯道及路线提醒等功能。同时结合公交的运行特点，通过智能调度系统，实现驾驶员与调度管理中心之间的双向通信，对线路、车辆进行规划调度，实现智能排班，从而提升商业车辆、公共汽车和出租车的运营效率。

**3. 车联网**

车联网技术是在交通基础设备日益完善和车辆管理难度不断加大的背景下被提出的，到目前为止仍处于初步的研究探索阶段。随着其发展和应用，对城市的作用体现在车与车间的沟通更为顺畅，为交通信息的获取和共享提供了更广阔的空间。采集车辆周围的环境以及车自身的信息，将数据传输至车载系统，实时监控车辆运行状态，包括油耗、车速等，利用实时数据辅助驾驶员驾驶汽车，在未来甚至替代驾驶员自动驾驶汽车等。

**4. 旅行信息服务**

通过多媒介多终端，向外出旅行者及时提供各种交通的综合情况，使得出行者能够便捷地掌握各种与出行相关的信息，节省出行时间，减少碳排放。

**5. 智能红绿灯**

通过安装在路口的一个雷达装置，实时监测路口的行车数量、车距以及车速，同时监测行人的数量以及外界天气状况，动态地调控交通灯的信号，提高路口车辆通行率，减少交通信号灯的空放时间，最终提高道路的承载力。

**6. 智慧停车**

在城市交通出行领域，由于停车资源有限，停车效率低下等问题，智慧停车应运而生。智慧停车以停车位资源为基础，通过安装地磁感应、摄像头等装置，实现车牌识别、车位的查找与预定以及使用 App 自动支付等功能。

### 2.5.6 智能制造

智能制造源于人工智能的研究。随着产品性能的完善及其结构的复杂化、精细化，以及功能的多样化，促使产品所包含的设计信息和工艺信息量猛增，随之生产线和生产设备内部的信息流量增加，制造过程和管理工作的信息量也必然剧增，因而促使制造技术发展的热点与前沿，转向了提高制造系统对于爆炸性增长的制造信息处理的能力、效率及规模上。先进的制造设备离开了信息的输入就无法运转，柔性制造系统（FMS）一旦被切断信息来源就会立刻停止工作。专家认为，制造系统正在由原先的能量驱动型转变为信息驱动型，这就要求制造系统不但要具备柔性，而且还要表现出智能，否则难以处理如此大量而复杂的信息。其次，瞬息万变的市场需求和激烈竞争的复杂环境，也要求制造系统表现出更高的灵活、敏捷和智能。

纵览全球，虽然智能制造尚处于概念和实验阶段，但各国政府和组织均将此列入国家和地区发展计划，大力推动实施。

1992年美国执行新技术政策，大力支持关键重大技术，包括信息技术和新的制造工艺，智能制造技术也在其中，美国政府希望借助此举改造传统工业并启动新产业。

加拿大制定的1994~1998年发展战略计划，认为未来知识密集型产业是驱动全球经济和加拿大经济发展的基础，认为发展和应用智能系统至关重要，并将具体研究项目选择为智能计算机、人机界面、机械传感器、机器人控制、新装置、动态环境下系统集成。

日本于1989年提出智能制造系统，且于1994年启动了先进制造国际合作研究项目，包括公司集成和全球制造、制造知识体系、分布智能系统控制、快速产品实现的分布智能系统技术等。

欧盟的信息技术相关研究有ESPRIT项目，该项目大力资助有市场潜力的信息技术。1994年又启动了新的R&D项目，选择了39项核心技术，其中三项（信息技术、分子生物学和先进制造技术）中均突出了智能制造的位置。

我国20世纪80年代末也将"智能模拟"列入国家科技发展规划的主要课题，已在专家系统、模式识别、机器人、汉语机器理解方面取得了一批成果。

2015年9月10日，工业和信息化部公布2015年智能制造试点示范项目名单，46个项目入围，分布在21个省，涉及流程制造、离散制造、智能装备和产品、智能制造新业态新模式、智能化管理、智能服务等6个类别。

2018年，中发智造成立，搭建起中国第一家智能制造全生命周期、全生态服务平台，打造智能制造研究院、智能制造区域平台、智能制造国际平台、智能制造行业平台，分享智造头条、提供智造方案、对接国际供需，解读制造政策，全方位助力中国制造企业朝着智能制造的方向，奋力转型，不断升级。

由此可见，智能制造正在世界范围内兴起，它是制造技术发展，特别是制造信息技术发展的必然，是自动化和集成技术向纵深发展的结果。

2012年，美国出台了"先进制造业国家战略计划"，大力推动以"工业互联网"和"新一代机器人"为特征的智能制造战略布局。2013年，德国正式实施以智能制造为主题的"工业4.0"战略，巩固其制造业领先地位。

随着工业4.0时代的来临，系统化、数字化、智能化、数据化已经成为我国制造业变革的总体方向。智能制造系统（Intelligent Manufacturing System，IMS）是一种由智能机器和人类专家共同组成的人机一体化系统，它突出了在制造诸环节中，以一种高度柔性与集成的方式，借助计算机模拟的人类专家的智能活动，进行分析、判断、推理、构思和决策，取代或延伸制造环境中人的部分脑力劳动，同时，收集、存储、完善、共享、继承和发展人类专家的制造智能。智能制造系统，将互联网、云计算、大数据、移动应用等新技术与产品生产管理深度融合，实现生产模式的创新变革，为客户提供工厂可视化和远程运维解决方案。由于这种制造模式，突出了知识在制造活动中的价值地位，而知识经济又是继工业经济后的主体经济形式，所以智能制造就成为影响未来经济发展过程的制造业的重要生产模式。智能制造系统是智能技术集成应用的环境，也是智能制造模式展现的载体。和传统的制造相比，智能制造系统具有以下特征。

**1. 自律能力**

自律能力即搜集与理解环境信息和自身的信息，并进行分析判断和规划自身行为的能力。具有自律能力的设备称为"智能机器"，"智能机器"在一定程度上表现出独立性、自主性和个性，甚至相互间还能协调运作与竞争。强有力的知识库和基于知识的模型是自律能力的基础。

**2. 人机一体化**

智能制造系统不单纯是"人工智能"系统，而是人机一体化智能系统，是一种混合智能。

基于人工智能的智能机器只能进行机械式的推理、预测、判断，它只能具有逻辑思维（专家系统），最多做到形象思维（神经网络），完全做不到灵感（顿悟）思维，只有人类专家才真正同时具备以上三种思维能力。因此，想以人工智能全面取代制造过程中人类专家的智能，独立承担起分析、判断、决策等任务是不现实的。人机一体化一方面突出人在制造系统中的核心地位，同时在智能机器的配合下，更好地发挥出人的潜能，使人机之间表现出一种平等共事、相互"理解"、相互协作的关系，使二者在不同的层次上各显其能，相辅相成。因此，在智能制造系统中，高素质、高智能的人将发挥更好的作用，机器智能和人的智能将真正地集成在一起，互相配合，相得益彰。

**3. 虚拟现实技术**

虚拟现实技术（Virtual Reality）是实现虚拟制造的支持技术，也是实现高水平人机一体化的关键技术之一。虚拟现实技术是以计算机为基础，融合信号处理、动画技术、智能推理、预测、仿真和多媒体技术为一体；借助各种音像和传感装置，虚拟展示现实生活中的各种过程、物件等，因而也能拟实制造过程和未来的产品，从感官和视觉上使人获得完全如同真实的感受。但其特点是可以按照人们的意愿任意变化，这种人机结合的新一代智能界面，是智能制造的一个显著特征。

**4. 自组织超柔性**

智能制造系统中的各组成单元能够依据工作任务的需要，自行组成一种最佳结构，其柔性不仅突出表现在运行方式上，也表现在结构形式上，所以称这种柔性为超柔性，如同一群人类专家组成的群体，具有生物特征。

**5. 学习与维护**

智能制造系统能够在实践中不断地充实知识库，具有自学习功能。同时，能够在运行过程中自行诊断故障，并具备对故障自行排除、自行维护的能力。这种特征使智能制造系统能够自我优化并适应各种复杂的环境。

智能制造的本质，是软件化的工业技术，即用软件来定义控制数据的自动流动，解决复杂产品的不确定性问题。当然，不仅仅是生产，它还涉及研发、工艺、交付、维护、维修等过程，以及整个综合管理体系。智能制造带来的变化是贯穿在设计、生产、管理、服务各个环节的，通过智能化的感知、学习、决策、执行等形成一种新型的生产方式。比如，在生产方面，智能制造意味着能在线优化流程、减少不良品率、实现个性化定制。在产业链方面，智能制造可以实现上下游的协同，使物流更畅通，实现零库存。

智能制造在各行业的制造装备构成如下。

**1. 石油石化智能成套设备**

集成开发具有在线检测、优化控制、功能安全等功能的百万吨级大型乙烯和千万吨级大型炼油装置、多联产煤化工装备、合成橡胶及塑料生产装置。

**2. 冶金智能成套设备**

集成开发具有特种参数在线检测、自适应控制、高精度运动控制等功能的金属冶炼、短流程连铸连轧、精整等成套装备。

**3. 智能化成形和加工成套设备**

集成开发基于机器人的自动化成形、加工、装配生产线及具有加工工艺参数自动检测、控制、优化功能的大型复合材料构件成形加工生产线。

**4. 自动化物流成套设备**

集成开发基于计算智能与生产物流分层递阶设计、具有网络智能监控、动态优化、高效敏捷的智能制造物流设备。

**5. 建材制造成套设备**

集成开发具有物料自动配送、设备状态远程跟踪和能耗优化控制功能的水泥成套设备、高端特种玻璃成套设备。

**6. 智能化食品制造生产线**

集成开发具有在线成分检测、质量溯源、机电光液一体化控制等功能的食品加工成套装备。

**7. 智能化纺织成套装备**

集成开发具有卷绕张力控制、半制品的单位重量、染化料的浓度、色差等物理、化学参数的检测仪器与控制设备,可实现物料自动配送和过程控制的化纤、纺纱、织造、染整、制成品等加工成套装备。

**8. 智能化印刷装备**

集成开发具有墨色预置遥控、自动套准、在线检测、闭环自动跟踪调节等功能的数字化高速多色单张和卷筒料平版、凹版、柔版印刷装备、数字喷墨印刷设备、计算机直接制版设备(CTP)及高速多功能智能化印后加工装备。

智能制造对于企业乃至整个工业生态都有十分重要的意义。对于企业来说,可以在产品设计阶段就模拟出该产品的整个生命周期,同时利用仿真模型计算出最优的生产流程,在实际生产中,工厂的实际生产数据和仿真数据不断对比,实时矫正产线运行参数,保证了产线的稳定运行,最终可以实现产品开发周期最短、产品成本最低、生产效率最高。对于整个工业生态来说,智能制造带来的改变将是巨大的,宏碁集团创办人施振荣先生曾经提出过一个"微笑曲线"理论,横坐标代表行业上中下游,分别是研发、制造和营销,纵坐标表示利润。从曲线得知,只会开厂跑流水线是创造不了巨额利润的。近几年,从行业来看,很多大型制造型企业正走在"转型"的路上。例如,在机器人行业,现在一些机械臂供应商提供的不单单是产品,还有产品相关的一系列智能服务,例如系统自诊断、设备预测性维护等增值服务,以保证企业在智能制造时代有足够的竞争力。

智能制造对于中国制造实现高质量发展,在激烈的全球竞争中占据领先地位,具有重大的战略意义。目前很多企业都在布局智能制造,得到了政府的大力支持,同时,也有不少高校开设了智能制造专业,培养行业相关人才。智能制造,可谓前景广阔。

## 2.5.7 智能家居

家居是人最重要的生活社交场所之一。传统的家居生活场景碎片化程度较高,在相对较为狭小的空间内需要满足不同家庭成员的需求,集成了就寝、烹饪、学习、娱乐等场景,很难系统地进行服务。随着人工智能技术向家居场景渗透,智能家居近年来已为大众所接受,安全、舒适、节能、个性化的智能家居环境成为很多人的追求。经过多年的发展,智能家居产品逐渐摆脱通过手机应用终端远程控制和多产品互联的弱智能阶段,开始与人工智能深度融合,实现自主学习、主动记忆、自主决策,为家居空间中的用户提供个性化的服务。

智能家居的宗旨是为了让人们享受更舒适、更智能的生活，它的智能从人机交互方面上看变得更加的复杂，包括了人工智能领域中的语言交流、计算机视觉、手势识别等交互方式。目前智能家居仍处于从手机控制向多控制结合的过渡阶段，手机应用终端仍是智能家居的主要控制方式，但是随着人工智能技术的不断发展，更多的操作方式会被研发出来。

智能家居除了融合人工智能相关技术，还涉及其他核心技术，例如，智能嵌入技术，实现让所有的物品都具有计算机的智能但并不以通用计算机的形式出现，并把这些物品与网络连接在一起；无线通信技术，搭建网络作为数据传输的重要载体，在智能家居领域得到成功应用的无线通信技术主要有射频技术、VESP、IrDA 红外线技术、ZigBee 标准等，其优点在于无需重新布线，安装方便灵活，根据需要可以随时扩展或修改。

智能家居是基于互联网平台打造的一种全新智能化生活方式，利用移动物联网、云计算、自动化以及移动互联网等高端智能技术，配合丰富的智能家居终端，将家居设备智能控制、家庭健康感知、环境感知、安全感知以及信息交流、购物等家居服务有效结合，为智能家庭用户提供舒适性、便捷性于一体的低碳、健康、绿色的个性化家居生活。从本质上来说，智能家居是一个智能化的控制系统，它本身又包括很多子系统，比如安防系统、照明系统、背景音乐系统、电器控制系统、门窗控制系统、家庭网络系统、家庭影院系统等，它可以利用综合布线、网络通信、安全防范、自动控制等技术手段实现家居设施集成，从而构建起安全、高效、智能化的管理系统，给用户营造一个安心、温馨、舒心、便利的居住环境，从而提升用户居住的舒适度和安全性。基于智能家居平台，用户可以根据自己的需求实现对家电和门窗的远程控制，还可以根据自己的喜好进行个性化设置。

以下介绍几个智能家居的生活场景。

**1. 家庭环境智能调节**

家庭环境监测功能主要有室内温湿度探测、室内空气质量探测、室外气候探测，以及室外噪声探测。一个完整的家庭环境监测系统主要包括：环境数据采集、环境数据分析及控制执行模块三个部分，其系统组成包括温湿度传感器、空气质量传感器、光线环境光探测器、室外风速探测器，以及无线噪声传感器。实时获取室内环境参数信息，如温度、湿度、二氧化碳浓度、PM2.5 浓度等值，通过对室内环境参数信息的统计、分析和计算，可以及时了解室内实时空气及环境状况，从而通过对空气净化设备或其他环境调控设备的智能控制最终实现对室内环境的调节和控制，以达到提高室内环境舒适度和改善室内空气质量的目的，让用户一直处在最适宜的家居环境中。

**2. 家庭电器、照明智能控制**

智能电器控制主要针对传统的电器进行智能控制，比如对家用的空调、热水器、饮水机、电视以及电动窗帘等设备进行控制，可以融合灯光系统成为更全面的智能家居系统。控制种类分为遥控控制、电话手机控制、远程控制、定时控制等多种控制模式。

灯光照明控制是一个家庭最重要的功能，通过智能家居系统可以做到灯光自动打开或关闭，还可以通过调节亮度和颜色来烘托家庭氛围，主要包括：一键情景控制、RGB 颜色调整、远程控制、定时照明、自动开/关灯等功能。用智能开关直接替换传统开关，实现对家里的灯光进行一对一的开和关、全开和全关以及组合的形式，结合多种控制模式管理家庭各种电器设备，让生活更具有品位、节能（调光）、时尚方便等优点。当业主下班回家，走近光线昏暗的过道时，过道照明自动缓慢点亮，在人员离开入口区域 2 分钟后，该过道照明自动缓慢关闭；

进入客厅时，室内灯光自动开始照明，人一旦离开2分钟后，室内灯光将会慢慢熄灭。

### 3. 智能安防

家庭安全管理是用户最在意的家居智能化功能，如家中老人或小孩发生紧急事故，可远程报警提醒。智能门锁可通过手机App或遥控操作，可授权其他用户开门，且在规定时间内设置有效的一次性密码，过时作废，既方便又安全。

家庭煤气泄漏监控、防火监控、防盗监控、智能摄像头、智能门锁、智能猫眼等安防类产品都是智能家居在安防领域的应用，主要有防盗、防火以及防煤气泄漏功能。可以设置离家报警与在家报警，当离家报警时，所有设备都在工作，无论是室内还是室外只要发生情况都可以让主机本地报警、电话或者手机报警；在家报警的情况下，主人是可以在室内活动的，终端设备带有方向识别功能，可以分辨出人体是进还是出，以防止小偷有可乘之机。安防系统支持各种探测器，例如红外线探测器、光栅、门窗磁、烟雾感应器、煤气探测器、紧急按钮等，当家里出现火灾或者煤气泄漏时，主机会自动联系主人，并且通过传感器自动将煤气总阀门关闭。

总之，一旦智能门锁被非法的方式打开或者屋内出现异常情况，系统会自动向用户手机报警，提醒用户可能存在安全隐患，可及时向物业或者警方报警。

### 4. 家庭娱乐

家庭娱乐让人足不出户就可以享受休闲娱乐时光。例如，智能背景音乐：这套系统适合现代的年轻人，特别是音乐爱好者，不光能够输出悦耳的音乐，最关键的是它能够实现音源共享，并且可以将音源输出给多个播放器，每个播放器可以单独控制，并且通过遥控器控制播放器切换不同的音源（比如DVD、FM、计算机等）；还可实现定时打开的功能，比如当用户早上7点钟要起床上班，它可以及时地开起音乐唤醒模式；另外它还可以融入灯光控制系统里面，可以在各种场景模式下自动切换用户想要播放的音乐。

智能视频共享：通过控制端就能够切换有线电视信号、卫星电视信号、DVD、数字电话等多种接入方式，并且可以将每种视频信号（也称AV信号）输出到多台电视上；另外，还可以通过电视机来共享计算机主机，多台设备同时上网，加上键盘和鼠标，就可以通过电视机上网以及玩游戏。

### 5. 可视对讲功能

该功能结合门禁可对出入人员进行甄别，当访客在户主不知情的情况下拜访，户主可通过智能中控器、室内分机等多种设备观看访客影像，对访客进行确认，确定是否接受到访，避免受到不必要的干扰，同时提高家居安全性。如果申请了远程业务，还可以实现远程计算机与门口机对讲，远程观看访客影像。

### 6. 节能方面

上述诸多场景都需要依托接入智能控制平台24小时保持在线，作为智能生活，在能源控制方面不仅要做到智能，还要经济，才算真正的极致生活。用户使用智能终端安装智能控制平台App，可随时控制它所关联的智能家居电器开关状态，如图2-6所示，同时能和其他设备形成联动，合理计划和利用能源，提高能源利用率；通过智能终端检测设备可对水、电、气、暖等能耗设备的运行情况进行实时监测；可以通过智能家居终端控制家庭电器的使用，不在家的时候可以智能化断电，在一定程度上保障了家庭的生活安全。

近年来，在智能化、自动化高新技术的驱动下，智能家居行业进入了飞速发展时期。根据国家相关部委推进智慧城市建设部署，以及各地方政府的安排，我国启动智慧城市建设和在建智慧城市的城市数量超过 500 个。随着各地智慧城市建设提速，相关市场规模将有望扩容至千亿甚至万亿级别。2019 年，智能家居行业在技术、市场、行业的变革中迎接新的挑战和机遇。一方面，AI、IoT、边缘计算全面赋能智能家居；另一方面，中国的房地产行业正在从上半场的"增量开发"，切换到下半场的"存量经营""楼盘精装化"政策在更多中国城市落地。

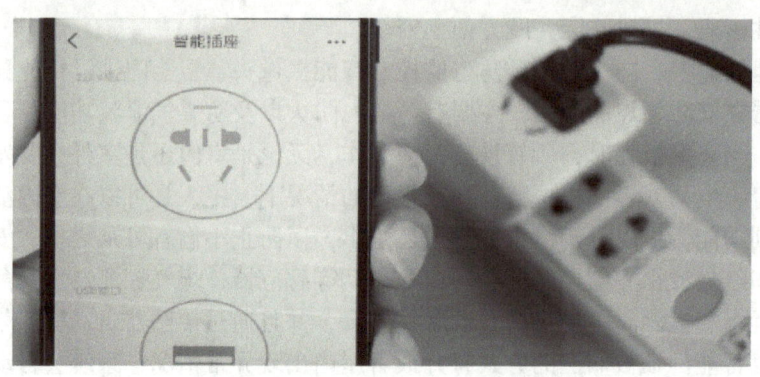

图 2-6　智能家居节能控制

从智能家居在中国市场的情况来看，智能家居厂商主要分布在东部地区，广东地区分布的厂商占比最高。智能家居品类中，智能照明、家庭安防、智能家电、智能影音占据较大的市场份额。智能家居需求呈现多样性，消费者可以通过线上或线下等多种渠道购买智能家居产品，其中消费者使用最多的渠道是电商渠道。在这个快节奏的生活时代，智能家居能够为用户减少烦琐的家务、提高效率、节约时间，让人们能够有更充分的时间去休息、教育、锻炼、学习，使人们的生活质量大幅提高。

## 2.6　习题与练习

**1. 填空题**

1) 图灵测试是指测试者与被测试者（一个人和一台机器）隔开的情况下，通过一些装置（如键盘）向被测试者随意提问。如果测试者不能确定出被测试者是人还是机器，那么这台机器就通过了测试，并被认为具有（　　　）。

2) 在人工智能当中，图像、语音、手势等识别被认为是（　　　）的层次；而问题求解、创作、推理预测被认为是（　　　）的层次。

3) 人工智能可以分为弱人工智能、强人工智能和超人工智能三个阶段，目前处于（　　　）。

4) 人工智能定义中的"智能"涉及诸如（　　　）等问题。

5) 盲人看不到一切物体，他们可以通过辨别人的声音识别人，这是智能的（　　　）方面。

6) 2016 年 3 月，人工智能程序（　　　）在韩国首尔以 4:1 的比分战胜人类围棋冠军李世石。

7) 人工智能与计算机学科的关系是（　　　）。

8) 目前的人工智能研发的动力主要来源于（　　　）。

9) 弱人工智能是指仅仅模拟人类大脑的（　　　）。

10) 强人工智能是指其本身就是一个（　　　）。

## 2. 选择题

1) 人工智能是一门（　　）。
   A. 数学和生理学　　　　　　B. 心理学和生理学
   C. 语言学　　　　　　　　　D. 综合性的交叉学科

2) 被誉为计算机科学与人工智能之父的是（　　）。
   A. 图灵　　　　　　　　　　B. 费根鲍姆
   C. 纽厄尔　　　　　　　　　D. 西蒙

3) 根据科学流行定义，人工智能就是和人类（　　）相似的计算机程序。
   A. 思考方式　　　　　　　　B. 表达方式
   C. 行为方式　　　　　　　　D. 外观外貌

4) 谷歌公司的机器人 AlphaGo 战胜了人类围棋世界冠军李世石，这表明了（　　）。
   A. 人工智能已经可以完全代替人类，其智力已经远远超过人类
   B. 人工智能在某方面已经超过人类，它开创性的围棋算法是取胜的关键
   C. 人工智能只是钻了人类无法长时间集中精力的空子，从而取胜
   D. 人工智能的胜利为人类敲响了警钟，将来人类或将无法控制人工智能

5) 下列哪种情况是图灵测试的内容？（　　）。
   A. 当机器与人对话，两者相互询问，人分不清机器是人还是机器，说明它通过了图灵测试
   B. 当机器骗过测试者，使得询问者分不清是人还是机器时，说明它通过了图灵测试
   C. 当人与人对话，其中一人的智力超过另一人时，说明智者通过了图灵测试
   D. 两机对话，其中一机的智力超过另一机时，说明智者机器通过了图灵测试

6) 人工智能诞生于（　　）年。
   A. 1955　　　　　　　　　　B. 1957
   C. 1956　　　　　　　　　　D. 1965

7) 人工智能技术涉及多个领域，包括（　　）、计算机、软件算法、机器学习等，是一门综合性的学科。
   A. 编程　　　　　　　　　　B. 高数
   C. 科学　　　　　　　　　　D. 数学

8) 战胜李世石的谷歌机器人 AlphaGo，是（　　）的典型代表。
   A. 低人工智能　　　　　　　B. 超强人工智能
   C. 强人工智能　　　　　　　D. 弱人工智能

## 3. 简答题

1) 简述人工智能的定义。
2) 简述图灵测试的内容。
3) 简述人工智能的三大学派。
4) 简述中文屋子实验的内容。
5) 简述智能家居的概念。

# 第3章　人工智能与大数据

最早提出"大数据"时代到来的是全球知名咨询公司麦肯锡[3]，麦肯锡称："数据，已经渗透到当今每一个行业和业务职能领域，成为重要的生产因素。人们对于海量数据的挖掘和运用，预示着新一波生产率增长和消费者盈余浪潮的到来。"

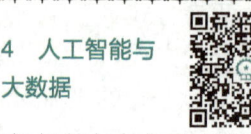

"大数据"在物理学、生物学、环境生态学等领域以及军事、金融、通信等行业存在已有时日，却因为近年来互联网和信息行业的发展而引起人们关注。大数据作为云计算、物联网之后，IT行业出现的又一颠覆性的技术。企业内部的经营交易信息、互联网世界中的商品物流信息，互联网世界中的人与人之间的交互信息、位置信息等，其数量远远超过企业现有的IT架构和基础设施的承载能力，实时性要求也大大超过现有的计算能力。如何盘活这些数据资产，使其为个人生活、企业决策乃至国家治理服务，是大数据的核心议题。

## 3.1　人工智能与大数据概述

大数据，或称海量数据，是指所涉及的数据量规模巨大到无法通过人工在合理的时间内达到截取、管理和处理成为人类能解读的信息。大数据的获得，主要得益于互联网、云计算的发展。

与传统数据库数据相比，大数据结构形式更加丰富和多样化，主要包括结构化、半结构化和非结构化数据，其中非结构化数据越来越成为主流数据。

非结构化数据是在以云计算为代表的技术中产生的，原本看起来很难收集和使用的数据，在大数据时代也开始变得容易利用了。目前企业中80%的数据都是非结构化数据。

因此大数据可以看作是由海量数据+复杂类型的数据组成，包括海量交易数据，如淘宝、京东的交易数据；海量交互数据，如微信、Facebook等平台上产生的数据；以及海量数据处理形成的数据，如物联网产生的数据。大数据结构如图3-1所示。

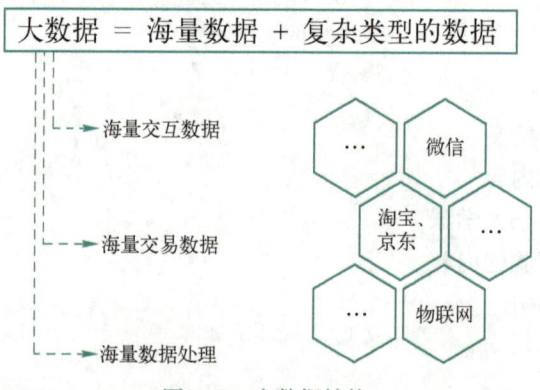

图3-1　大数据结构

### 3.1.1 大数据产生背景

进入 2012 年,大数据(Big Data)一词越来越多地被提及,人们用它来描述和定义信息爆炸时代产生的海量数据,并命名与之相关的技术发展与创新。它已经上过《纽约时报》《华尔街日报》的专栏封面,进入美国白宫官网的新闻,现身在国内一些互联网主题的讲座沙龙中,甚至被券商等写进了投资推荐报告。

正如 2012 年 2 月《纽约时报》的一篇专栏中所称,"大数据"时代已经降临,在商业、经济及其他领域中,决策将日益基于数据和分析而做出,而并非基于经验和直觉。

哈佛大学社会学教授加里·金(Gary King)说:"这是一场革命,庞大的数据资源使得各个领域开始了量化进程,无论学术界、商界还是政府,所有领域都将开始这种进程。"

随着物联网、社交网络、云计算等技术不断融入我们的生活,以及现有的计算能力、存储能力的高速发展,在互联网、通信、金融、商业、医疗等诸多领域积累了越来越多的数据。

互联网搜索引擎每天都要处理数万 TB 数据。全世界通信网的主干网上一天也有数万 TB 数据在传输。现代医疗行业如医院、药店等每天也在产生庞大的数据量,如医疗记录、医疗影像等。数据的量级不断升级、应用的不断深入和大数据不可忽视的价值,让我们不得不探索如何才能让人们更好地受益于这些数据。

大数据是一次对国家宏观调控、商业战略决策、服务业务和管理方式以及每个人的生活都具有重大影响的数据技术革命。大数据的应用与推广将给市场带来千万亿美元收益的机遇,称为数据带来的又一次工业革命。

随着高速发展的信息技术,不断扩张的数据库容量,互联网作为信息传播和再生的平台,"信息泛滥""数据爆炸"等现象不绝于耳,海量的数据信息使得人们难以做出快速的抉择。

随着大数据给人们带来价值的同时,信息冗余、信息真假、信息安全、信息处理、信息统一等也造成了一系列的问题。人们不仅希望能够从大数据中提取出有价值的信息,更希望发现能够有效支持生产生活中需要决策的更深层次的规律。

在现实情况的背景下,人们意识到有效地解决海量数据的利用问题具有研究价值和经济利益。面向大数据的数据挖掘有两个最重要的任务:一是实时性,需要对海量数据进行实时分析并迅速反馈结果;二是准确性,需要从海量的数据中精准提取出隐含在其中的有价值信息,再将挖掘得到的信息转化成有组织的知识以模型等方式表示出来,从而将分析模型应用到现实生活中,提高生产效率、优化营销方案等。

### 3.1.2 大数据的特征

大数据有以下四个特征:Volume(大量)、Variety(多样)、Value(价值)、Velocity(高速)。

第一个特征是数据量大。大数据的起始计量单位至少是 PB(1024 TB)、EB(1024 PB)或 ZB(1024 EB)。

第二个特征是数据类型繁多。包括网络日志、音频、视频、图片、地理位置信息等,多类型的数据对数据的处理能力提出了更高的要求。

第三个特征是数据价值密度相对较低。随着物联网的广泛应用,信息感知无处不在,信息是海量的,但价值密度较低,如何通过强大的机器算法更迅速地完成数据的价值"提纯",是大数据时代亟待解决的难题。

第四个特征是处理速度快，时效性要求高。这是大数据区分于传统数据挖掘最显著的特征。

### 3.1.3 大数据的精髓

大数据带给人们的三个颠覆性观念转变：是全部数据，而不是随机样本；是大致方向，而不是精准决策；是相关关系，而不是因果关系。

**1. 是全部数据，而不是随机样本**

在大数据时代，人们可以分析更多的数据，有时候甚至可以处理和某个特别现象相关的所有数据，而不再依赖于随机采样（以前我们通常把随机采样看成是理所应当的限制，但高性能的数字技术让我们意识到，这其实是一种人为限制）。

**2. 是大致方向，而不是精准决策**

研究数据如此之多，以至于人们不再热衷于追求精确度。之前需要分析的数据很少，所以必须尽可能精确地量化记录，随着规模的扩大，对精确度的要求将减弱。拥有了大数据，我们不再需要对一个现象刨根问底，只要掌握了大致的发展方向即可，适当忽略微观层面上的精确度，会让我们在宏观层面拥有更好的洞察力。

**3. 是相关关系，而不是因果关系**

寻找因果关系是人类长久以来的习惯，在大数据时代，人们无须再紧盯事物之间的因果关系，而应该寻找事物之间的相关关系。相关关系也许不能准确地告诉人们某件事情为何会发生，但是它会提醒人们这件事情正在发生。

### 3.1.4 了解大数据理论

大数据是指无法在可承受的时间范围内用常规软件工具进行捕捉、管理和处理的数据集合。

在维克托·迈尔·舍恩伯格（Viktor Mayer-Schönberger）及肯尼思·库克耶（Kenneth Cukier）编写的《大数据时代》中，大数据指不用随机分析法（抽样调查）这样的捷径，而采用所有数据进行分析处理。

对于"大数据"研究机构Gartner给出了这样的定义。"大数据"是需要新处理模式才能具有更强的决策力、洞察发现力和流程优化能力的海量、高增长率和多样化的信息资产。

根据维基百科的定义，大数据是指无法在可承受的时间范围内用常规软件工具进行捕捉、管理和处理的数据集合。

大数据技术的战略意义不在于掌握庞大的数据信息，而在于对这些含有意义的数据进行专业化处理。换言之，如果把大数据比作一种产业，那么这种产业实现盈利的关键，在于提高对数据的"加工能力"，通过"加工"实现数据的"增值"。

从技术上看，大数据与云计算的关系就像一枚硬币的正反面一样密不可分。大数据必然无法用单台的计算机进行处理，必须采用分布式架构。它的特色在于对海量数据进行分布式数据挖掘，但它必须依托云计算的分布式处理、分布式数据库和云存储、虚拟化技术。

## 3.1.5 大数据编程主要工具软件

**1. 大数据相关编程语言**

1) Java。学习 Java 的标准版 Java SE 即可，像 Servlet、JSP、Tomcat、Struts、Spring、Hibernate、Mybatis 都是 Java EE 方向的技术，在大数据技术里用到的并不多，只需要了解就可以了。

2) Python 提供了完善的基础代码库，覆盖了网络、文件、GUI、数据库、文本等大量内容，被形象地称作"内置电池（Batteries Included）"。用 Python 开发，许多功能不必重新编写，直接使用现成的即可。除了内置的库外，Python 还有大量的第三方库。当然，如果用户开发的代码通过很好的封装，也可以作为第三方库给别人使用。许多大型网站就是用 Python 开发的，例如 YouTube、Instagram，还有国内的豆瓣。很多大公司，包括 Google、Yahoo 等，甚至 NASA（美国国家航空航天局）都大量地使用 Python。Python 的定位是"优雅""明确""简单"，所以 Python 程序看上去总是简单易懂。初学者学习 Python，不但入门容易，而且将来深入下去，可以编写非常复杂的程序。

**2. 大数据学习基础阶段相关软件**

1) Linux 是一套免费使用和自由传播的类 UNIX 操作系统，是一个基于 POSIX 和 UNIX 的多用户、多任务、支持多线程和多 CPU 的操作系统。随着互联网的发展，Linux 得到了来自全世界软件爱好者、组织、公司的支持。它除了在服务器操作系统方面保持着强劲的发展势头以外，在个人计算机、嵌入式系统上都有着长足的进步。使用者不仅可以直观地获取该操作系统的实现机制，而且可以根据自身的需要来修改完善这个操作系统，使其最大化地适应用户的需求。Linux 不仅系统性能稳定，而且是开源软件，其核心防火墙组件性能高效、配置简单，保证了系统的安全。在很多企业网络中，为了追求速度和安全，Linux 操作系统不仅仅是被网络运维人员当作服务器使用，还可以当作网络防火墙。Linux 与其他操作系统相比，具有开放源码、没有版权、技术社区用户多等特点，开放源码使得用户可以自由裁剪，灵活性高，功能强大，成本低。尤其系统中内嵌网络协议栈，经过适当的配置就可实现路由器的功能。这些特点使得 Linux 成为开发路由交换设备的理想平台。

2) Docker 是一个开源的应用容器引擎，让开发者可以打包他们的应用以及依赖包到一个可移植的容器中，然后发布到任何流行的 Linux 机器上，也可以实现虚拟化。Docker 使用客户端-服务器（C/S）架构模式，使用远程 API 来管理和创建 Docker 容器。Docker 容器通过 Docker 镜像来创建，容器与镜像的关系类似于面向对象编程中的对象与类。Docker 采用 C/S 架构 Docker Daemon 作为服务端接收来自客户的请求，并处理这些请求（创建、运行、分发容器）。客户端和服务端既可以运行在一个机器上，也可通过 Socket 或者 RESTful API 来进行通信。Docker Daemon 一般在宿主主机后台运行，等待接收来自客户端的消息。Docker 客户端则为用户提供一系列可执行命令，用户用这些命令实现与 Docker Daemon 交互。

3) MongoDB 是一个基于分布式文件存储的数据库，由 C++语言编写。旨在为 Web 应用提供可扩展的高性能数据存储解决方案。MongoDB 是一个介于关系数据库和非关系数据库之间的产品，是非关系数据库当中功能最丰富、最像关系数据库的。它支持的数据结构非常松散，是类似 Json 的 Bson 格式，因此可以存储比较复杂的数据类型。MongoDB 最大的特点是它支持的查询语言非常强大，其语法类似面向对象的查询语言，几乎可以实现类似关系数据库单表查询的绝大部分功能，而且还支持对数据建立索引。

4）Redis 是一个高性能的 Key-Value 数据库，支持 Push/Pop、Add/Remove 及取交集、并集和差集等更丰富的操作，而且这些操作都是原子性的。在此基础上，Redis 支持各种不同方式的排序。与 Memcached 一样，为了保证效率，数据都是缓存在内存中。区别在于 Redis 会周期性地把更新的数据写入磁盘或者把修改操作写入追加的记录文件，并且在此基础上实现了 Master-slave（主从）同步。数据可以从主服务器向任意数量的从服务器上同步，从服务器可以是关联其他从服务器的主服务器。这使得 Redis 可执行单层树复制。Redis 的出现，很大程度补偿了 Memcached 这类 Key/Value 存储的不足，在部分场合可以对关系数据库起到很好的补充作用。它提供了 Java、C/C++、C#、PHP、JavaScript、Perl、Object-C、Python、Ruby、Erlang 等客户端，使用很方便。由于完全实现了发布/订阅机制，使得从数据库在任何地方同步树时，可订阅一个频道并接收主服务器完整的消息发布记录。同步对读取操作的可扩展性和数据冗余很有帮助。

**3. 大数据存储阶段相关软件**

1）Hadoop 是一个由 Apache 软件基金会开发的分布式系统基础架构。用户可以在不了解分布式底层细节的情况下，开发分布式程序，充分利用集群的威力进行高速运算和存储。Hadoop 实现了一个分布式文件系统（Hadoop Distributed File System，HDFS）。HDFS 放宽了 POSIX 的要求，可以以流的形式访问文件系统中的数据。Hadoop 的框架最核心的设计是 HDFS 和 MapReduce，HDFS 为海量的数据提供了存储，而 MapReduce 则为海量的数据提供了计算。

2）HBase-Hadoop Database 是一个高可靠性、高性能、面向列、可伸缩的分布式存储系统，利用 HBase 技术可在廉价的 PC Server 上搭建起大规模结构化存储集群。与 FUJITSU Cliq 等商用大数据产品不同，HBase 是 Google Bigtable 的开源实现，类似 Google Bigtable 利用 GFS 作为其文件存储系统，HBase 利用 Hadoop HDFS 作为其文件存储系统；Google 运行 MapReduce 来处理 Bigtable 中的海量数据，HBase 同样利用 Hadoop MapReduce 来处理 HBase 中的海量数据；Google Bigtable 利用 Chubby 作为协同服务，HBase 利用 Zookeeper 作为对应。其中，HBase 位于结构化存储层，Hadoop HDFS 为 HBase 提供了高可靠性的底层存储支持，Hadoop MapReduce 为 HBase 提供了高性能的计算能力，Zookeeper 为 HBase 提供了稳定服务和 failover 机制。此外，Pig 和 Hive 还为 HBase 提供了高层语言支持，使得在 HBase 上进行数据统计处理变得非常简单。Sqoop 则为 HBase 提供了方便的关系数据库管理系统（RDBMS）数据导入功能，使得传统数据库数据向 HBase 中迁移变得非常方便。

3）Hive 是基于 Hadoop 的一个数据仓库工具，可以将结构化的数据文件映射为一张数据库表，并提供简单的 SQL 查询功能，可以将 SQL 语句转换为 MapReduce 任务进行运行。其优点是学习成本低，可以通过类 SQL 语句快速实现简单的 MapReduce 统计，不必开发专门的 MapReduce 应用，十分适合数据仓库的统计分析。Hive 是建立在 Hadoop 上的数据仓库基础构架。它提供了一系列的工具，可以用来进行数据提取转化加载（ETL），这是一种可以存储、查询和分析存储在 Hadoop 中的大规模数据的机制。Hive 定义了简单的类 SQL 查询语言，称为 HQL，它允许熟悉 SQL 的用户查询数据。同时，Hive 也允许熟悉 MapReduce 的开发者开发自定义的 Mapper 和 Reducer 来处理内建的 Mapper 和 Reducer 无法完成的复杂的分析工作。Hive 没有专门的数据格式，Hive 可以很好地工作在 Thrift 之上，控制分隔符，也允许用户指定数据格式。

#### 4. 大数据架构设计阶段相关软件

1) Flume 是 Cloudera 提供的一个高可用的、高可靠的、分布式的海量日志采集、聚合和传输系统。Flume 支持在日志系统中定制各类数据发送方，用于收集数据；同时，Flume 提供对数据进行简单处理，并写到各种数据接收方（可定制）的能力。当前 Flume 有两个版本，Flume 0.9X 版本的统称 Flume-og，Flume1.X 版本的统称 Flume-ng。由于 Flume-ng 经过重大重构，与 Flume-og 有很大不同，使用时请注意区分。

2) ZooKeeper 是一个分布式的、开放源码的分布式应用程序协调服务，是 Google 的 Chubby 一个开源的实现，是 Hadoop 和 Hbase 的重要组件。它是一个为分布式应用提供一致性服务的软件，提供的功能包括配置维护、域名服务、分布式同步、组服务等。ZooKeeper 的目标就是封装好复杂易出错的关键服务，将简单易用的接口和性能高效、功能稳定的系统提供给用户。ZooKeeper 包含一个简单的原语集，提供 Java 和 C 的接口。ZooKeeper 代码版本中，提供了分布式独享锁、选举、队列的接口，代码在 zookeeper-3.4.3\src\recipes。其中分布锁和队列有 Java 和 C 两个版本，选举只有 Java 版本。

3) Kafka 是一个高吞吐量分布式消息系统。是由 LinkedIn 开源的消息中间件。Kafka 的开发者们认为不需要在内存里缓存什么数据，操作系统的文件缓存已经足够完善和强大，只要不是随机写入，顺序读写的性能是非常高效的。Kafka 的数据只会顺序追加，数据的删除策略是累积到一定程度或者超过一定时间再删除。Kafka 另一个独特的地方是将消费者信息保存在客户端而不是 MQ 服务器，这样服务器就不用记录消息的投递过程，每个客户端都知道自己下一次应该从什么地方什么位置读取消息，消息的投递过程也是采用客户端主动推送的模型，这样大大减轻了服务器的负担。Kafka 还强调减少数据的序列化和复制开销，它会将一些消息组织成消息集合做批量存储和发送，并且客户端在推送数据的时候，尽量以 Zero-Copy 的方式传输，利用 Sendfile（对应 Java 里的 FileChannel.transferTo/transferFrom）这样的高级 I/O 函数来减少复制开销。可见，Kafka 是一个精心设计，特定于某些应用的 MQ 系统。Kafka 有如下特性：通过 $O(1)$ 的磁盘数据结构提供消息的持久化，这种结构对于即使数以 TB 计的消息存储也能够保持长时间的稳定性能。

#### 5. 大数据实时计算阶段相关软件

1) Mahout 是 Apache 软件基金会的一个开源项目，提供一些可扩展的机器学习领域经典算法的实现，旨在帮助开发人员更加方便快捷地创建智能应用程序。Mahout 包含许多算法实现，如聚类、分类、推荐过滤、频繁子项挖掘等。此外，通过使用 Apache Hadoop 库，Mahout 可以有效地扩展到云中。虽然在开源领域中相对较为年轻，但 Mahout 已经提供了大量功能，特别是在集群和 CF 方面。

2) Spark 是专为大规模数据处理而设计的快速通用的计算引擎。Spark 是加州大学伯克利分校的 AMP 实验室开源的类 Hadoop MapReduce 的通用并行框架。Spark 拥有 Hadoop MapReduce 所具有的优点；但不同于 MapReduce 的是，Job 中间输出结果可以保存在内存中，从而不再需要读写 HDFS，因此 Spark 能更好地适用于数据挖掘与机器学习等需要迭代的 MapReduce 的算法。Spark 是一种与 Hadoop 相似的开源集群计算环境，但是两者之间还存在一些不同之处，这些不同之处使 Spark 在某些工作负载方面表现得更加优越，换句话说，Spark 启用了内存分布数据集，除了能够提供交互式查询外，它还可以优化迭代工作负载。Spark 是在 Scala 语言中实现的，它将 Scala 用作其应用程序框架。与 Hadoop 不同，Spark 和

Scala 能够紧密集成，其中的 Scala 可以像操作本地集合对象一样轻松地操作分布式数据集。尽管创建 Spark 是为了支持分布式数据集上的迭代作业，但是实际上它是对 Hadoop 的补充，可以在 Hadoop 文件系统中并行运行。通过名为 Mesos 的第三方集群框架可以支持此行为。

3）Storm 是一个分布式的、容错的实时计算系统，它被托管在 GitHub 上，遵循 Eclipse Public License 1.0。Storm 是由 BackType 公司开发的实时处理系统。GitHub 上的最新版本是 Storm 0.8.0，基本是用 Clojure 写的。Storm 为分布式实时计算提供了一组通用原语，可被用于"流处理"之中，实时处理消息并更新数据库，这是管理队列及工作者集群的另一种方式。Storm 也可被用于"连续计算"，对数据流做连续查询，在计算时就将结果以流的形式输出给用户。它还可被用于"分布式 RPC"，以并行的方式运行昂贵的运算。Storm 的主工程师 Nathan Marz 表示：Storm 可以方便地在一个计算机集群中编写与扩展复杂的实时计算，Storm 用于实时处理，就好比 Hadoop 用于批处理。Storm 保证每个消息都会很快地得到处理，在一个小集群中，每秒可以处理数以百万计的消息。而且用户可以使用任意编程语言来做开发。

**6. 大数据数据采集阶段相关软件**

Scala 是一种纯粹的面向对象编程语言，而又无缝地结合了命令式编程和函数式编程风格。Christopher Diggins 认为：不太久之前编程语言还可以毫无疑义地归类成"命令式"或者"函数式"或者"面向对象"。Scala 代表了一个新的语言种类，它抹平了这些人为划分的界限。根据 David Rupp 的说法，Scala 可能是下一代 Java。Scala 有几项关键特性表明了它的面向对象的本质。例如，Scala 中的每个值都是一个对象，包括基本数据类型（即布尔值、数字等）在内，连函数也是对象。另外，类可以被子类化，而且 Scala 还提供了基于 Mixin 的组合（Mixin-Based Composition），与只支持单继承的语言相比，Scala 具有更广泛意义上的类重用。Scala 允许定义新类的时候重用"一个类中新增的成员定义（即相较于其父类的差异之处）"，Scala 称之为 Mixin 类组合。Scala 还包含了若干函数式语言的关键概念，包括高阶函数（Higher-Order Function）、局部套用（Currying）、嵌套函数（Nested Function）、序列解读（Sequence Comprehensions）等。Scala 是静态类型的，这就允许它提供泛型类、内部类、甚至多态方法（Polymorphic Method）。另外值得一提的是，Scala 被特意设计成能够与 Java 和 .NET 互操作。Scala 当前版本还不能在 .NET 上运行，但按照计划将来可以在 .NET 上运行。Scala 可以与 Java 互操作。用编译器 Scala 可以把源文件编译成 Java 的 Class 文件（即在 Java 虚拟机上运行的字节码）。可以从 Scala 中调用所有的 Java 类库，也同样可以从 Java 应用程序中调用 Scala 的代码。

### 3.1.6 大数据与人工智能的关系

大数据与人工智能是两种即独立又相关的技术。一方面，人工智能的发展离不开大数据，人工智能应用需要大量的数据作为决策基础；另一方面，数量巨大的数据价值实现离不开人工智能技术。在大数据价值体现中，数据应用的主要体现是智能产品（智能体），而智能产品通常需要大量的数据进行"训练"与"评估验证"，从而保证可靠性和稳定性，因此为智能产品提供的数据量越大，产品运行的效果越好。大数据和人工智能相辅相成，相互促进，共同推动新技术应用落地，从而真正促进社会生产力的发展。

人工智能系统具有一定的自适应特性和学习能力，能够减少人类对整体工作的干预，即具有一定的随环境、数据或任务变化而自适应调节参数或更新优化模型的能力，因此人工智能具有机器学习能力；而大数据的介入是人工智能变革的关键，机器根据事实与数据，利用人工智能算法，以正确的方式做出正确的决定。

例如，对于医药公司来说，不仅要分析客户的需求，还需要了解和遵守不同区域的文化差异和市场规章制度，调整药物成分为不同市场提供最佳选择。离开了大数据的助力，机器学习几乎不可能完成该项工作。人工智能技术的发展对大数据技术有着较强的依赖性，作为人工智能的核心技术之一，大数据技术在人工智能中有较为广泛的应用。

因此，人工智能与大数据的融合才使机器学习成为可能。人工智能可以用传统人类无法处理的方式来处理大数据集，在此基础上通过与云、端、人、物越来越广泛地深入数字化的连接、扩展，实现机器客体乃至人类主体的演化迭代，以使系统具有适应性、灵活性、扩展性，来应对不断变化的现实环境，从而使人工智能系统在各行各业产生丰富的应用。

下面是几种人工智能技术与大数据结合的应用领域。

### 1. 异常检测

对于任何数据集，使用大数据的分析能够进行异常检测，它包括标识不符合预期模式的识别数据项、事件或观测，或数据集中的其他项。它适用于很多领域，包括故障检测、系统健康监测、传感器网络和生态系统干扰等。

### 2. 贝叶斯定理

在概率论和数理统计学中，贝叶斯定理描述了一个事件的概率，它是基于与事件相关的条件前验知识，这是基于先前事件来预测未来的一种方式。假设一个公司希望知道哪些客户有流失的风险，使用贝叶斯方法，可以收集满意度不足的客户的历史数据，并用于预测以后有可能流失的客户。这是一个非常适合应用大数据的例子，因为更多的历史数据被推送到贝叶斯算法里，使得预测结果变得更准确。

### 3. 模式识别

模式识别是机器学习技术之一，用于识别大量数据中的模式。计算机通过算法对数据样本进行特征提取，从而学习识别到特定模型，然后根据模型进行判别。

### 4. 图论

无论是产品信息、车辆信息、病例还是气象等数据，首先要理解数据之间的关联。

图论建立在图形研究基础上，研究图形中的节点与边，通过节点关系，可以识别数据模式和关系，利用该模式，可以提高对数据的理解能力。图论就是研究数据联系的模式，通过分析数据之间的关联，揭示数据背后的本质，掌握哪些数据是相关的，哪些数据是重要的。

## 3.1.7 大数据与人工智能带来的社会变革

大数据与人工智能技术的发展已经逐渐渗透到社会的各个方面，在技术层面、思维层面以及商业层面都带来了深刻的变革。

### 1. 技术层面

人工智能与大数据的发展得益于云计算技术的支持，促进了分布式处理平台，如MapReduce等分而治之的技术。而海量数据存储，如NoSQL、Hadoop等，以及感知技术，为大数据与人工智能发展提供了技术保障。

### 2. 思维层面

思维变革主要体现在更多、更好、更杂。更多是指在分析问题时，会分析与某事物相关的所有数据，而不是只分析少量的样本数据；更好是指思想发生了转变，不再探求难以捉摸的因果关系，而是关注事物的相关关系；更杂是指人们乐于接受数据的纷繁复杂，不再追求精确性。因此大数据就是从尽量多的数据中找出事物的相关性，从而知道这事物是什么，而不用去探究为什么。

**3. 商业层面**

由于人工智能在某些方面已经能够代替人类进行工作，不断调整就业结构，这样将使一部分人不得不改变工种，甚至失业，也潜移默化地改变人们的消费行为和观念，如学习方式、消费理念和行为、娱乐等。

不过，人工智能与大数据的发展也面临挑战，特别是在信息安全上，加大了隐私泄露风险；大量数据的集中存储增加了数据泄露的风险；一些敏感数据的所有权和使用权并没有清晰的界定，复杂的数据存储在一起，给企业安全管理带来挑战，如果安防防护手段更新升级不及时，也会带来安全漏洞。当大数据被运用到攻击手段中，不法分子可以收集到更多的用户信息，大数据分析让攻击更精确，为黑客入侵公司提供了机会。

任何新技术的应用最大的危险在于人类对它失去控制或者被反人类的组织利用，因此，美国科幻作家阿西莫夫提出了"机器人三守则"：

1）机器人必须不危害人类，也不允许它眼看人类受害而袖手旁观。
2）机器人必须绝对服从人类，除非这种服从有害于人类。
3）机器人必须保护自己不受伤害，除非是为了保护人类或者人类命令其做出牺牲。

## 3.2 数据采集与预处理

5　数据采集与预处理技术

### 3.2.1 数据采集的对象

**1. 时序数据**

随着计算机技术和大容量存储技术的发展以及多种数据获取技术的广泛应用，人们在日常事务处理和科学研究中积累了大量数据。被保存的数据绝大部分都是呈现时间序列类型的数据。所谓时间序列类型数据就是按照时间先后顺序排列各个观测记录的数据集。时间序列类型数据在社会生活的各个领域都广泛存在，如金融证券市场中每天的股票价格变化，商业零售行业中某项商品每天的销售额，气象预报研究中某一地区的每天气温与气压的读数，以及在生物医学中某一症状病人在每个时刻的心跳变化等。不仅如此，时间序列也是反映事物运动、发展、变化的一种最常见的图形化描述方式。

**2. Web 数据**

Web 挖掘可分为三类。
- Web 内容挖掘，是从文档内容或其描述中抽取知识的过程。
- Web 结构挖掘，是从 WWW 的组织结构和链接关系中推导知识的过程。
- 用户访问模式挖掘。

Web 挖掘与传统的数据挖掘相比有许多独特之处。
- Web 挖掘的对象是大量异质分布的 Web 文档。
- Web 在逻辑上是一个由文档节点和超链接构成的图，因此 Web 挖掘所得到的模式可能是关于 Web 内容的，也可能是关于 Web 结构的。

- 由于 Web 文档本身是半结构化或无结构的，且缺乏机器可理解的语义，而传统数据挖掘的对象局限于数据库中的结构化数据，并利用关系表格等存储结构来发现知识，因此有些数据挖掘技术并不适用，即使可用也需要建立在对 Web 文档进行预处理的基础之上。

### 3. 多媒体数据

多媒体数据挖掘（Multimedia Data Mining，MDM）是目前国际上数据库、多媒体技术和信息决策领域最前沿的研究方向之一，是数据挖掘的一个新兴且富有挑战性的领域。

多媒体数据挖掘系统的三个主要阶段：数据准备、多媒体数据知识挖掘、知识表示与解释。

多媒体数据挖掘系统的原型结构如图 3-2 所示。

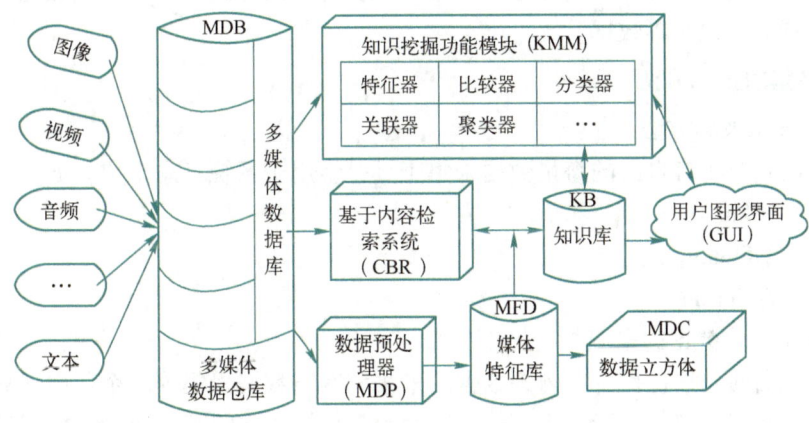

图 3-2 多媒体数据挖掘系统的原型结构图

### 4. 空间数据

空间数据挖掘（Spatial Data Mining，SDM）是指从空间数据库中提取出空间模式与特征、空间与非空间数据的普遍关系及其他的一些隐含在数据库中的普遍的数据特征。

## 3.2.2 数据采集简介

### 1. 数据采集

大数据的数据采集是在确定用户目标的基础上，针对该范围内所有结构化、半结构化和非结构化的数据的采集。表 3-1 是传统的数据采集与大数据的数据采集的区别。

表 3-1 传统的数据采集与大数据的数据采集的区别

| 对比项 | 传统的数据采集 | 大数据的数据采集 |
| --- | --- | --- |
| 数据来源 | 来源单一，数据量相对大数据较小 | 来源广泛，数据量巨大 |
| 数据类型 | 结构单一 | 数据类型丰富，包括结构化、半结构化、非结构化 |
| 数据处理 | 关系型数据库和并行数据仓库 | 分布式数据库 |

### 2. 数据来源

按照数据来源划分，大数据的三大主要来源可分为：商业数据、互联网数据与物联网数据。

（1）商业数据

商业数据是指来自于企业 ERP 系统、各种 POS 终端及网上支付系统等业务系统的数据，是现在最主要的数据来源渠道。

（2）互联网数据

互联网数据是指网络空间交互过程中产生的大量数据，包括通信记录及 QQ、微信、微博等社交媒体产生的数据，其数据复杂且难以被利用。

（3）物联网数据

物联网是指在计算机互联网的基础上，利用射频识别、传感器、红外感应器、无线数据通信等技术，构造一个覆盖世界上万事万物的"实现物物相连的互联网络"（The Internet of Things）。

物联网数据是通过各种各样的传感器采集物理世界中发生的事件产生的数据，包括各类物理量、标识、音频、视频等数据。

**3. 数据采集的技术方法**

（1）系统日志采集方法

很多互联网企业都有自己的海量数据采集工具，多用于系统日志采集，如：

- Hadoop 的 Chukwa。
- Cloudera 的 Flume。
- Facebook 的 Scribe。

（2）对非结构化数据的采集

非结构化数据的采集包括企业内部数据的采集和网络数据采集等。企业内部数据的采集是对企业内部各种文档、视频、音频、邮件、图片等数据格式之间互不兼容的数据采集。网络数据采集是指通过网络爬虫或网站公开 API 等方式从网站上获取相关网页的内容，并从中抽取出用户所需要的属性内容。网络爬虫是一种按照一定的规则，自动抓取互联网信息的程序或者脚本。它为搜索引擎从互联网上下载网页，是搜索引擎的重要组成。

（3）其他数据采集方法

对于企业生产经营数据或学科研究数据等保密性要求较高的数据，可以通过与企业或研究机构合作，使用特定系统接口等相关方式采集数据。

### 3.2.3 大数据的预处理

大数据预处理的方法主要包括：数据清洗、数据集成、数据变换和数据规约，大数据处理流程如图 3-3 所示。

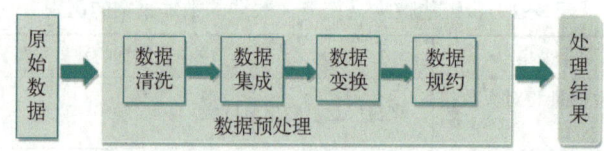

图 3-3 大数据处理流程图

**1. 数据清洗**

数据清洗是在汇聚多个维度、多个来源、多种结构的数据之后，对数据进行抽取、转换和集成加载。目的在于删除重复信息、纠正存在的错误,并提供数据一致性。

### 2. 数据集成

数据集成是把不同来源、不同格式、不同特点性质的数据在逻辑上或物理上有机地集中,从而为企业提供全面的数据共享。目前通常采用联邦式、基于中间件模型和数据仓库等方法来构造集成的系统。

数据集成从狭义上讲是指合并规整数据;广义上讲,数据的存储、移动、处理等与数据管理有关的活动都称为数据集成。大数据集成一般需要将处理过程分布到源数据上进行并行处理,并且仅对处理结果进行集成。

### 3. 数据变换

数据变换是将数据转换成适合挖掘的形式,采用线性或非线性的数学变换方法(如统计学中的数据标准化)将多维数据压缩成较少维数的数据,消除它们在时间、空间、属性及精度等特征表现方面的差异。

### 4. 数据规约

数据规约是从数据库或数据仓库中选取并建立使用者感兴趣的数据集合,然后从数据集合中滤掉一些无关、偏差或重复的数据,在尽可能保持数据原貌的前提下,最大限度地精简数据量。数据规约主要有两个途径:属性选择和数据采样,分别针对原始数据集中的属性和记录。

## 3.3 数据可视化

当我们看到一堆数据的时候,在我们头脑中很难从中发现我们需要的信息,而一张图片最大的价值是它能够让我们看到预料外的更多丰富的价值内容,如图3-4所示。

| 统计周期 | 用电类别 | 当期值 | 累计值 | 同期值 | 同期累计值 | 月度计划值 |
|---|---|---|---|---|---|---|
| 2020年1月 | 大工业 | 1509.14 | 1509.14 | 1384.53 | 1384.53 | 1810.97 |
| 2020/2/1 | 大工业 | 2170.89 | 1930.36 | 1081.34 | 2209.26 | 2509.46 |
| 2020/3/1 | 大工业 | 2404.22 | 2878.57 | 1161.32 | 3046.59 | 3742.14 |
| 2020/4/1 | 大工业 | 2613.20 | 4035.79 | 3083.58 | 12334.31 | 5246.52 |
| 2020/5/1 | 大工业 | 2565.73 | 5145.50 | 3027.56 | 15137.82 | 6689.15 |
| 2020/6/1 | 大工业 | 2551.96 | 6241.50 | 1386.12 | 4108.71 | 8113.95 |
| 2020年1月 | 电厂直供 | 13793.63 | 13793.63 | 12654.70 | 12654.70 | 16552.35 |
| 2020年1月 | 趸售 | 1465.86 | 1465.86 | 1344.82 | 1344.82 | 1759.03 |
| 2020/2/1 | 趸售 | 2681.08 | 2958.86 | 1387.78 | 2864.41 | 3846.51 |
| 2020/3/1 | 趸售 | 2639.22 | 4142.07 | 1387.73 | 3928.34 | 5384.69 |
| 2020/4/1 | 趸售 | 2664.00 | 5350.07 | 3143.52 | 12574.08 | 6955.09 |
| 2020/5/1 | 趸售 | 2605.20 | 6499.21 | 3074.13 | 15370.67 | 8448.98 |
| 2020/6/1 | 趸售 | 2592.89 | 7636.14 | 1625.51 | 5229.85 | 9926.99 |
| 2020/2/1 | 非居民 | 1522.59 | 292.86 | 382.61 | 578.78 | 380.71 |
| 2020/3/1 | 非居民 | 1518.96 | 355.86 | 369.39 | 624.17 | 426.61 |
| 2020/4/1 | 非居民 | 1512.82 | 412.64 | 1785.12 | 7140.49 | 536.44 |
| 2020/5/1 | 非居民 | 1509.36 | 466.00 | 1781.05 | 8905.25 | 605.80 |
| 2020/6/1 | 非居民 | 1514.97 | 525.00 | 382.00 | 682.17 | 682.50 |

a)

图3-4 用户用电图示

a)用户用电表格数据图

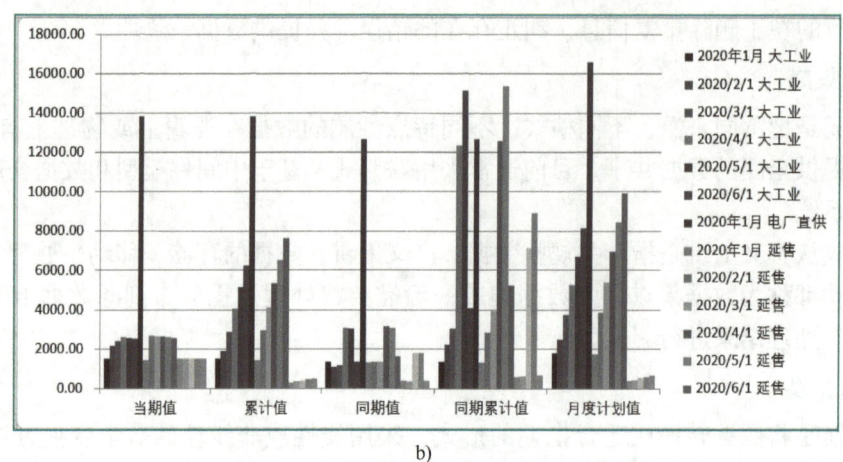

b)

图 3-4 用户用电图示（续）

b）用户用电柱状图

从图 3-4a 中我们可以看到，表格中包含各种不同角度获得的数据统计，但是我们很难看出各数据之间的关联，也很难获得数据要传达的有用信息，但是通过图 3-4b 的表示，可以很清晰地得到各数据之间的对比信息，加上颜色的突出显示，非常清晰直观地展示出用电大户和用电高峰时期以及其他有价值的信息。

因此数据不是我们真正需要的，我们需要的是数据中蕴含的信息以及这些信息透露的规律与趋势，这些信息可以为未来发展做决策支撑。

### 3.3.1 数据可视化简介

**1. 数据可视化概念**

数据可视化是研究数据的可视化表示，利用数据处理工具将数据转换成图形或图像并显示出来。通俗说就是以数据为基础，以可视化为手段，主要目的是描述真实的数据之间的关联和本质，探索规律。

数据可视化给数据信息的直观显示带来了可行。例如通过甘特图、雷达图等多种图形图像形式可以很好地给用户传达出他们想要的数据信息。借助图形化手段，在清晰有效地传达与沟通信息的同时，可以对数据进行交互分析。

**2. 数据可视化元素**

数据可视化由真实数据、富有美感的设计和完整的故事化逻辑组成，需要数据分析获得真实数据，经过视觉设计渲染，将数据中蕴含的信息展示给用户。

数据分析、视觉设计与讲故事这三个构件既是数据可视化的构件，也是可视化流程必不可少的环节。

数据分析是将错综复杂、看起来没法解释和关联的数据，建立起联系和关联，获得更有商业价值的洞见和价值。

视觉设计作为数据分析的末端整合和图形化处理环节，将不可见的数据现象转化为可见的图形符号，用大众能理解的图形语言来描述数据的内涵。

讲故事，其实是说可视化需要一个讲故事的逻辑，从一个宏观的问题出发，深入、细化到问题内部的方方面面，最终得出令人信服的结果。

#### 3. 数据可视化美观要素

在数据可视化过程中，可视化之"美"是我们对可视化的重要衡量标准之一。数据可视化之美可以通过4个方面体现：美观、新颖、充实和高效。

1）美观：是指可视化的表现形式与色彩要充分结合起来，合理利用形状、色彩、布局、排版等手段提高视觉美丽，是将数据进行图形化构建，实现可视化之美的必要要素。

2）新颖：要求通过数据可视化能够从不同角度去观察数据，从激发用户的兴趣出发，让用户以意想不到的视角去观察数据，从而加深对数据的理解，获得更多信息。新颖是可视化给用户带来的全新不同感受。不过新颖性不是必需的，通常情况下，可视化作品的设计首先要注重实效，在此基础上，如果能从新颖的角度传达信息，可以使得可视化产品更有故事性。

3）充实：充实主要指可视化的数据必须保证信息表达的完整性，数据不能有遗漏，不能随便舍弃和添加数据，不然得到的可视化不能全面准确地反映数据包含的信息内容，这样的可视化是失败的。因此对于任何可视化而言，偏离了以信息传达为目标的任何工作都是无意义的。

4）高效：高效是指数据中包含的信息的传达要直接明了妥当。可视化的主要目的就是要消除信息传播障碍，让信息通过各种直观明了的方式直接传达到人们的头脑。简单讲，就是能以最短的时间，获取到最有价值的信息，这就要求我们的可视化展现，不能有不相干的冗余信息，否则可视化也是失败的，没有意义的。高效是数据可视化的最终要求。

数据可视化的美观，追求的是干净、朴素，直入主题，便于用户获取信息的同时，尽量减少不必要的元素；而不是一味地追求各种不切实际的酷炫效果。

### 3.3.2 数据可视化工具

大数据可视化使枯燥的数据变得美丽、直观，富有穿透力，而大数据可视化工具为数据之美提供了手段。

#### 1. 数据可视化形式

选择和应用正确的可视化工具，需要了解目前可视化的不同形式，目前可视化的形式主要有科学可视化、信息可视化和图形可视化。

科学可视化主要集中在三维可视化现象的研究，如结构、气象学、生物医学系统，焦点在身体、脸部以及灯光实体渲染等。图3-5所示为医学影像科学可视化表现形式。

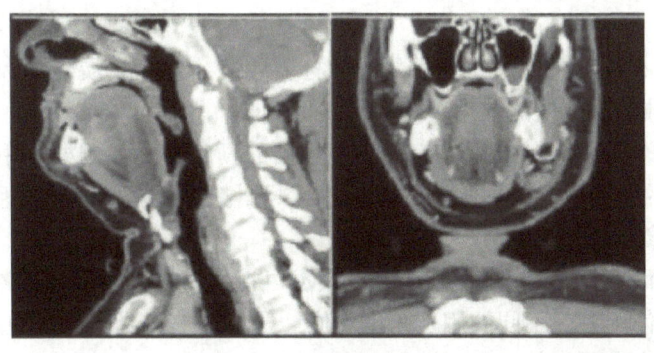

图3-5 医学影像科学可视化

信息可视化主要针对研究大规模的数字资源的可视化表现，使用图像技术方法帮助人们理解和分析数据。与科学可视化相比，信息可视化主要集中在抽象的数据集，比如非结构化的文本数据或者高维空间点的展示，这些点不具有二维或三维空间点的空间结构。目前常说的数据可视化就是指信息可视化。

**2. 数据可视化工具**

针对不同的可视化表现形式，目前有大量的可视化工具类型可选，这些工具根据不同人群主要分为入门级工具，专家级和进阶工具。根据展现方式不同分为在线可视化工具，互动图形用户界面（GUI）控制，地图工具等。

著名的可视化产品有 Excel、Tableau、PowerBI、Echarts 等。

Excel 的图形化功能并不是最强大的，但是 Excel 是分析数据的理想工具。作为一个入门级工具，Excel 是快速分析数据的理想工具，也能创建供内部使用的数据图，但是 Excel 在颜色、线条和样式上可选择的范围有限，这也意味着用 Excel 很难制作出符合专业出版物和网站需要的数据图。

Tableau 是一款商业智能数据分析工具软件，主要分为 Tableau 桌面端和 Tableau 服务器端。Tableau 通过数据导入，分析结构化数据，结合数据操作，即可实现数据分析，生成可视化的图表、坐标图、仪表盘与报告等，适用于商业分析。

另一个常用的可视化工具是 Echarts，Echarts 是一个 JavaScript 包，可以用于散点图、折线图、柱状图等这些常用的图表制作。Echarts 的优点在于，文件体积比较小，打包的方式灵活，可以自由选择需要的图表和组件，而且图表在移动端有良好的自适应效果，是专为移动端打造的交互体验。因此使用 Echarts 需要有前端开发的知识。

总之，数据可视化的工具要求数据表现突出，逻辑层次清晰。其制作要点在于图表，但又在图表之外。很多时候数据可视化不是简单的列出图表就是可视化了，通过图表工具去描述数据状态，发现数据关联，揭露数据本质，发现问题和解决问题才是数据可视化的真正核心。

**3. 可视化的数据内容**

数据可视化的本质是从数据中发现问题和解决问题。如何分析数据，揭示数据蕴含的规律呢？可以从两个方面入手，即可视化目标和可视化对象（最终使用者）。

（1）可视化目标

1）希望表达什么？可视化需要做什么，例如数据种类是什么？包括数据分类（比如：列）、数据序列（比如：排名、时间）、数量（比如：数据量）、关系（比如：水平、影响等）、地点（位置）等方式。

2）希望解决什么类型的问题？可视化的目标要明确，包括要展现的数据属性，如通过标称的、二元的、序数的、数值的数据。

3）是否能认知？可视化的结果一定要表现数据的真实含义，例如使用适当的方式展示数据属性，通过不同的角度以及使用不同的坐标轴，尽量挖掘数据之间的关系。

（2）可视化对象

只有理解了目标和对象，才能很好地完成数据可视化过程，可视化对象包括：

1）谁是数据的使用者？不同的用户角度不同，需要的信息是不一样的。

2）用户需要什么类型的数据？

3）用户的预期和侧重点是什么？

### 3.3.3 数据可视化案例

**1. 某智慧公安数字警务可视化系统**

某智慧公安数字警务可视化包括智慧搜索、智慧建模、智慧服务、智慧监督、智慧标签、智慧小区、智慧管控及智慧监测，实现个人档案的查询，同时关联社会关系和活动轨迹并绘制出关系网络图，通过建模显示各模型使用情况和资源访问量、访问趋势，进行在线业务分析，各类警务案件指标分析，根据标签生成人员画像，通过重点人员异常轨迹进行警情监测，根据热点追踪进行传播路径分析，实现公安智慧化管理，如图 3-6 所示。

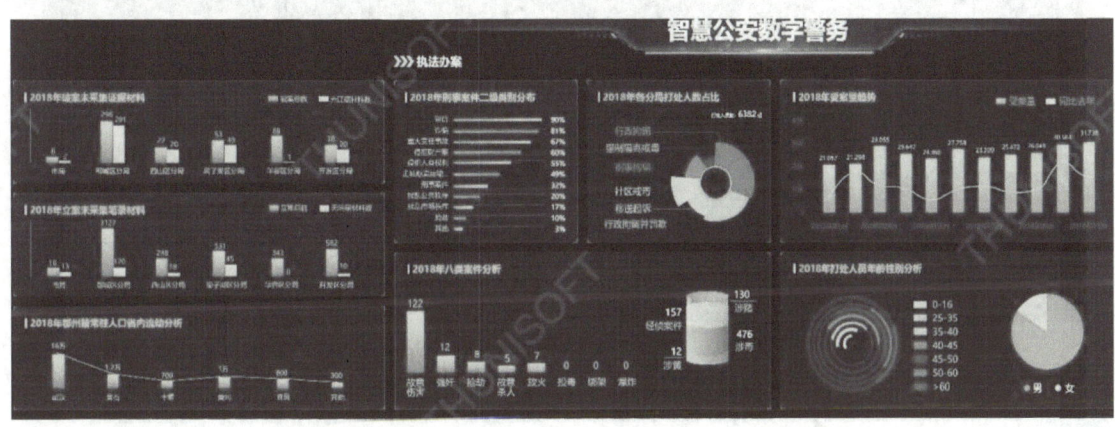

图 3-6　某智慧公安数字警务可视化系统

**2. 某校情决策支持平台可视化系统**

为了展现学校的实力，分别从学校概况、师资队伍、教学资源、科学研究、学生发展、就业情况和日常运营的角度来展示。学校概况包括办学条件、师生情况、学科专业和师资力量；再通过荣誉称号、教师编制类别、教职工人数、研究生导师数、高层次人才、职称分布、最高学位分布等展示师资队伍；用教学用房面积、教学经费投入、教学科研仪器、图书资料等来表现教学资源；用著作成果、获奖成果、论文与专利等展现科学研究，如图 3-7 所示。

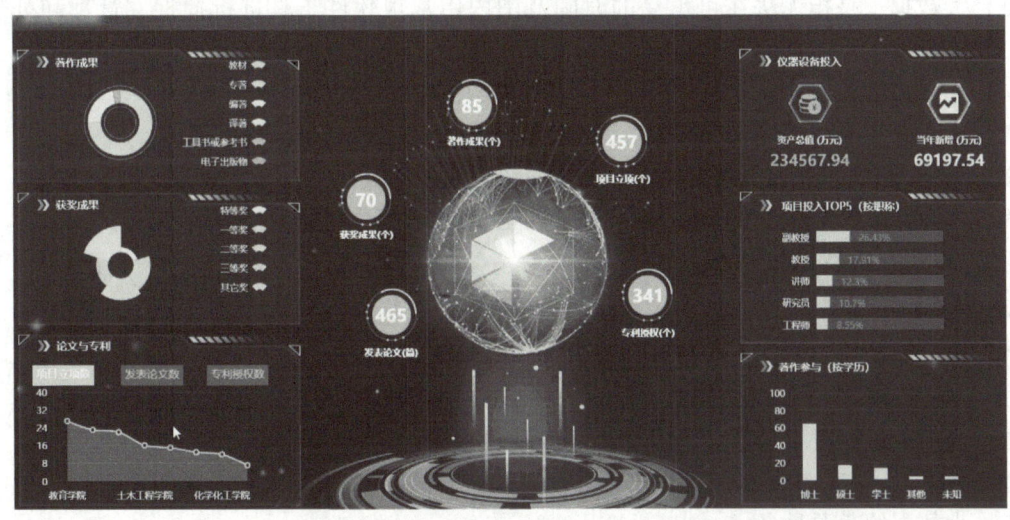

图 3-7　某校情决策支持平台可视化系统

**3. 某医疗服务分析平台可视化系统**

某医疗服务分析可视化平台主要展示医师日均工作量、病床使用率、门诊病人次均诊疗费用、出院病人人均医药费用、急诊人次、出院人数来分析医疗服务情况；病人分布情况可通过数据联动实现对应地图刷新；从妇幼保健、计划免疫、卫生监督、案件查处分类、居民健康档案、历年建档人数、建档率、出院病人前十的疾病分析公共卫生，实现医疗卫生智慧化管理，如图3-8所示。

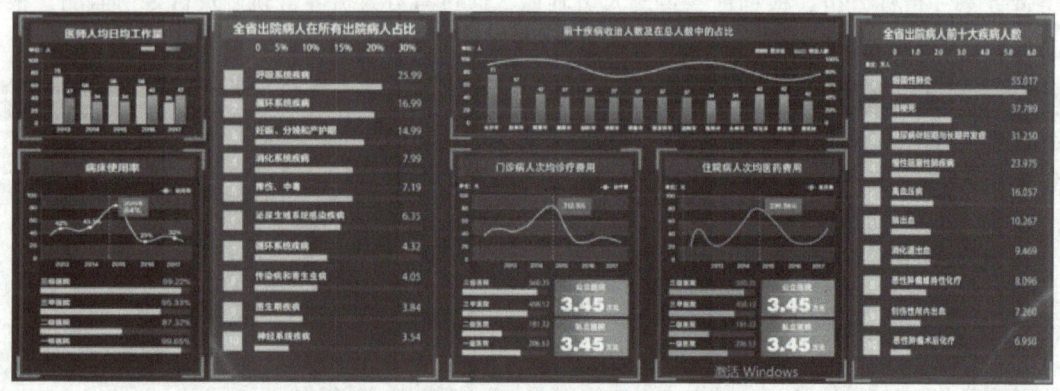

图3-8 某医疗服务分析平台可视化系统

## 3.4 习题与练习

**1. 填空题**

1）大数据的主要特征有（　　　）、（　　　）、（　　　）和（　　　）。
2）大数据学习的相关软件有（　　　）、（　　　）等。
3）大数据预处理的方法主要包括（　　　）、（　　　）、（　　　）和（　　　）。
4）人工智能的主要特征是（　　　）和（　　　）。
5）大数据，是指无法在可承受的时间范围内用常规软件工具进行捕捉、管理和处理的（　　　）。
6）MongoDB是一个基于（　　　）的数据库。
7）Hadoop是一个由Apache软件基金会所开发的（　　　）基础架构。
8）Spark是专为大规模数据处理而设计的快速通用的（　　　）引擎。
9）大数据的数据采集是在确定用户目标的基础上，针对该范围内所有结构化、（　　　）和（　　　）的数据的采集。

**2. 选择题**

1）以下哪种应用不是人工智能与大数据的应用领域？（　　　）。
　A. 模式识别　　　B. 异常检测　　　C. 基因检测　　　D. 贝叶斯算法
2）当前大数据技术的基础是由（　　　）首先提出的。
　A. 微软　　　　　B. 百度　　　　　C. 谷歌　　　　　D. 阿里巴巴
3）大数据的起源是（　　　）。
　A. 金融　　　　　B. 电信　　　　　C. 互联网　　　　D. 公共管理

4）智能健康手环的应用开发，体现了（　　）的数据采集技术的应用。
A. 统计报表　　　　B. 网络爬虫　　　　C. API 接口　　　　D. 传感器

5）大数据的最显著特征是（　　）。
A. 数据规模大　　B. 数据类型多样　　C. 数据处理速度快　　D. 数据价值密度高

6）下面哪一项不属于大数据系统的必备要素？（　　）
A. 云平台　　　　B. 物联网　　　　C. 数据　　　　　　D. 数据库

7）大数据所带来的思维变革不包括（　　）。
A. 不是随机样本而是全体数据　　　　B. 不是精确性而是混杂性
C. 不是因果关系而是相关关系　　　　D. 不是歧视而是平等

8）大数据元年是指（　　）。
A. 2010 年　　　　B. 2011 年　　　　C. 2012 年　　　　D. 2013 年

9）关于大数据在国家治理中的作用，以下理解不正确的是（　　）。
A. 大数据的应用能够杜绝抗生素的滥用
B. 大数据的运用能够提升应急管理的快速反应
C. 大数据的运用能够维护社会治安
D. 大数据的运用有利于实现以人为本的社会管理

10）第一个将大数据上升为国家战略的国家是（　　）。
A. 中国　　　　　B. 美国　　　　　C. 英国　　　　　　D. 法国

**3. 简答题**

1）请举例讨论大数据在不同行业的应用，你用过的哪种数据是通过大数据分析得到的精准数据？

2）试列举当前大数据面临的机遇与挑战，作为新时代计算机相关专业的我们应该如何应对？

3）大数据存储阶段的工具有哪些？

4）请写出某银行的贷款管理分析系统设计流程。

5）简述大数据的 4 V 特征。

# 第 4 章　机器学习应用技术

人工智能的发展得益于云计算和大数据技术的成熟与普及，和人工智能相关的还有个核心词汇——机器学习。所谓人工智能，通俗地讲是指由人工制造出来的系统所表现出来的智能。人工智能研究的核心问题包括推理、知识、交流、感知、移动和操作物体的能力。而机器学习是人工智能的一个分支，很多时候机器学习几乎成为人工智能的代名词。机器学习简单来讲就是通过算法，使机器能从大量历史数据中学习规律，从而对新的样本做出智能识别或对未来进行预测。在人工智能实践中，数据是载体和基础，智能是追求的目标，而机器学习则是从数据通往智能的技术桥梁。因此，在人工智能领域，机器学习才是核心，是现代人工智能的本质。

人工智能的快速发展使市场上对机器学习人才的需求不断提高，很多从事软件开发的程序员纷纷转行投向机器学习领域。但机器学习对人才的技术和理论水平要求都非常高，除了要掌握统计学中各种复杂的机器学习算法的理论推导外，还要理解计算机算法的实现逻辑以及分布式、并行化等架构理论。

## 4.1 机器学习简介

6　机器学习简介

机器学习是让机器具备和人一样的学习能力，专门研究计算机怎样模拟或实现人类的学习行为，以获取新知识或技能，重新组织已有的知识结构使之不断改善自身的性能，它是人工智能的核心。

与人们日常交互的大部分计算机程序可以使用最基本的命令来实现，而不需要用到机器学习。例如当用户把一个商品加进购物车时，便触发了电商的电子商务程序，把一个商品 ID 和用户 ID 插入到一个叫作"购物车"的数据库表格中。

对于机器学习科学家来说，大部分应用没有那么容易。思考一下如何写一个程序来回应唤醒词，例如"Okay, Google""Siri"和"Alexa"。你可能会想象下面的程序：

    if input_command == 'Okay, Google': run_voice_assistant()

但实际上你能拿到的只是麦克风里采集到的原始语音信号，可能是每秒 44000 个样本点。那么需要些什么样的规则才能把这些样本点转换成一个字符串呢？或者说，判断这些信号里是不是包含了唤醒词。

如果你被这个问题困住了，不用担心。这就是我们为什么需要机器学习。

虽然我们不知道怎么告诉机器去把语音信号转成对应的字符串，但我们自己可以。我们可以收集一个巨大的数据集，包含了大量语音信号，以及每个语音信号是不是对应我们要的唤醒词。在机器学习里，我们不直接设计一个系统去辨别唤醒词，而是写一个灵活的程序，它的行为可以根据读取的数据集而改变，当提供一个巨大的有标注的数据集的时候，它能辨别唤醒词。你可以认为这种方式是利用数据编程。换言之，我们需要用数据训练机器学习模型，其过程通常如下：

1）初始化一个几乎什么也不能做的模型。

2）收集一些有标注的数据集（例如音频段落及其是否为唤醒词的标注）。

3）修改模型使得它在收集的数据集上能够更准确地执行任务（例如使得它在判断这些收集的音频段落是否为唤醒词时更准确）。

4）重复步骤2）和3），直到模型准确性较高。

机器学习已经有了十分广泛的应用，例如：数据挖掘、计算机视觉、自然语言处理、生物特征识别、搜索引擎、医学诊断、检测信用卡欺诈、证券市场分析、DNA序列测序、语音和手写识别、战略游戏和机器人运用。

机器学习的核心思想是创造一种算法，它能从数据中挖掘出规律，而不需要针对某个问题去写代码。你需要做的只是把数据"投喂"给这个算法，然后它会在数据上建立自己的逻辑。

### 4.1.1 机器学习的发展

近年来，人工智能的强势崛起，让人们领略到了人工智能技术的巨大潜力。数据是载体，智能是目标，而机器学习是从数据通往智能的技术途径。机器学习是数据科学的核心，是现代人工智能的本质。

正如爱因斯坦所说："从希腊哲学到现代物理学的整个科学史中，不断有人试图把表面上极为复杂的自然现象归结为几个简单的基本概念和关系，这就是整个自然哲学的基本原理。"人类进化的发展史，从某种意义上来讲就是不断归纳经验进而演绎的过程。从刀耕火种的新石器时代到近代的工业革命以及现代科技的发展，人类已经积累了大量的经验。这些经验既有"种瓜得瓜，种豆得豆"这样的常识，也有像相对论这样的定理公式。人类文明正沿着时间这条坐标轴不断前进，如何利用过往的经验来推动人类社会的再一次飞跃，人工智能或许是我们需要的答案。

人工智能的发展体现在机器带动人类进行经验归纳以及思考，那么人工智能背后的引擎就是本章要介绍的重点——机器学习。机器学习是一种多学科交织的研究型学科，涉及生物学、统计和计算机等多个学科。机器学习算法发展到目前阶段，研究内容主要是将生活中的场景抽象成为数学公式，并且依靠机器的超强计算能力，通过迭代和演绎生成模型，对于新的社会问题进行预测或者分类操作。人工智能的发展史其实伴随着机器学习算法的进化史，正是随着机器学习算法的不断发展以及计算能力的提升，人工智能产业才得以不断提升。

20世纪80年代是机器学习成为一个独立的学科领域并开始快速发展、各种机器学习技术百花齐放的时期。在此之后的10年里出现了一些重要的方法和理论，比如分类与回归树、反向传播算法和卷积神经网络。20世纪90年代，机器学习的理论和方法得到完善和发展，其重要成果有支持向量机（SVM）、循环神经网络（RNN）、随机森林（RF）等。2006年，加拿大多伦多大学教授、机器学习领域泰斗、神经网络之父Geoffrey Hinton提出了神经网络深度学习模型。

### 4.1.2 机器学习的定义

**1. 机器学习的基本概念**

机器学习作为人工智能的重要分支，在近些年来取得了惊人的发展。AlphaGo，人工智能围棋程序，第一个击败人类职业围棋选手、第一个战胜围棋世界冠军的人工智能机器人，由谷歌（Google）旗下 DeepMind 公司 Demis Hassabis 领衔的团队开发，是人工智能的重要标志，在 2015 年 AlphaGo 以 5∶0 战胜欧洲冠军樊麾。2016 年 AlphaGo 以 4∶1 战胜围棋世界冠军、职业九段棋手李世石。2016 年末~2017 年初，该程序在中国棋类网站上以"大师"（Master）为注册账号与中日韩数十位围棋高手进行快棋对决，连续 60 局无一败绩。在 AlphaGo 人工智能程序当中，用到的机器学习技术是强化学习。

近些年来，机器学习在很多领域都有广泛的应用，如金融商务、智能交通、能源开发、电力传输、生物制药、机器人、军事、气象预报、智能家居、游戏等。

首先它是英文名称 Machine Learning（简称 ML）的直译，在计算机界 Machine 一般指计算机。说明了这门技术是让机器"学习"的技术。但是计算机是死的，怎么可能像人类一样"学习"呢？传统上，如果想让计算机工作，就给它一串指令，然后它遵照这个指令一步步执行下去。但这样的方式在机器学习中行不通。机器学习根本不接受输入的指令，相反，它接受输入的数据。也就是说，机器学习是一种让计算机利用数据而不是指令来进行各种工作的方法。"统计"的思想将在你学习"机器学习"相关理论时时刻刻伴随，相关而不是因果的概念将是支撑机器学习能够工作的核心概念。

从广义上来说，机器学习是一种能够赋予机器学习的能力，以此让它完成直接编程无法完成的功能的方法。但从实践的意义上来说，机器学习是一种通过利用数据，训练出模型，然后使用模型预测的一种方法。

看一个关于房价的例子。现在小李手里有一栋房子需要售卖，他应该给它标上多高的价格？房子的面积是 100 平方米，价格是 100 万、120 万、还是 140 万？很显然，小李希望获得房价与面积的某种规律。那么他该如何获得这个规律？用媒体上的房价平均数据么？还是参考其他面积相似的房屋？无论哪种，似乎都不太靠谱。

小李现在希望获得一个合理的，并且能够最大程度的反映面积与房价关系的规律。于是他调查了周边与他的房型类似的一些房子，获得一组数据。这组数据中包含了房子的面积与价格，如果小李能从这组数据中找出面积与价格的规律，那么他就可以得出房子的价格。

对规律的寻找很简单，拟合出一条直线，让它"穿过"所有的点，并且与各个点的距离尽可能的小。通过这条直线，获得了一个能够最佳反映房价与面积的规律。这条直线同时也是一个如下式的函数：

$$房价 = 面积 \times a + b$$

式中的 $a$、$b$ 都是直线的参数。获得这些参数以后，小李就可以计算出房子的价格。

假设 $a=0.75$，$b=50$，则房价 $=100 \times 0.75 + 50 = 125$ 万元。这个结果与前面所列的 100 万、120 万、140 万都不一样。由于这条直线综合考虑了大部分的情况，因此从"统计"意义上来说，这是一个比较合理的预测。

在求解过程中透露出了两个信息：

1）房价模型是根据拟合的函数类型决定的。如果是直线，那么拟合出的就是直线方程。如果是其他类型的线，例如抛物线，那么拟合出的就是抛物线方程。机器学习有很多算法，一些强力算法可以拟合出复杂的非线性模型，用来反映一些不是直线所能表达的情况。

2）如果小李的数据越多，小李的模型就能够考虑到越多的情况，由此对于新情况的预测效果可能就越好，这是机器学习领域"数据为王"思想的一个体现。一般来说（不是绝对），数据越多，最后机器学习生成的模型预测效果越好。

通过小李拟合直线的过程，可以对机器学习过程做一个完整的回顾。首先，需要在计算机中存储历史的数据。接着，将这些数据通过机器学习算法进行处理，这个过程在机器学习中叫作"训练"，处理的结果可以被用来对新的数据进行预测，这个结果一般称之为"模型"。对新数据的预测过程在机器学习中叫作"预测"。"训练"与"预测"是机器学习的两个过程，"模型"则是过程的中间输出结果，"训练"产生"模型"，"模型"指导"预测"。

下面把机器学习的过程与人类对历史经验归纳的过程做个比对。

人类在成长、生活过程中积累了很多的历史经验，定期对这些经验进行"归纳"，获得了生活的"规律"。当人类遇到未知的问题或者需要对未来进行"推测"时，会使用这些"规律"指导自己的生活和工作。

机器学习中的"训练"与"预测"过程可以对应到人类的"归纳"和"推测"过程。通过这样的对应可以发现，机器学习的思想并不复杂，仅仅是对人类在生活中学习成长的一个模拟。由于机器学习不是基于编程形成的结果，因此它的处理过程不是因果的逻辑，而是通过归纳思想得出的相关性结论。

为什么要使用机器学习？通过机器学习的方式，人们可以让机器来帮我们做这些"单调乏味"的工作，例如，让机器掌握识别手写数字的技能，识别人们写出的数字0~9，就能让机器来分拣信件。如果把这项技能再进一步提升，让机器掌握识别并理解地址信息的能力，甚至可以用机器来分拣快递。

什么时候可以使用机器学习呢？
- 有相关的数据。我们知道机器学习方法是计算机利用已有的数据，建立某种模型预测未来。举一个反例：预测世界末日什么时候到来。显然，因为我们没有世界末日发生的相关数据，所以这个问题也无法用机器学习的方式来解答。
- 不是很容易总结规律的问题。如果规律很容易总结，那当然就不用使用机器学习了，直接用代码实现即可。
- 存在某些隐含的模式可以被学习到。举一个反例：预测某个婴儿下一次哭是奇数分钟哭，还是偶数分钟。这几乎是一个随机事件，所以不存在任何隐含的模式，因此也就不能使用机器学习的方式来解答。

机器学习是一门人工智能的科学，该领域的主要研究对象是人工智能，特别是如何在经验学习中改善具体算法的性能。目前来说机器学习还没有统一的定义，百度百科给机器学习的定义：机器学习是一门多领域交叉学科，涉及概率论、统计学、逼近论、凸分析、算法复杂度理论等多门学科。专门研究计算机怎样模拟或实现人类的学习行为，以获取新的知识或技能，重新组织已有的知识结构使之不断改善自身的性能。维基百科给机器学习的定义：机器学习是一门系统的学科，它关注设计和开发算法，使得机器的行为随着经验数据的累积而进化，经验数据通常是传感器数据或数据库记录。Dictionary网站给机器学习的定义：机器学习是人工智能的一个分支，即机器基于输入的原始数据生成规则。很多学者也给出了机器学习的定义。卡梅隆大学的教授Tom M. Mitchell给出机器学习的定义是一个计算机程序能够从经验E中学习（学习任务是T，学习的表现用P衡量），这个程序在任务T与表现衡量P下，可以通过经验E得到改进。学者Jason Brownlee给出了机器学习的另外一种定义，机器学习就是从数据中训练出一个模型，该模型有不低于某种评估指标的泛化能力。

### 2. 机器学习的范围

机器学习跟模式识别、统计学习、数据挖掘、计算机视觉、语音识别、自然语言处理等领域有着很深的联系。从范围上来说，机器学习跟模式识别、统计学习、数据挖掘是类似的，同时，机器学习与其他领域的处理技术的结合，形成了计算机视觉、语音识别、自然语言处理等交叉学科。因此，一般说数据挖掘时，可以等同于说机器学习。同时，我们平常所说的机器学习应用，应该是通用的，不仅仅局限在结构化数据，还有图像、音频等应用。

模式识别与机器学习的主要区别在于，前者是从工业界发展起来的概念，后者则主要源自计算机学科。在著名的 *Pattern Recognition And Machine Learning* 一书中，Christopher M. Bishop 是这样说的："模式识别源自工业界，而机器学习来自于计算机学科。不过，它们中的活动可以被视为同一个领域的两个方面，同时在过去的10年间，它们都有了长足的发展"。

数据挖掘=机器学习+数据库。这几年数据挖掘的概念耳熟能详，只要提到数据挖掘都会说到数据挖掘可以从数据中挖出"金子"。但是，数据挖掘仅仅是一种思考方式，人们应该尝试从数据中挖掘出知识，但不是每个数据都能挖掘出有价值的信息。一个系统绝对不会因为上了一个数据挖掘模块就变得无所不能，恰恰相反，一个拥有数据挖掘思维的人才是关键，而且他还必须对数据有深刻的认识，这样才可能从数据中导出模式指引业务的改善。大部分数据挖掘中的算法是机器学习的算法在数据库中的优化。

统计学习近似等于机器学习。统计学习是个与机器学习高度重叠的学科。因为机器学习中的大多数方法来自统计学，甚至可以认为，统计学的发展促进机器学习的繁荣昌盛。例如著名的支持向量机算法，就是源自统计学科。但是在某种程度上两者是有分别的，这个分别在于：统计学习重点关注的是统计模型的发展与优化，偏数学，而机器学习更关注的是能够解决问题，偏实践，因此机器学习的研究人员会重点研究机器学习算法在计算机上执行的效率与准确性的提升。

计算机视觉=图像处理+机器学习。图像处理技术用于将图像处理为适合进入机器学习模型中的输入，机器学习则负责从图像中识别出相关的模式。计算机视觉的相关应用非常多，例如百度识图、手写字符识别、车牌识别等。这个领域的应用前景非常火热，同时也是研究的热门方向。随着机器学习的新领域深度学习的发展，大大促进了计算机图像识别的效果，因此未来计算机视觉的发展前景不可估量。

语音识别=语音处理+机器学习。语音识别就是语音处理技术与机器学习的结合。语音识别技术一般不会单独使用，会结合自然语言处理的相关技术。目前的相关应用有苹果的语音助手 Siri 等。

自然语言处理=文本处理+机器学习。自然语言处理技术主要是让机器理解人类语言。在自然语言处理技术中，大量使用了编译原理相关的技术，例如词法分析、语法分析等，除此之外，在理解这个层面，则使用了语义理解、机器学习等技术。作为唯一由人类自身创造的符号，自然语言处理一直是机器学习界不断研究的方向。按照百度机器学习专家余凯的说法"听与看，说白了就是阿猫和阿狗都会的，而只有语言才是人类独有的"，如何利用机器学习技术进行自然语言的深度理解，一直是工业和学术界关注的焦点。

由此可以看出机器学习在众多领域的外延和应用，机器学习技术的发展促使了很多智能领域的进步，改善着我们的生活。

## 4.2 机器学习的学习类型

机器学习理论主要是设计和分析一些让计算机可以自动"学习"的算法。机器学习算法是一类能从数据中自动分析获得规律，并利用规律对未知数据进行预测的算法。机器学

(Machine Learning）是人工智能（AI）中很重要的一部分，因为在目前的实践过程中，大多数人工智能问题是由机器学习的方式实现的。所以说机器学习是实现人工智能的一个途径，即以机器学习的手段解决人工智能中的问题。它可以被设计用程序和算法自动学习并进行自我优化，同时，需要一定数量的训练数据集（Training Dataset）来构建过往经验"知识"。机器学习算法有很多，有分类、回归、聚类、推荐、图像识别领域等，具体算法有线性回归、逻辑回归、朴素贝叶斯、随机森林、支持向量机、神经网络等。在机器学习算法中，没有最好的算法，只有"更适合"解决当前任务的算法。机器学习算法的分类方式有很多种，如果按照学习方式分类可分为监督学习、非监督学习、半监督学习和强化学习四种。监督学习中，训练集目标是有标注的，如回归分析，统计分类。非监督学习中，训练集目标是无标注的，如聚类、GAN（生成对抗网络）。半监督学习，介于监督学习与非监督学习之间。强化学习，智能体不断与环境进行交互，通过试错的方式来获得最佳策略。

如果按照学习任务分类可分为以下三类：
1）分类：分类是预测一个标签（是离散的），属于监督学习。
2）回归：回归是预测一个数量（是连续的），属于监督学习。
3）聚类：属于非监督学习。

通常将数据集分为三类：训练集、验证集和测试集。
1）训练集是用来训练模型算法，通过设置参数，训练模型。
2）验证集是利用训练集训练出的多个模型对验证集数据进行预测，并评估模型准确率。选出效果最佳的模型所对应的参数，用来调整模型。
3）测试集是用来评估模型的泛化能力。

### 4.2.1 非监督学习

根据类别未知（没有被标记）的训练样本解决模式识别中的各种问题，称为非监督学习。

非监督学习的训练数据是无标签的，非监督学习的目标是对观察值进行分类或者区分。常见的非监督算法主要有两种：聚类、降维。聚类就是对大量未标注的数据集，按数据内在的相似性将数据集划分为多个类别，使类别内的数据相似度较大而类别间的数据相似度较小。降维是减少数据的维度，对数据进行降噪、去冗余，方便计算和训练。

非监督学习算法主要是识别无标签数据的结构，其主要算法有 K-Means 算法、主成分分析算法（PCA）、线性判别分析算法（LDA）等。数字营销和广告技术是非监督学习应用最广的领域。除此之外，非监督学习通常用于探索客户信息并相应地调整服务。

### 4.2.2 监督学习

监督学习也称有导师学习，监督学习算法是直接监督运行的一种算法。在这种情况下，开发人员可以标记样本数据并设置算法运行的严格边界。

利用一组已知类别的样本调整模型的参数，使其达到所要求性能的过程，也称为监督训练。在监督学习下，输入数据被称为"训练数据"，每组训练数据有一个明确的标识或结果，如防垃圾邮件系统中的"垃圾邮件"和"非垃圾邮件"标识，手写数字识别中的"1""2""3""4"等。在建立模型的时候，监督学习建立一个学习过程，将模型输出结果与"训练数据"的实际结果进行比较，不断地调整模型，直到模型的输出结果达到一个预期的准确率。监督学习过程包括准备数据、数据预处理、特征提取与选择、训练模型和评估选择模型。

**1. 准备数据**

数据是基础，如果没有现成的数据，需要采集或者爬取数据，记住数据必须带标签；如果数据仓库或者是数据库有相应的数据，需要将数据取出来，特征尽量多；如果只是学习，可以从网站下载别人整理好的数据。

**2. 数据预处理**

数据准备好之后，就需要对数据进行预处理，主要包括重复数据检测、数据标准化、数据编码、缺失值处理、异常值处理等。在使用不同的模型时，数据预处理的方法也是不一样的，比如逻辑回归这种基于距离的类的模型需要将分类变量进行编码，而像决策树这类基于树的模型就不需要对分类变量进行编码。

**3. 特征提取与选择**

数据和特征决定机器学习的上限，而算法和模型只是在不断地逼近上限。所以在机器学习中特征提取和特征选择很重要，但是如果使用了深度学习算法，那么就不用担心特征提取和选择了，因为深度学习模型中卷积神经网络本身就是一个特征提取和选择过程；另外深度学习中的正则化、归一化、不同的神经网络结果等都可以看作特征提取和选择。特征提取是在原有特征的基础上，对原有特征进行组合而得到的特征，有新的特征产生；而特征选择是在原有特征的基础上，选择出一个子集，其与原始特征的关系是包含的关系。

**4. 训练模型**

有了处理好的数据后，接下来就是选择合适的模型进行训练了。每个模型都会有一些基础的参数，在训练模型的时候需要初始化这些参数，后面再根据模型的效果不断优化。该选择哪个模型进行训练，是逻辑回归还是决策树，这个没有一个统一的标准，建议多尝试几个模型，模型从简单到复杂，有时简单的模型不一定效果就不好，复杂的模型也不一定效果好，总之这一步是不断尝试的过程。

**5. 评估选择模型**

训练好了模型就需要知道对模型效果进行评价，这就需要选择一个评价标准，根据这个评价标准判断是否要不断地在3、4、5步之间进行模型训练，直到得到一个效果比较好的模型为止。

监督学习包括两个主要过程：回归和分类。回归是预测连续的、具体的数值；分类是对各种事物进行分类，用于离散预测。其中典型的监督学习算法有朴素贝叶斯算法、决策树算法、支持向量机（SVM）、逻辑回归算法、线性回归算法、反向传递神经网络、K邻近算法等。

监督学习最常用的领域是销售、零售商业和股票交易中的价格预测和趋势预测。在这两种情况下，算法都使用训练数据来评估结果的可能性并预测可能的结果。监督学习的商业案例包括将广告技术操作作为广告内容交付顺序的一部分的情况。

### 4.2.3 强化学习

强化学习通常被理解为人工智能。强化学习是机器学习中的一个领域，强调如何基于环境而行动，以取得最大化的预期利益。其灵感来源于心理学中的行为主义理论，即有机体如何在环境给予的奖励或惩罚的刺激下，逐步形成对刺激的预期，产生能获得最大利益的习惯性行为。

强化学习（Reinforcement Learning，RL），又称再励学习、评价学习，是机器学习的范式和方法论之一，用于描述和解决智能体在与环境的交互过程中，通过学习策略以达成回报最大化或实现特定目标的问题。强化学习理论受到行为主义心理学启发，侧重在线学习并试图在探索–利用间保持平衡。不同于监督学习和非监督学习，强化学习不要求预先给定任何数据，而是通过接收环境对动作的奖励（反馈）获得学习信息并更新模型参数。强化学习是智能体以"试错"的方式进行学习，通过与环境进行交互获得的奖赏指导行为，目标是使智能体获得最大的奖赏。强化学习不同于连接主义学习中的监督学习，主要表现在强化信号上，强化学习中由环境提供的强化信号是对产生动作的好坏做一种评价（通常为标量信号），而不是告诉强化学习系统（Reinforcement Learning System，RLS）如何去产生正确的动作。

强化学习把学习看作试探评价过程，智能体选择一个动作用于环境，环境接受该动作后状态发生变化，同时产生一个强化信号（奖或惩）反馈给智能体，智能体根据强化信号和环境当前状态再选择下一个动作，选择的原则是使受到正强化（奖）的概率增大。选择的动作不仅影响立即强化值，而且影响环境下一时刻的状态及最终的强化值。

它主要包含四个元素：智能体、环境状态、行动、奖励。增强学习的目标就是获得最多的累计奖励。以小孩学习走路来做个形象的例子：小孩想要走路，但这之前，他需要先站起来，站起来之后还要保持平衡，接下来还要先迈出一条腿，不管是左腿还是右腿，迈出一步后还要迈出下一步。小孩就是智能体，他试图通过采取行动（即行走）来操纵环境（行走的表面），并且从一个状态转变到另一个状态（即他走的每一步），当他完成任务的子任务（即走了几步）时，孩子得到奖励（巧克力），并且当他不能走路时，就不会得到巧克力。

强化学习的算法分类主要包括动态规划法、蒙特卡罗法和时间差分法三类。

动态规划法是将一个问题拆成几个子问题，分别求解这些子问题，反向推断出大问题的解。即要求最大的价值，根据递推关系，用上一循环得到的价值函数来更新当前循环。但是它需要知道具体环境的转换模型，计算出实际的价值函数。相比穷举法，动态规划考虑到了所有可能，但不完全走完。

蒙特卡罗法：采样计算。即通过对采样的多个完整的回合（如玩多次游戏直到游戏结束），在回合结束后来完成参数的计算，求平均收获的期望并对状态或动作的重复出现进行计算，最后再进行更新。

时间差分法强调步步更新。不用知道全局，走一步看一步的做自身引导。即用此时与下一时刻的价值函数差分（也可以理解是现实与预测值的差距）来近似代替蒙特卡罗中的完整价值。采用时间差分法的强化学习可以分为两类，一类是在线控制（On-policy Learning），代表就是Sarsa；而另一类是离线控制（Off-policy Learning），代表就是Q-Learning。

机器学习的十大算法如下：
1）线性回归（Linear Regression）。
2）逻辑回归（Logistic Regression）。
3）决策树（Decision Tree）。
4）支持向量机（Support Vector Machine，SVM）。
5）朴素贝叶斯（Naive Bayes）。
6）K邻近算法（KNN）。
7）K-均值算法（K-Means）。
8）随机森林（Random Forest，RF）。

9）降低维度算法（Dimensionality Reduction Algorithms）。

10）Gradient Boost 和 Adaboost 算法。

## 4.3 机器学习的分类

机器学习按学习策略、所获取知识的表示形式和应用领域可以有不同的分类。

### 1. 按学习策略分类

在有关学习策略的研究中，学习策略的界定始终是一个基本问题。对于什么是学习策略，人们从不同的研究角度和使用的不同的研究方法，提出了各自不同的看法。学习策略是指学习过程中系统所采用的推理策略。一个学习系统总是由学习和环境两部分组成。由环境（如书本或教师）提供信息，学习部分则实现信息转换，用能够理解的形式记忆下来，并从中获取有用的信息。在学习过程中，学生（学习部分）使用的推理越少，他对教师（环境）的依赖就越大，教师的负担也就越重。学习策略的分类标准就是根据学生实现信息转换所需的推理多少和难易程度来分类的，按照从简单到复杂、从少到多的次序分为以下六种基本类型。

1）机械学习。在这种学习中学习者无需任何推理或其他的知识转换，直接吸取环境所提供的信息。这类学习系统主要考虑的是如何索引存储的知识并加以利用。系统的学习方法是直接通过事先编写好的程序来学习，学习者不做任何工作，或者是通过直接接收既定的事实和数据进行学习，对输入信息不做任何的推理，如 Samuel 的跳棋程序、Newell 和 Simon 的 LT 系统。

2）示教学习。学生从环境获取信息，把所获知识转换成内部可使用的形式，将新的知识和原有知识有机地结合为一体。教师以某种形式提出和组织知识，以使学生拥有的知识可以不断增加。所以要求学生有一定程度的推理能力，但环境仍要做大量的工作。这种学习方法和人类社会的学校教学方式相似，学习的任务就是建立一个系统，使它能接受教导和建议，并有效地存储和应用学到的知识。不少专家系统在建立知识库时使用这种方法去实现知识获取。

3）类比学习。类比是人类认识世界的一种重要方法，亦是诱导人们学习新事物、进行创造性思维的重要手段。通过类比，从源域的知识推导出目标域的相应知识，从而实现学习。类比学习系统可以使一个已有的计算机应用系统适应新的领域，来完成原先没有设计的相似功能。

4）演绎学习。是指在学习过程中，学生所用的推理形式为演绎推理。推理从公理出发，在观察和分析基础上提出问题，经过逻辑变换推导出结论。这种推理是保真变换和特化的过程，使学生在推理过程中可以获取有用的知识，从而掌握知识技能的理论。这种学习方法包含宏操作学习、知识编辑和组块技术。演绎推理的逆过程是归纳推理。

5）基于解释的学习。学生根据教师提供的目标概念、该概念的一个例子、领域理论及可操作准则，首先构造一个解释来说明为什么该例子满足目标概念，然后将解释推广为目标概念的一个满足可操作准则的充分条件。基于解释的学习已被广泛应用于知识库求精和改善系统的性能。

6）归纳学习。归纳学习旨在从大量的经验数据中归纳抽取出一般的判定规则和模式，是从特殊情况推导出一般规则的学习方法。这种学习的推理工作量远多于示教学习和演绎学习，因为环境并不提供一般性概念描述。从某种程度上说，归纳学习的推理量也比类比学习大，因为没有一个类似的概念可以作为源概念加以取用。归纳学习是最基本的、发展也较为成熟的学习方法，在人工智能领域中已经得到广泛的研究和应用。

### 2. 按所获取知识的表示形式分类

学习系统获取的知识可能有：行为规则、物理对象的描述、问题求解策略、各种分类及其他用于任务实现的知识类型。

对于学习中获取的知识，主要有以下一些表示形式。

1) 代数表达式参数：学习的目标是调节一个固定函数形式的代数表达式参数或系数来达到一个理想的性能。

2) 决策树：用决策树来划分物体的类属，树中每一内部节点对应一个物体属性，而每一边对应于这些属性的可选值，树的叶节点则对应于物体的每个基本分类。

3) 形式文法：在识别一个特定语言的学习中，通过对该语言的一系列表达式进行归纳，形成该语言的形式文法。

4) 产生式规则：产生式规则表示为条件-动作对，已被极为广泛地使用。学习系统中的学习行为主要是：生成、泛化、特化或合成产生式规则。

5) 形式逻辑表达式：形式逻辑表达式的基本成分是命题、谓词、变量、约束变量范围的语句及嵌入的逻辑表达式。

6) 图和网络：有的系统采用图匹配和图转换方案来有效地比较和索引知识。

7) 框架和模式：每个框架包含一组槽，用于描述事物（概念和个体）的各个方面。

8) 计算机程序和其他的过程编码：获取这种形式的知识，目的在于取得一种能实现特定过程的能力，而不是为了推断该过程的内部结构。

9) 神经网络：这主要用在连接学习中。学习所获取的知识，最后归纳为一个神经网络。

10) 多种表示形式的组合：有时一个学习系统中获取的知识需要综合应用上述几种知识表示形式。

根据表示的精细程度，可将知识表示形式分为两大类：泛化程度高的粗粒度符号表示、泛化程度低的精粒度亚符号表示。像决策树、形式文法、产生式规则、形式逻辑表达式、框架和模式等属于符号表示类；而代数表达式参数、图和网络、神经网络等则属亚符号表示类。

### 3. 按应用领域分类

最主要的应用领域有：专家系统、认知模拟、规划和问题求解、数据挖掘、网络信息服务、图像识别、故障诊断、自然语言理解、机器人和博弈等领域。

从机器学习的执行部分所反映的任务类型上看，大部分的应用研究领域基本上集中于以下两个范畴：分类和问题求解。

1) 分类任务要求系统依据已知的分类知识对输入的未知模式（该模式的描述）做分析，以确定输入模式的类属。相应的学习目标就是学习用于分类的准则（如分类规则）。

2) 问题求解任务要求对于给定的目标状态，寻找一个将当前状态转换为目标状态的动作序列。机器学习在这一领域的研究工作大部分集中于通过学习来获取能提高问题求解效率的知识（如搜索控制知识，启发式知识等）。

### 4. 综合分类

综合考虑各种学习方法出现的历史渊源、知识表示、推理策略、结果评估的相似性、研究人员交流的相对集中性以及应用领域等因素。将机器学习方法分为以下六类。

(1) 经验性归纳学习

经验性归纳学习采用一些数据密集的经验方法（如版本空间法、ID3法、定律发现方法）

对例子进行归纳学习。其例子和学习结果一般都采用属性、谓词、关系等符号表示。它相当于基于学习策略分类中的归纳学习，但扣除连接学习、遗传算法、加强学习的部分。

(2) 分析学习

分析学习方法是从一个或少数几个实例出发，运用领域知识进行分析。其主要特征为推理策略主要是演绎，而非归纳。使用过去的问题求解经验（实例）指导新的问题求解，或产生能更有效地运用领域知识的搜索控制规则。

分析学习的目标是改善系统的性能，而不是新的概念描述。分析学习包括应用解释学习、演绎学习、多级结构组块以及宏操作学习等技术。

(3) 类比学习

它相当于基于学习策略分类中的类比学习。在这一类型的学习中比较引人注目的研究是通过与过去经历的具体事例作类比来学习，称为基于范例的学习（Case-Based Learning），或简称范例学习。

(4) 遗传算法

遗传算法模拟生物繁殖的突变、交换和达尔文的自然选择（在每一生态环境中适者生存）。它把问题可能的解编码为一个向量，称为个体，向量的每一个元素称为基因，并利用目标函数（相应于自然选择标准）对群体（个体的集合）中的每一个个体进行评价，根据评价值（适应度）对个体进行选择、交换、变异等遗传操作，从而得到新的群体。遗传算法适用于非常复杂和困难的环境，比如，带有大量噪声和无关数据、事物不断更新、问题目标不能明显和精确地定义，以及通过很长的执行过程才能确定当前行为的价值等。同神经网络一样，遗传算法的研究已经发展为人工智能的一个独立分支，其代表人物为 J. H. Holland。

(5) 连接学习

典型的连接模型实现为人工神经网络，由称为神经元的一些简单计算单元以及单元间的加权连接组成。

(6) 强化学习

强化学习的特点是通过与环境的试探性交互来确定和优化动作的选择，以实现所谓的序列决策任务。在这种任务中，学习机制通过选择并执行动作，导致系统状态的变化，并有可能得到某种强化信号（立即回报），从而实现与环境的交互。强化信号就是对系统行为的一种标量化的奖惩。系统学习的目标是寻找一个合适的动作选择策略，即在任一给定的状态下选择哪种动作的方法，使产生的动作序列可获得某种最优的结果（如累计立即回报最大）。

在综合分类中，经验归纳学习、遗传算法、连接学习和强化学习均属于归纳学习，其中经验归纳学习采用符号表示方式，而遗传算法、连接学习和强化学习则采用亚符号表示方式；分析学习属于演绎学习。实际上，类比策略可看成是归纳和演绎策略的综合。因而最基本的学习策略只有归纳和演绎。

## 4.4 机器学习的常见任务及其应用

### 4.4.1 机器学习的常见任务

机器学习的常见任务有回归、分类、聚类及降维。

1) 回归任务。回归是对已有的数据样本点进行拟合，再根据拟合出来的函数，对未来进行预测。回归数据是连续的值，比如商品价格走势的预测就是回归任务。

2）分类任务。分类任务是最常见的机器学习任务之一，在机器学习中，分类属于监督分类的范畴，根据一些给定的已知类别的样本（即有标签的数据），使计算机能够对未知类别的样本进行分类。分类要求必须事先明确知道各类别的信息，并且是一种对离散型随机变量建模或预测的监督学习算法，其目的是让程序判断一组数据应该属于哪些类别，例如对象识别任务和语音识别任务等。可以说与"识别"一词相关的任务，很大程度上都属于分类任务。分类问题有猫狗识别，手写数字识别，判断是否是垃圾邮件等。

分类需要先找到数据样本点中的分界线，再根据分界线对新数据进行分类。分类数据是离散的值。

分类任务可以分为二分类和多分类。二分类，比如说判断是猫还是狗，是垃圾邮件和不是垃圾邮件，银行判断发给用户信用卡有风险还是没风险，判断病患的肿瘤是良性还是恶性，判断股票涨还是跌。多分类，如手写数字识别，图像识别，判断发送给客户信用卡的风险评级（A，B，C，D，E）。看似比较复杂的任务都可以转换成分类任务，比如说做一个自动玩游戏的2048游戏每一步要怎么移动，还有下围棋（落子），无人车（根据传感器环境信息来选择方向盘和油门和刹车）。

分类算法的局限：分类作为一种监督学习，要求必须事先明确知道各个类别的信息，并且所有待分类样本都要有一个类别与之对应。但是很多时候这些条件并不能满足，尤其是在处理海量数据时，如果通过预处理使得数据满足分类算法的要求，代价会非常大，这时候可以考虑使用聚类算法。

3）聚类任务。聚类就是对大量未知标注的数据集，按数据内在的相似性将数据集划分为多个类别，使类别内的数据相似度较大而类别间的数据相似度较小，是非监督的分类方式。比如用户分组、异常值检测等领域会用到聚类任务。用户分组比较好理解，那异常值检测为什么会用到聚类呢？因为实际场景中，如果某个样本点，离所有分类组的距离都很远，不属于任何一个组，我们则会将其看作一个"异常值"。

4）降维任务。举个实例：每只猫都有毛色、体型、身高、体重、年龄、性别等特征。这里的猫就是对象；"猫"这个称呼是这个对象的标签；毛色、体型、体重等特征就是对象的属性。在实际的图像识别过程中，可能有大批量的猫、狗的图片，所需的对象属性也是多个，这些属性的个数就是维数。维数越多，数据量越大，占用的磁盘空间和内存较多。在实际中有时候用不到这么多的信息，所以就需要降维。

降维是减少数据的维度，对数据进行降噪、去冗余，方便计算和训练。如数据预处理，减少一些对模型准确率影响很小的维度，可以提高计算效率。再如图表可视化，在进行数据分析时，通常会将高维模型降为三维或二维图表，便于直观分析。

为什么要降维？

① 维数越多，信息量越大，数据冗余，为了得到想要的信息，或者方便数据处理等操作，就需要进行降维。

② 数据维度高，将无法借助相关领域的知识构建有效特征。

③ 维度超过三维时，人便无法肉眼观察特征。降维后，便可以在低维（一维、二维或三维）空间中可视化高维数据。

④ 克服维数灾难。通过某种数据变换，将原始高维属性空间转变为一个低维"子空间"，在这个子空间中，样本密度大幅度提高，距离计算（样本间相似度计算，用欧几里得距离等

来刻画相似度）也将变得容易；降维要保持原始空间中样本之间的距离在低维空间中得以保持，且在低维子空间中更容易学习。

降维的意义有哪些？

① 克服维数灾难，获取本质特征，节省存储空间，去除噪声，实现数据可视化。

② 在原始的高维空间中，包含有冗余的信息以及噪声信息，通过降维可以减少冗余信息所造成的误差，提高识别的精度；通过降维也能寻找数据内部的本质结构特征。

### 4.4.2 机器学习的应用

机器学习有巨大的潜力来改变世界，使人们朝着真正的人工智能迈进了一大步。机器学习的主要目的是从使用者和输入数据等获得知识或技能，重新组织已有的知识结构使之不断改善自身的性能，从而可以减少错误，帮助解决更多问题，提高解决问题的效率。它是人工智能的核心，使计算机具有智能的根本途径，其应用遍及人工智能的各个领域。

**1. 虚拟个人助理**

Siri、小冰、度秘是现在虚拟个人助理的典型应用。顾名思义，当人们通过语音询问时，它们便会找寻相应的信息，比如问"我今天的日程安排是什么？""从德国到伦敦的航班是什么？"等类似的问题。个人助理在回答问题时，会查看信息、回忆相关查询，或向其他资源（如电话应用程序）发送命令以收集信息。人们甚至可以指导助理完成某些任务，如"第二天早上6点设置闹钟""后天提醒我访问签证办事处"等。

机器学习是这些私人助理的重要组成部分，首先它们在收集和完善信息上发挥了重要作用，然后将使用这组数据来呈现根据用户的首选项定制的结果。怎么样，机器学习是不是很强大呢？

**2. 交通预测**

生活中，人们在使用 GPS 导航服务时，人们当前的位置和速度被保存在一个中央服务器上，用于管理流量，然后使用这些数据构建当前流量的地图。这虽然有助于防止交通堵塞，并进行拥堵分析，但问题在于配备 GPS 的汽车数量较少。所以在这种情况下，机器学习可以有助于根据日常经验估计可能出现拥塞的区域。

当预订出租车时，应用程序会估计出该车出行的价格。那么在这些共享服务中，如何最大限度地减少绕行呢？答案是机器学习。Uber 的工程主管 Jeff Schneider 在一次采访中透露，他们通过机器学习算法预测乘客需求来定义价格上涨时间。在整个服务周期中，机器学习扮演着十分关键的角色。

**3. 视频监控**

想象一个人监控多台摄像机，当然，这是一项很困难的工作，也很无聊。这就是为什么训练计算机来完成这项工作的意义所在。

现在的视频监控系统是由人工智能驱动的，它可以在犯罪事件发生之前检测出来。它们会跟踪人们的不寻常行为，比如长时间不动地站着、绊倒或在长椅上打盹等。这样，系统就可以向警务人员发出警报，从而最大限度地避免事故的发生。此外，当这些活动被报告并统计为真实时，将有助于改善监测服务，这些都离不开机器学习在后端的支持。

**4. 社交媒体服务**

从个性化的新闻订阅到更好的广告定位，社交媒体平台都在利用机器学习为自己和用户带来好处。比如下面关于社交媒体应用的两个例子。

1)"你可能认识的人":机器学习的核心概念是用经验去理解。社交软件会不断地注意到人们所联系的朋友、经常访问的个人资料、兴趣、工作场所或与他人分享的群等。在不断学习的基础上,给用户推荐可能成为他们朋友的人。

2)面部识别:人们上传一张和朋友的合照,社交软件会立即识别出这位朋友,并检查图片中的姿势和投影,注意这些特征,然后将它们与好友列表中的人进行匹配。后端机器学习的整个过程很复杂,并且考虑到了精度等因素,但呈现到前端的只是一个简单的应用。

### 5. 垃圾邮件过滤软件

电子邮件客户端使用了许多垃圾邮件过滤的方法。为了确定这些垃圾邮件过滤器是不断更新的,使用了大量的机器学习算法,因为基于规则的垃圾邮件过滤完成后,它无法跟踪垃圾邮件发送者采用的最新技巧。多层感知器、C4.5决策树等一些垃圾邮件过滤技术,均是由机器学习提供的支持。

### 6. 智能客服

现在,许多网站在站内导航页面都中提供了在线客服聊天的服务。然而,并不是每个网站都有一个真实的客服代表来回答人们的问题。在大多数情况下,人们会和聊天机器人交谈,这些机器人倾向于从网站上提取信息并将其呈现给客户。与此同时,聊天机器人也会随着聊天的深入变得更人性化,它们倾向于更好地理解用户查询,并为用户提供更好的答案,这均是由于其底层的机器学习算法驱动的。

### 7. 搜索引擎结果的优化

搜索引擎使用机器学习来改善人们的搜索结果。每次执行搜索时,后端的算法都会监视人们的响应结果。如果打开顶部的结果并在网页上停留很长时间,搜索引擎会假定显示的结果与查询一致。同样,如果人们到达搜索结果的第二页或第三页,但没有打开任何的网页,搜索引擎会估计所提供的结果与要求不匹配。这样,后端的算法可以改进搜索结果。

### 8. 商品推荐

人们在网上买了一件商品,然后会不断收到关于购物建议的通知;有时购物网站或应用程序会推荐一些符合用户口味的商品。当然,这可以改善购物体验。根据人们在网上的行为、过去购买的商品、喜欢或添加到购物车的商品、品牌偏好等,算法会针对每个消费者提出购买建议。

## 4.5 习题与练习

### 1. 填空题

1)机器学习之父是( )。
2)机器学习根本不接受你输入的指令,相反,它接受你输入的( )。
3)机器学习按照学习方式分类可分为( )、( )、( )和( )四种。
4)机器学习按照学习任务分类可分为( )、( )和( )三种。
5)强化学习又称( )、( )和( )。
6)机器学习按学习策略可以分为( )和( )。
7)( )减少数据的维度,对数据进行降噪、去冗余,方便计算和训练。
8)机器学习的常见任务有( )、( )、( )和( )。

## 2. 选择题

1) 学习是人类具有的一种重要的智能行为，社会学家、逻辑学家和心理学家都有不同的看法。关于机器学习，合适的定义是（　　）。
   A. Dictionary 网站的定义：机器学习是人工智能的一个分支，即机器基于输入的原始数据生成规则
   B. Jason Brownlee 的定义：一个机器学习就是从数据中训练出一个模型，该模型有不低于某种评估指标的泛化能力
   C. Tom．M. Mitchell 的定义：一个计算机程序能够从经验 E 中学习（学习任务是 T，学习的表现用 P 衡量），这个程序在任务 T 与表现衡量 P 下，可以通过经验 E 得到改进
   D. A、B、C 都正确

2) 机器学习的核心是"使用（　　）解析数据，从中学习，然后对世界上的某件事做出决定或预测"。
   A. 程序　　　B. 函数　　　C. 算法　　　D. 模块

3) 机器学习有三种主要的类型：监督学习、非监督学习和（　　）学习，各自有着不同的特点。
   A. 重复　　　B. 强化　　　C. 自主　　　D. 优化

4) 监督学习的主要类型是（　　）。
   A. 分类和回归　　　　　　B. 聚类和回归
   C. 分类和降维　　　　　　D. 聚类和降维

5) 非监督学习又称归纳性学习，分为（　　）。
   A. 分类和回归　　　　　　B. 聚类和回归
   C. 分类和降维　　　　　　D. 聚类和降维

6) 机器学习的各种算法都是基于（　　）理论的。
   A. 贝叶斯　　　B. 回归　　　C. 聚类　　　D. 降维

7) 在自动驾驶中，AI 需要不断地通过路面信息来调整开车的决策，这种处理模式适合用（　　）来训练出合理的策略。
   A. 监督学习　　　　　　　B. 非监督学习
   C. 强化学习　　　　　　　D. 弱化学习

8) 人工智能应用研究的两个最重要最广泛的领域为（　　）。
   A. 专家系统、自动规划　　　B. 专家系统、机器学习
   C. 机器学习、智能控制　　　D. 机器学习、自然语言理解

9) 在（　　）中学习者无须任何推理或其他的知识转换，直接吸取环境所提供的信息。
   A. 机械学习　　　　　　　B. 示教学习
   C. 演绎学习　　　　　　　D. 归纳学习

## 3. 简答题

1) 简述机器学习的发展历程。
2) 简述机器学习的定义。
3) 机器学习的学习类型有哪些？
4) 简述机器学习的分类。
5) 机器学习的常见任务有哪些？

# 第 5 章　神经网络应用技术

近年来，伴随着计算机软硬件技术的发展、计算机网络的发展，计算机已经成为我们生活中不可缺少的一部分了，不管是在工业、农业、商业甚至是教育、娱乐等行业都离不开计算机的辅助，计算机给我们生活带来了极大的方便，也改变了我们的生活方式。

计算机设备也是为了方便人们的生活，提高工作效率而产生的。我们知道，计算机的发展历程并不长，从世界上的第一台计算机"ENIAC"的诞生到现在也不过经历了短短的七八十年。计算机的体量也从当年的占地一百多平方米发展成为现在的小型微型计算机，计算速度也从每秒数十次提升到现在的每秒数亿次。当前的计算机技术已经能够基本满足我们普通人的工作生活需求，极大地提高了我们工作的效率。

或许，十年前问计算机能够做些什么事，人们的回答就是它能够辅助我们解决一些工程应用问题，比如我们可以让它帮我们写文档、处理数据、画出各种各样的图像。的确，计算机一直以来都是我们的一个辅助工具，在使用过程中需要人去交互操作。但是，随着人工智能时代的到来，我们发现，计算机已经能够像我们人类一样自动地去对特定应用进行处理了。

近几年来计算机逐渐爆发出了更加智能、更加强大的作用，比如说最常见的各种各样的人脸识别的应用、机器翻译的应用等，原本想要实现这些功能只有人才能够完成，但是现在计算机也能够实现，而且效果几乎能够达到人类的标准，甚至在某些情况下能够比人类做得更好，这就是通过人工智能技术实现的，而人工智能技术离不开神经网络的帮助，可以这样说，当前的人工智能算法、应用、产品，几乎都是通过神经网络技术实现的。人工智能的目的就是想要把机器变成人类一样，让其具有人类一样的智慧，能够自动地对各种场景做出相应的正确反馈，而人能够实现对各种场景做出不同的反馈就是通过人的神经系统完成的，所以人工智能当中的神经网络就是模仿人类神经网络的一种技术[5]。

## 5.1　神经网络基本原理

### 5.1.1　生物神经网络

人类可以说是地球上具有最高智慧的生物，人类有智慧、情感和处理各种事情的能力，面对现实世界中各种不同的复杂场景，人类可以产生不同的情感、不同的思考，也会做出不同的反馈，这就是人类的智慧所在。数万年来人类发展进化到现在，能够顺应自然、改造自然，提出问题、解决问题，都是通过人类的智慧所完成的，而这种智慧的获得，是一代一代人学习和传递得到的。那么，人类的智慧到底是怎样工作的呢？这就要提到神经网络了。

20 世纪初期的神经生物学已经阐明，人的智力功能定位在人的大脑皮层，而人的大脑皮层是由大量的神经元和支持神经元的胶质细胞组成的，其中，神经元是基本的信息处理单元。

大脑半球表面覆盖着一层灰质，称为大脑皮层，或大脑皮质，由无数大小不等的神经细胞（称为神经元）和神经胶质细胞以及神经纤维构成。哺乳动物出现了高度发达的大脑皮层，并随着神经系统的进化而进化。新发展起来的大脑皮层在调节机能上起着主要作用；而皮层下各级脑部及脊髓虽也有发展，但在机能上已从属于大脑皮层。高等动物一旦失去大脑皮层，就不能维持其正常的生命活动。人类的大脑皮层更是产生了新的飞跃，有了抽象思维的能力，成为意识活动的物质基础。

大脑皮层的神经元和神经纤维都是分层排列，神经元之间连接的广泛性和复杂性，使大脑皮层具有高度的分析与综合能力，构成了思维活动的物质基础。人的感觉器官担负从外部环境获取信息的任务，这些信息经过传导神经系统传送到大脑皮层，在这里进行各种复杂的处理，从而产生相应的策略控制效应器官对外部环境做出适当的反应。那么大脑皮层是如何完成这些处理任务的呢？这就要说到其细胞和分子层次的结构。大脑皮层大约包含有1012个神经元，而每个神经元大约又和103~104个其他神经元相连接，这些神经元之间的连接称为突触，这些神经元与突触形成了极为错综复杂而又灵活多样的生物神经网络。虽然每一个神经元都比较简单，但大量的神经元之间的复杂连接却可以演化出极其丰富多彩、变化万端的思维方式；而大量的神经元与外部感受器之间的多种多样的连接方式也创造了变化莫测的反应方式，神经元之间连接方式的多样化导致了行为方式的多样化，这是"连接主义"的理论信仰。研究者利用大脑表面的裂和沟人为地把大脑皮层分为额叶、顶叶、颞叶、枕叶和岛叶，这种分法实际上也反映和界定了不同脑区的结构和功能的相对特异性。其中额叶的范围从大脑前端的额极到中央沟，下部经外侧裂与颞叶分开，面积占大脑半球的1/3，其中央前回是初级运动皮层，三角部和岛盖部是运动型语言中枢；顶叶的范围从中央沟向后与颞叶和枕叶接壤，其中央后回是初级躯体感觉皮层，缘上回和角回是感觉性语言中枢；颞叶位于外侧裂的下方，其颞横回是听觉初级皮层；枕叶是视觉皮层，岛叶与内脏活动等功能相关。

每个神经元（细胞）都向外伸出许多分支，可以把大脑的神经元分成三部分：其中用来接收输入的分支称作树突（Dendrites），用来输出信号的分支称作轴突（Axon），轴突连接到树突上形成一个突触（Synapse）。每个神经元可以通过这种方式连接多个其他神经元，每个神经元也可以接受多个其他神经元的连接。很多连接起来的神经元形成了网状结构，海量具有传感和伸缩功能的体细胞通过神经纤维连接在这个网状结构的输入和输出端，中枢神经系统正是通过这种网状结构获得了"智能"，至少是驱动机体做出了趋利避害的选择。生物神经网络如图5-1所示，这三部分结构又有着其特定的功能。对于树突，也就是输入机制，是通过神经系统内的一个或者多个树突，一般来说人体中不存在只有一个树突的神经元，接收来自其他神经元的信息，作为本神经元要处理的信息，也就是输入信息；而对于细胞体，收集来自树突的输入信息，并基于这些信号决定是否传向下一个神经元，即是否激活输出，简单来讲就是每个神经元受到一定条件的刺激后，才会对其他神经元起作用，而不是受到刺激就会做出反应；对于轴突，即输出机制来说，一旦胞体决定是否激活输出信号，也就是激活细胞，轴突负责传输信号，通过末端的树状结构将信号以脉冲连接传递给下一层神经元的树突。

大脑是目前所知最复杂的一种信息处理装置，人脑功能受先天因素影响，同时，后天因素，如经历、训练、学习等也起到重要作用，也就是说人脑具有很强的自适应性和自组织性。人脑的"计算"是建立在大规模并行处理的基础之上的。每天有大量神经细胞正常死亡，但不影响大脑正常的功能；大脑局部损伤会引起某些功能衰退，但不是功能突然丧失，有时还可

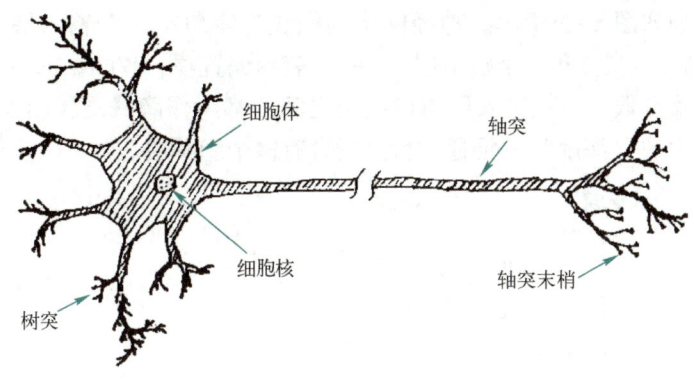

图 5-1　生物神经网络

以逐步自愈。目前，已经形成了关于人脑学习和记忆机制研究的突触修正学派，认为人脑学习所获得的信息是分布在神经元之间的突触联结上的，人脑的学习和记忆过程实际上是一个在训练中完成的突触联结权重的修正和稳定过程，学习表现为突触联结权重的修正，记忆则表现为突触联结权重的稳定。神经元及其组成的神经网络本质上是一种高度复杂的、非线性的、并行/串行处理兼具的动态信息系统，正是通过这样复杂的信息处理过程，系统外部的信息刺激被加工成为系统的智能响应。

## 5.1.2　人工神经网络

人类智慧的工作就是依靠生物神经网络实现的，而人工智能的目的也是让计算机拥有类似人一样的智慧，让计算机面对不同场景仍然能够像人一样地去对其进行理解、分析、整理，进而总结得到应对行为。我们已经知道，在生物神经网络中主要是通过树突结构承担外界信息的输入功能，轴突结构承担处理后信息的输出功能，而细胞体就承担了信息的处理功能。为使计算机也能够具有这样的智慧，人们模仿生物神经网络的结构构建了人工神经网络，使得计算机能模仿人类学习思考的方式对现实世界的知识信息进行学习和提取，从而实现人工智能。

类似地，人工神经网络中也有与生物神经网络相似的结构，如图 5-2 所示。其中输入连接就对应于图中的每个圆圈，也就是代表一个神经元。每个神经元接受 0 或多个输入，要么来自初始输入，输入层（Input）的输入是初始输入，相当于人体最表层的感知神经元，要么来自网络中的前一层；线性计算和激活函数，也就是图中的每一条线表明两个神经元间的信息传递，这些"累加"输入共同作用，影响着是否激活当前这个神经元；输出连接，即传递激活信号至网络中下一层的神经元。如图 5-2 所示，我们把每个神经元按位置分为输入层（Input）、隐藏层（Hidden）、输出层（Output）三层：其中输入层的功能就是输入变量，有时称为可见层；隐藏层即输入和输出层之间的节点层；输出层即生成输出变量的节点层。

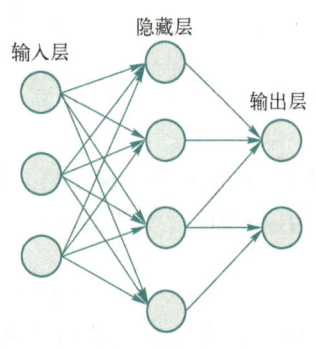

图 5-2　人工神经网络

神经网络是计算机模仿人脑神经元之间传递信息和处理信息而得名的，神经网络的最终目的也是为了使计算机能够尽可能地像人脑一样可以对现实世界的信息进行传递、理解和处理。

神经网络的基础模型如图 5-3 所示。神经网络的构成通常包括一个输入层 $X(x_1,x_2,\cdots,x_n)$、多个隐藏层 $H(h_1,h_2,\cdots,h_n)$ 和一个输出层，"+1" 表示偏置项，$W(w_1,w_2,\cdots,w_n)$ 表示每一个节点连接之间的权重参数，一般输入层与输出层之间的都叫作隐藏层，图 5-3 中只含有一个隐藏层。深度学习中的"深度"一词通常就是指含有多个隐藏层。

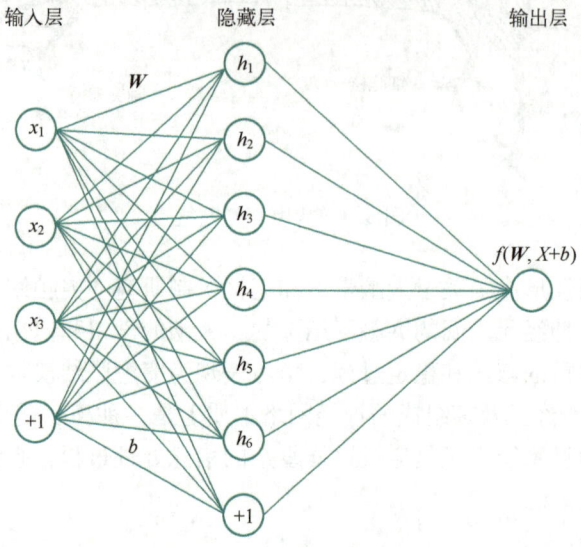

图 5-3　神经网络基础模型

在神经网络当中，上一层的输出值与下一层的输入值之间存在一个激活函数，激活函数的作用是将神经网络用于非线性拟合，通常用到的激活函数有 sigmoid 函数、ReLU 函数、tanh 函数等，在如图 5-3 所示的神经网络结构中，数据的处理方式见式（5-1）。

$$\begin{cases} h_1 = g(w_{11}x_1+w_{21}x_2+w_{31}x_3+b) \\ h_2 = g(w_{12}x_1+w_{22}x_2+w_{32}x_3+b) \\ h_3 = g(w_{13}x_1+w_{23}x_2+w_{33}x_3+b) \\ h_4 = g(w_{14}x_1+w_{24}x_2+w_{34}x_3+b) \\ h_5 = g(w_{15}x_1+w_{25}x_2+w_{35}x_3+b) \\ h_6 = g(w_{16}x_1+w_{26}x_2+w_{36}x_3+b) \end{cases} \quad (5-1)$$

式中，$w_{ij}$ 表示上一层中第 $i$ 个节点与下一层中第 $j$ 个节点之间的权重（$i=1,2,3;j=1,2,\cdots,6$），$b$ 为偏置项；$g$ 为激活函数，神经网络最终的输出值见式（5-2）所示。

$$f(W,X+b) = g(w_1h_1+w_2h_2+w_3h_3+w_4h_4+w_5h_5+w_6h_6) \quad (5-2)$$

式中，$w_i$ 表示 $h_i$ 与输出值之间的权重。通常神经网络中隐藏层的层数较多，在处理过程中，每一层都按照如上的思想进行相应的处理，直至输出层。

## 5.2　神经网络的应用——图片识别

神经网络技术在不断发展，精度和准确率也在不断提高，当前神经网络技术最主要的应用场景，也是我们生活中最常见的应用场景，就是对于图像的处理。近年来随着互联网技术的发展,网络上无时无刻不在产生着海量的数据,这些数据中就包含了大量的图像数据,而图像数据中又包含了大量的信息和知识,对于这些知识的获取,过去只能依靠人工判别的方式去搜集,这种方式在几年前或许能够实现,因为那时的数据量并不是太大,但是随着互联网技术的发展普及,迎来了大数据时代的到来,面对海量的图片数据,仅仅依靠我们进行手工的图像识别、处理、分析去获取图像当中的信息知识就变得效率低下,满足不了当前的需求,所以这时我们就需要借助计算机技术帮我们去实现快速、准确、高效率的图像处理分析功能,从而衍生出来一门学科叫作计算机视觉。计算机视觉就是指用摄影机和计算机代替人眼对目标进行识别、跟踪和测量等,并进一步做图像处理,用计算机处理成为更适合人眼观察或传送给仪器检测的图像。计算机视觉的主要任务可以概括为两点:

1)让计算机具有人类视觉的所有功能。
2)让计算机从图像数据中提取有用的信息。

### 5.2.1 卷积神经网络

在深度学习入门的过程中,卷积神经网络(Convolutional Neural Network,CNN)模型的学习是必不可少的,CNN 是深度学习理论和方法中的重要组成部分。对卷积神经网络的研究始于 20 世纪 80~90 年代,时间延迟网络和 LeNet-5 是最早出现的卷积神经网络,进入 21 世纪后,随着深度学习理论的提出和数值计算设备的改进,卷积神经网络得到了快速发展,并被应用于计算机视觉、自然语言处理等领域。卷积神经网络也是一种神经网络,是在深度神经网络的基础上发展起来的、针对图像分类和识别而特别设计的一种深度学习方法。

传统的深度神经网络通常包括一个输入层和一个输出层,输入层和输出层之间可能有多个隐藏层,每一层又有若干个神经元,相邻的两层之间的后一层的每一个神经元都分别与前一层的每一个神经元连接,如图 5-4 所示。在一般的识别问题中,输入层代表特征向量,输入层的每一个神经元代表一个特征值。

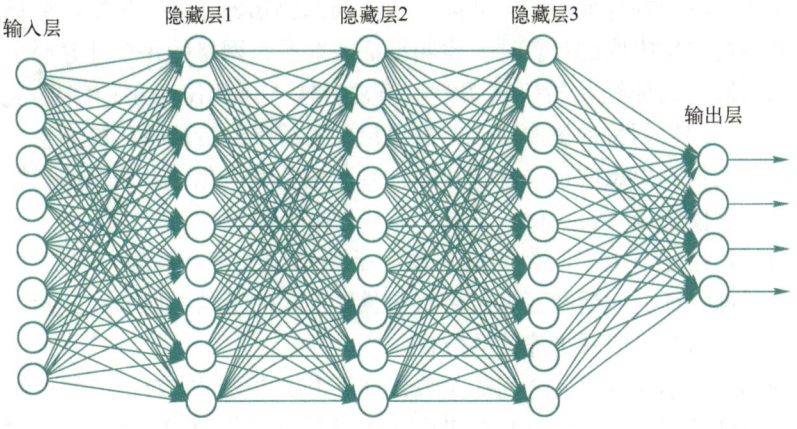

图 5-4 深度神经网络

在图像识别问题中,输入层的每一个神经元代表一个像素的灰度值。但这种神经网络用于图像识别有两个问题:一是没有考虑图像的空间结构,识别性能会受到限制;二是每相邻两层的神经元都是全连,参数太多,训练速度受到限制。而卷积神经网络就可以解决这些问题。卷积神经网络使用了针对图像识别的特殊结构,可以快速训练。因为速度快,使得采用多层神经网络变得容易，而多层结构在识别准确率上有很大优势。

卷积神经网络是一种带有卷积结构的深度神经网络，如图5-5所示。卷积结构可以减少深层网络占用的内存量。卷积神经网络有三个基本概念：局部感知域（Local Receptive Field）、共享权重（Shared Weight）和池化（Pooling）。卷积神经网络是一种多层的监督学习神经网络，隐藏层的卷积层和池化层是实现卷积神经网络特征提取功能的核心模块，它采用梯度下降法最小化损失函数对网络中的权重参数逐层反向调节，通过频繁的迭代训练提高网络的精度。卷积神经网络的低隐藏层是由卷积层和最大池化层交替组成，高层是全连接层对应传统多层感知器的隐藏层和逻辑回归分类器。第一个全连接层的输入是由卷积层和池化层进行特征提取得到的特征图像。最后一层输出层是一个分类器，可以采用逻辑回归、Softmax回归甚至是支持向量机对输入图像进行分类。

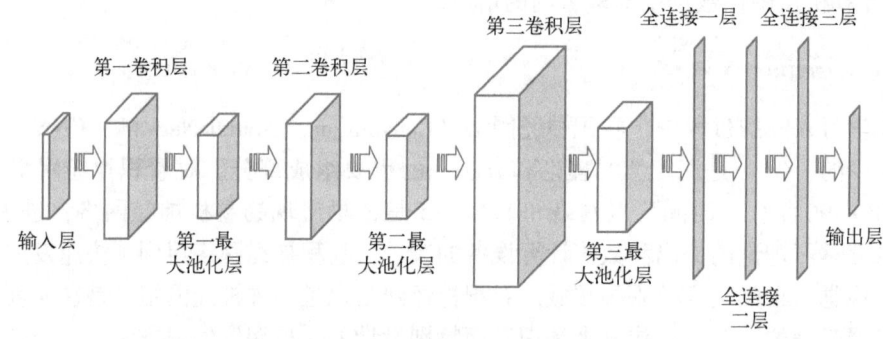

图5-5 卷积神经网络

卷积神经网络结构包括：卷积层、池化层、全连接层。每一层有多个特征图，每个特征图通过一种卷积滤波器提取输入的一种特征，每个特征图有多个神经元；输入图像统计和滤波器进行卷积之后，提取该局部特征，一旦该局部特征被提取出来之后，它与其他特征的位置关系也随之确定下来了，每个神经元的输入和前一层的局部感知域相连，每个特征提取层都紧跟一个用来求局部平均与二次提取的计算层，也叫特征映射层，网络的每个计算层由多个特征映射平面组成，平面上所有的神经元的权重相等。通常将输入层到隐藏层的映射称为一个特征映射，也就是通过卷积层得到特征提取层，经过池化层之后得到特征映射层。

卷积神经网络的核心思想就是局部感知域、共享权重和池化，以此来达到简化网络参数并使得网络具有一定程度的位移、尺度、缩放、非线性形变稳定性。

局部感知域的作用是：由于图像的空间联系是局部的，每个神经元不需要感受全部的图像，只需要感受局部特征，然后在更高层将这些感受得到的不同的局部神经元综合起来就可以得到全局的信息了，这样可以减少连接的数目。

共享权重的作用是不同神经元之间的参数共享可以减少需要求解的参数，使用多种滤波器去卷积图像就会得到多种特征映射。共享权重其实就是对图像用同样的卷积核进行卷积操作，也意味着第一个隐藏层的所有神经元所能检测到处于图像不同位置的完全相同的特征，即卷积网络能很好地适应图像的小范围的平移性，有较好的平移不变性，比如将输入图像当中物体的位置进行一定移动操作之后，仍然能够成功识别出图像当初存在该物体。

通过卷积运算可以提取出图像的特征，使得原始信号的某些特征增强，并且降低噪声，这是卷积层的作用。池化层对图像进行下采样，可以减少数据处理量同时保留有用信息，采样可以混淆特征的具体位置，因为某个特征找出来之后，它的位置已经不重要了，只需要这个特征和其他特征的相对位置,可以应对形变和扭曲带来的同类物体的变化。全连接层一般采用 Softmax 全连接,得到的激活值即卷积神经网络提取到的图片特征。卷积层、池化层的层数一般来说根据不同的应用场景需求、用户的需求可以是任意的。

### 5.2.2 手写数字识别

数字识别的概念是光学字符识别(OCR)的子概念,而光学字符识别起源于电报技术和为盲人创建阅读设备的技术。研究初期,识别的文字对象仅为 0~9 的数字,直至 1965—1970 年开始有一些简单的产品,数字识别技术开始被应用在邮编识别等工作场景中。1985 年,Shildhar 和 Badreldin 提出了能够准确识别手写数字的算法,他们使用拓扑特征,并结合语法分类器以高精度识别手写数字。1989 年,LeCun 等人在贝尔实验室将使用反向传播算法训练的卷积神经网络结合到读取"手写"数字上,并成功应用于识别美国邮政服务提供的手写邮政编码数字,成为 LeNet 系列卷积网络的雏形。同年,LeCun 在发表的另一篇论文中描述了一个小的手写数字识别问题,并且表明即使该问题是线性可分的,单层网络也表现出较差的泛化能力。而当在多层的、有约束的网络上使用有位移不变性的特征检测器(Shift Invariant Feature Detectors)时,该模型可以在此任务上表现得非常好。1990 年他们发表的论文再次描述了反向传播网络在手写数字识别中的应用,他们仅对数据进行了最小限度的预处理,而模型则是针对这项任务精心设计的,并且对其进行了高度约束。输入数据由图像组成,每张图像上包含一个数字,在美国邮政服务提供的邮政编码数字数据上的测试结果显示该模型的错误率仅有 1%,拒绝率约为 9%。

1994 年,LeCun、Bottou 等人比较了几个分类算法在手写数字标准数据库上的性能,该比较同时考虑了准确率、训练时间、识别时间等。1998 年,LeCun、Bottou、Bengio 和 Haffner 等人再次发表论文,回顾了应用于手写数字识别的各种方法,并用标准手写数字识别基准任务对这些模型进行了比较,结果显示卷积神经网络的表现超过了其他所有模型,该研究获得了巨大的成功。从那时起,神经网络及他们使用的 MNIST 数据集成为了手写数字识别的流行算法和验证算法的基本数据集。

当然,神经网络并不是识别手写数字的唯一算法。1997 年,Scholkopf 等人就使用支持向量机(SVM)在美国手写数字邮政服务数据库上进行了测试,测试的模型有使用 RBF 内核的 SVM、高斯核函数的 SVM 和由 SVM 方法确定的中心与由误差反向传播训练的权重的混合系统,结果显示支持向量机在当时的模型中实现了最高的精度。

数字识别目前已成为人工智能领域及计算机视觉领域的基本问题,有大量的识别算法涌现,近几年来在 MNIST 数据集上,其识别准确率更是高达 99%。

MNIST 数据集是计算机视觉领域中非常经典的一个数据集,如图 5-6 所示,它包含各种手写数字图片,共有 7 万张,其中 6 万张用于神经网络的训练,也就是我们说的训练集,剩下的 1 万张用于神经网络的测试,也就是我们所说的测试集。其中每张图片是一个 28×28 像素的数字 0~9 的手写图片,均为黑底白字,其中黑底用 0 表示,白字用 0~1 之间的浮点数表示,越接近 1,则颜色越白。

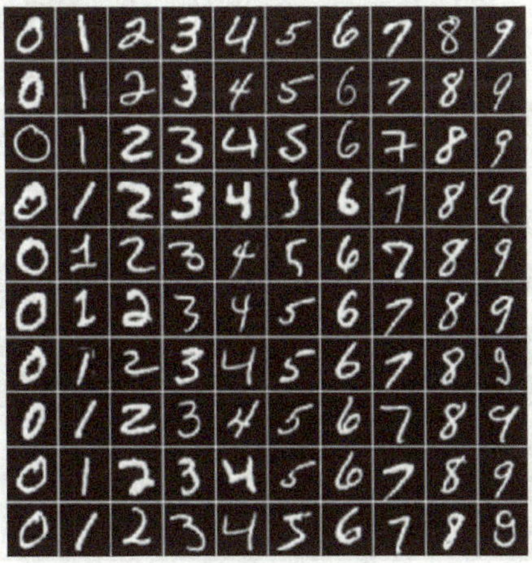

图 5-6 MNIST 数据集

借助于卷积神经网络对图像处理的优势，可以通过构建一个卷积神经网络对这些手写数字进行识别，这里用一个比较经典的卷积神经网络 LeNet-5 来阐述如何对手写数字进行识别。

如图 5-7 所示，LeNet-5 是一个很小的网络，但却包含了卷积神经网络的基本模块：卷积层、池化层、全连接层。LeNet-5 共有 7 层，每层都包含可训练的参数，每层都有着一定数目的 feature map（特征图层），其中，每个 feature map 通过一种卷积滤波器提取对应的一种特征。对于 MNIST 数据集手写数字的识别，LeNet-5 每一层进行的操作可以总结为以下步骤。

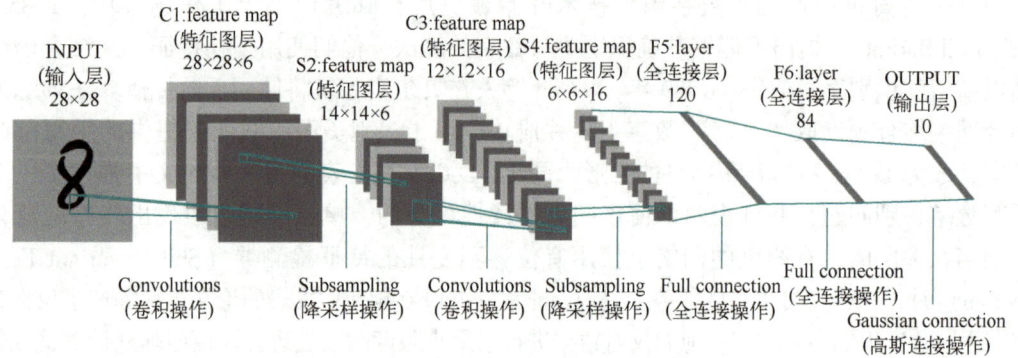

图 5-7　LeNet-5 网络结构

1）输入层：输入每张图片的数据，每张图片的维度为 28×28×1。

2）卷积层（C1 层）：使用 6 个 3×3×1 的过滤器，步长为 1，padding 为 same，输出的图像维度为 28×28×6。

3）最大池化层（S2 层）：使用 2×2 的过滤器，步长为 2，输出的图像维度为 14×14×6。

4）卷积层（C3 层）：使用 16 个 3×3×6 的过滤器，步长为 1，padding 为 valid，输出的图像维度为 12×12×16。

5）最大池化层（S4 层）：使用 2×2 的过滤器，步长为 2，输出的图像维度为 6×6×16。

6）全连接层：处理为 120 个节点输出给下一层。

7）全连接层：处理为 84 个节点输出给下一层。

8）输出层：最终计算得到 10 个节点，也就是代表数字 0~9。

经过 LeNet-5 的处理，机器能够将图像的特征一步一步抽象出来，进而根据这些通过卷积操作提取的深度特征判别图像上的数字到底是几，对于 LeNet-5 这种比较简单的卷积神经网络结构，MNIST 手写数字识别的准确率能够达到 98% 左右，能够达到这么好效果的原因，一个是 MNIST 手写数字识别的数据结构不太复杂，另一个是卷积神经网络在进行图片识别时能够抽取出具有语义信息的特征，从而达到较好效果。当然，对于复杂的图像数据和处理需求，我们需要构建更加复杂的网络才能够达到较好的识别效果。

## 5.3　BP 神经网络的数据分类——语音特征信号分类

### 5.3.1　BP 神经网络

BP（Back Propagation）神经网络是 1986 年由 Rumelhart 和 McClelland 为首的科学家提出的概念，是一种按照误差反向传播算法训练的多层前馈神经网络，是应用最广泛的神经网络。

单层感知机模型及其学习算法的提出，曾经使人工神经网络的研究迈出了历史性的一步，但它只能对线性分类模式进行识别，对非线性模式的识别则无能为力。造成单层感知机模型不具有非线性分类能力的主要原因是由于没有隐藏层对输入模式进行内部表示，在输入层和输出层之间增加一个或多个隐藏层，即形成多层感知机模型，解决"异或"这样一些简单的非线性分类问题，提高神经网络模型的分类能力，但是由于多层感知机模型采用的是单层感知机模型的学习算法，隐藏层神经元不具备学习能力，存在很大的局限性。1986 年，以 Rumelhart 和 McCelland 为首的科学家小组对误差反向传播算法进行了详尽的分析与介绍，并对 BP 算法的潜在能力进行了深入探讨，实现了当年 Minsky 关于多层神经网络的设想。BP 算法采用非线性连续变换函数，使隐藏层神经元有了学习能力。其基本思想直观，易于理解，数学意义明确，步骤分明，一经提出就被广泛接受，因此多层神经网络的训练采用了该算法。人们通常将采用误差反向传播学习算法的多层感知机模型称为误差反向传播神经网络。BP 神经网络具有任意复杂的模式分类能力和优良的多维函数映射能力，解决了简单感知器不能解决的异或（Exclusive OR，XOR）和一些其他问题。从结构上讲，BP 神经网络具有输入层、隐藏层和输出层，如图 5-8 所示；从本质上讲，BP

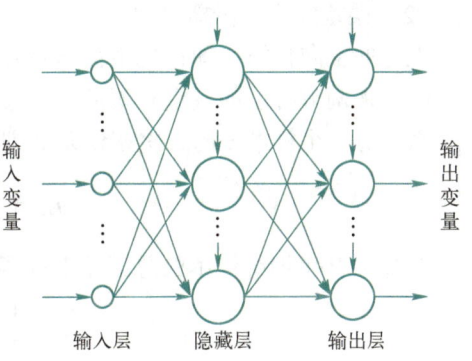

图 5-8　BP 神经网络

算法就是以网络误差平方为目标函数、采用梯度下降法来计算目标函数的最小值。

BP 神经网络的主要的特点：信号是前向传播的，而误差是反向传播的。具体来说，对于只含有一个隐藏层的神经网络模型来说，BP 神经网络的过程主要分为两个阶段，第一阶段是信号的前向传播，从输入层经过隐藏层，最后到达输出层；第二阶段是误差的反向传播，从输出层到隐藏层，最后到输入层，依次调节隐藏层到输出层的权重和偏置，输入层到隐藏层的权重和偏置。也就是说正向传播时，输入样本从输入层传入，经各隐藏层逐层处理后，传向输出层。若输出层的实际输出与期望的输出不符，则转入误差的反向传播阶段。反向传播时，将输出以某种形式通过隐藏层向输入层逐层反向传递，并将误差分摊给各层的所有单元，从而获得各层单元的误差信号，此误差信号即作为修正各单元权重的依据。

BP 神经网络中具体的正向传播和反向传播过程如下。

（1）信号的前向传播过程

隐藏层第 $i$ 个节点的输入 $\text{net}_i$：

$$\text{net}_i = \sum_{j=1}^{M} w_{ij}x_j + \theta_i \tag{5-3}$$

隐藏层第 $i$ 个节点的输出 $y_i$：

$$y_i = \phi(\text{net}_i) = \phi\left(\sum_{j=1}^{M} w_{ij}x_j + \theta_i\right) \tag{5-4}$$

输出层第 $k$ 个节点的输入 $\text{net}_k$：

$$\text{net}_k = \sum_{i=1}^{q} w_{ki}y_i + a_k = \sum_{i=1}^{q} w_{ki}\phi\left(\sum_{j=1}^{M} w_{ij}x_j + \theta_i\right) + a_k \tag{5-5}$$

输出层第 $k$ 个节点的输出 $o_k$：

$$o_k = \psi(\text{net}_k) = \psi\left(\sum_{i=1}^{q} w_{ki}y_i + a_k\right) = \psi\left[\sum_{i=1}^{q} w_{ki}\phi\left(\sum_{j=1}^{M} w_{ij}x_j + \theta_i\right) + a_k\right] \tag{5-6}$$

式中：$x_j$ 表示输入层第 $j$ 个节点的输入，$j=1,2,\cdots,M$，$M$ 是节点数；

$w_{ij}$ 表示隐藏层第 $i$ 个节点到输入层第 $j$ 个节点之间的权重；

$\theta_i$ 表示隐藏层第 $i$ 个节点的阈值；

$\phi(x)$ 表示隐藏层的激励函数；

$w_{ki}$ 表示输出层第 $k$ 个节点到隐藏层第 $i$ 个节点之间的权重，$i=1,2,\cdots,q$；

$a_k$ 表示输出层第 $k$ 个节点的阈值，$k=1,2,\cdots,L$；

$\psi(\ )$ 表示输出层的激励函数；

$o_k$ 表示输出层第 $k$ 个节点的输出。

（2）误差的反向传播过程

误差的反向传播，即首先由输出层开始逐层计算各层神经元的输出误差，然后根据误差梯度下降法来调节各层的权重和阈值，使修改后的网络的最终输出能接近期望值。

对于每一个样本 $p$ 的二次型误差准则函数为 $E_p$：

$$E_p = \frac{1}{2}\sum_{k=1}^{L}(T_k - o_k)^2 \tag{5-7}$$

系统对 $P$ 个训练样本的总误差准则函数为：

$$E = \frac{1}{2}\sum_{p=1}^{P}\sum_{k=1}^{L}(T_k^p - o_k^p)^2 \tag{5-8}$$

根据误差梯度下降法依次修正输出层权重的修正量 $\Delta w_{ki}$，输出层阈值的修正量 $\Delta a_k$，隐藏层权重的修正量 $\Delta w_{ij}$，隐藏层阈值的修正量 $\Delta \theta_i$。

$$\Delta w_{ki} = -\eta\frac{\partial E}{\partial w_{ki}};\quad \Delta a_k = -\eta\frac{\partial E}{\partial a_k};\quad \Delta w_{ij} = -\eta\frac{\partial E}{\partial w_{ij}};\quad \Delta \theta_i = -\eta\frac{\partial E}{\partial \theta_i} \tag{5-9}$$

输出层权重调整公式：

$$\Delta w_{ki} = -\eta\frac{\partial E}{\partial w_{ki}} = -\eta\frac{\partial E}{\partial \text{net}_k}\frac{\partial \text{net}_k}{\partial w_{ki}} = -\eta\frac{\partial E}{\partial o_k}\frac{\partial o_k}{\partial \text{net}_k}\frac{\partial \text{net}_k}{\partial w_{ki}} \tag{5-10}$$

输出层阈值调整公式：

$$\Delta a_k = -\eta\frac{\partial E}{\partial a_k} = -\eta\frac{\partial E}{\partial \text{net}_k}\frac{\partial \text{net}_k}{\partial a_k} = -\eta\frac{\partial E}{\partial o_k}\frac{\partial o_k}{\partial \text{net}_k}\frac{\partial \text{net}_k}{\partial a_k} \tag{5-11}$$

隐藏层权重调整公式：

$$\Delta w_{ij} = -\eta\frac{\partial E}{\partial w_{ij}} = -\eta\frac{\partial E}{\partial \text{net}_i}\frac{\partial \text{net}_i}{\partial w_{ij}} = -\eta\frac{\partial E}{\partial y_i}\frac{\partial y_i}{\partial \text{net}_i}\frac{\partial \text{net}_i}{\partial w_{ij}} \tag{5-12}$$

隐藏层阈值调整公式：

$$\Delta \theta_i = -\eta\frac{\partial E}{\partial \theta_i} = -\eta\frac{\partial E}{\partial \text{net}_i}\frac{\partial \text{net}_i}{\partial \theta_i} = -\eta\frac{\partial E}{\partial y_i}\frac{\partial y_i}{\partial \text{net}_i}\frac{\partial \text{net}_i}{\partial \theta_i} \tag{5-13}$$

又因为：

$$\frac{\partial E}{\partial o_k} = -\sum_{p=1}^{P}\sum_{k=1}^{L}(T_k^p - o_k^p) \tag{5-14}$$

$$\frac{\partial \text{net}_k}{\partial w_{ki}} = y_i,\ \frac{\partial \text{net}_k}{\partial a_k} = 1,\ \frac{\partial \text{net}_i}{\partial w_{ij}} = x_j,\ \frac{\partial \text{net}_i}{\partial \theta_i} = 1 \tag{5-15}$$

$$\frac{\partial E}{\partial y_i} = -\sum_{p=1}^{P}\sum_{k=1}^{L}(T_k^p - o_k^p)\cdot\psi'(\text{net}_k)\cdot w_{ki} \tag{5-16}$$

$$\frac{\partial y_i}{\partial \text{net}_i} = \phi'(\text{net}_i) \tag{5-17}$$

$$\frac{\partial o_k}{\partial \text{net}_k} = \psi'(\text{net}_k) \tag{5-18}$$

所以最后得到以下公式:

$$\Delta w_{ki} = \eta \sum_{p=1}^{P} \sum_{k=1}^{L} (T_k^p - o_k^p) \cdot \psi'(\text{net}_k) \cdot y_i \tag{5-19}$$

$$\Delta a_k = \eta \sum_{p=1}^{P} \sum_{k=1}^{L} (T_k^p - o_k^p) \cdot \psi'(\text{net}_k) \tag{5-20}$$

$$\Delta w_{ij} = \eta \sum_{p=1}^{P} \sum_{k=1}^{L} (T_k^p - o_k^p) \cdot \psi'(\text{net}_k) \cdot w_{ki} \cdot \phi'(\text{net}_i) \cdot x_j \tag{5-21}$$

$$\Delta \theta_i = \eta \sum_{p=1}^{P} \sum_{k=1}^{L} (T_k^p - o_k^p) \cdot \psi'(\text{net}_k) \cdot w_{ki} \cdot \phi'(\text{net}_i) \tag{5-22}$$

BP 神经网络的工作流程就是最开始给定网络中的初始权重进行正向传播,一次正向传播过程完成后,对比当前网络的预测值即输出值与期望值之间的误差,再根据误差进行一次反向传播对各网络层的权重进行调整,调整完成后再用新的权重进行正向传播,查看误差情况,若误差在规定范围之内或者迭代次数满足要求后,就不再进行反向传播,若不满足,则再进行反向传播调整权重,如此循环往复迭代,一直到误差满足要求或者迭代次数满足要求为止。通过这样的迭代调整网络权重,就可以构建出来一个效果较好的网络模型。

## 5.3.2 语音特征信号识别

语音特征信号识别是语音识别研究领域中的一个重要方面,其根本目的就是判断某种语音信号所属类别。语音特征信号是指用特定的算法把语音转变为特定的数学序列,语音特征信号识别即用语音特征信号来判断该语音信号属于哪类。语音特征信号识别的方法很多,比较适合于用 BP 神经网络求解,用训练数据对 BP 神经网络进行训练后,就可以用 BP 神经网络根据语音特征信号判断该语音所属类别。

语音特征信号识别的具体过程是首先要将语音声波信号转换成为文本数据,然后对文本数据进行处理进而预测正确的分类序列。由于语音信号的多变性,而且语音比较容易受到噪声等环境因素的影响,所以识别时,首先需要对语音信号进行预处理,然后放到识别网络中去,对语音信号进行特征提取,利用提取的特征进行识别,而不是对原始语音数据进行识别。

类似于神经网络对图像的处理,利用 BP 神经网络进行语音特征信号识别时也分为两个阶段,一是训练阶段,二是识别阶段。训练阶段将语音数据库中的语音信号进行特征提取并输入网络中进行特征学习,进而得到声学模型,将声学模型和文本数据库中的句子进行文法分析后得到语言模型。识别阶段将输入语音经特征提取后输入声学模型、发音词典和语言模型组成的解码器网络中,识别声音信号的类别。

在训练阶段,用于训练的声音信号数据是有标签的,也就是把已知的声音信号数据输入 BP 神经网络中进行正向传播后会得到一个预测结果,把这个预测结果和数据本身的类别进行相似度对比,或者说是进行误差计算,再利用计算的误差对当前网络进行一次反向传播,也就是利用计算出的误差去调整当前网络各个网络层的权重,以对其进行优化,之后再用训练数据输入优化后的网络进行预测,看此时精度是否符合要求,如果不符合就继续不断地迭代调整权重,直到精度满足要求或者迭代次数达到预先设定的阈值为止。

## 5.4 RBF 网络——非线性函数回归的实现

人工神经网络以其独特的信息处理能力在许多领域得到了成功的应用。它不仅具有强大的非线性映射能力,而且具有自适应、自学习和容错性等,能够从大量的历史数据中进行学习,找到某些行为变化的规律,从而推动了人工智能技术的发展,让计算机具备了一定的智慧。

径向基函数(RBF)神经网络是一种前馈神经网络,它具有最佳逼近和全局最优的性能,同时训练方法快速易行,不存在局部最优问题,它能够逼近任意的非线性函数,可以处理系统内的难以解析的规律性,具有良好的泛化能力,并有很快的学习收敛速度,已成功应用于非线性函数逼近、时间序列分析、数据分类、模式识别、信息处理、图像处理、系统建模、控制和故障诊断等领域。

RBF 神经网络是具有单隐藏层的三层前向网络,如图 5-9 所示,第一层为输入层,由信号源节点组成。第二层为隐藏层,隐藏层节点数视所描述问题的需要而定,隐藏层中神经元的变换函数即径向基函数是对中心点径向对称且衰减的非负线性函数,该函数是局部响应函数,具体的局部响应体现在其可见层到隐藏层的变换跟其他的网络不同,其他前向网络变换函数都是全局响应的函数。第三层为输出层,是对输入模式做出的响应。输入层仅仅起到传输信号作用,输入层和隐藏层之间可以看作连接权重为 1 的连接,输出层与隐

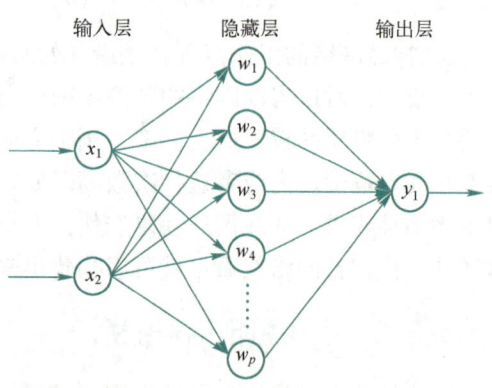

图 5-9 RBF 神经网络

藏层所完成的任务是不同的,因而它们的学习策略也不同。输出层是对线性权重进行调整,采用的是线性优化策略,因而学习速度较快;而隐藏层是对激活函数(格林函数、高斯函数,一般取后者)的参数进行调整,采用的是非线性优化策略,因而学习速度较慢。

RBF 神经网络的基本思想:用 RBF 作为隐单元的"基"构成隐藏层空间,隐藏层对输入矢量进行变换,将低维的模式输入数据变换到高维空间内,使得在低维空间内的线性不可分问题在高维空间内线性可分。具体就是用 RBF 的隐单元的"基"构成隐藏层空间,这样就可以将输入矢量直接(不通过权连接)映射到隐藏层空间。当 RBF 的中心点确定以后,这种映射关系也就确定了。而隐藏层空间到输出空间的映射是线性的,即网络输出是因单元输出的线性加权和,此处的权即为网络可调参数。

与常见的 BP 神经网络相比,RBF 神经网络有很多独有的优势。

1) RBF 神经网络的泛化能力在多个方面都优于 BP 神经网络,但是在解决具有相同精度要求的问题时,BP 神经网络的结构要比 RBF 神经网络简单。

2) RBF 神经网络的逼近精度明显高于 BP 神经网络,它几乎能实现完全逼近,而且设计起来极其方便,网络可以自动增加神经元直到满足精度要求为止,但是在训练样本增多时,RBF 神经网络的隐藏层神经元数远远高于 BP 神经网络,使得 RBF 神经网络的复杂度增加,从而运算量也有所增加。

3) RBF 神经网络是一种性能优良的前馈神经网络,可以任意精度逼近任意的非线性函

数,且具有全局逼近能力,从根本上解决了 BP 神经网络的局部最优问题,而且拓扑结构紧凑,结构参数可实现分离学习,收敛速度快。

4)它们的结构是完全不一样的,BP 神经网络是通过不断地调整神经元的权重来逼近最小误差的,其方法一般是梯度下降。RBF 神经网络是一种前馈的神经网络,也就是说它不是通过不停地调整权重来逼近最小误差的,激励函数一般是高斯函数,和 BP 神经网络的 S 型函数不一样,高斯函数是通过对输入与函数中心点的距离来算权重的。

5)BP 神经网络的学习速率是固定的,因此网络的收敛速度慢,需要较长的训练时间。

6)对于一些复杂问题,BP 神经网络需要的训练时间可能非常长,这主要是由于学习速率太小造成的。而 RBF 神经网络是种高效的前馈网络,它具有其他前向网络所不具有的最佳逼近性能和全局最优特性,并且结构简单,训练速度快。

7)BP 神经网络用于函数逼近时,权重的调节采用的是负梯度下降法,这种调节权重的方法有它的局限性,既存在着收敛速度慢和局部极小等缺点。而径向基神经网络在逼近能力、分类能力和学习速度等方面均优于 BP 神经网络。从理论上,RBF 神经网络和 BP 神经网络一样可近似任何的连续非线性函数,两者的主要差别在于使用不同的作用函数,BP 神经网络中的隐藏层节点使用的是 sigmoid 函数,其函数值在输入空间中无限大的范围内为非零值,而 RBF 神经网络的作用函数则是局部的。

RBF 神经网络与 BP 神经网络都是非线性多层前向网络,它们都是通用逼近器。对于任一个 BP 神经网络,总存在一个 RBF 神经网络可以代替它,反之亦然。但是这两个网络也存在着很多不同点,上文中已经从网络结构、训练算法、网络资源的利用及逼近性能等方面对 RBF 神经网络和 BP 神经网络进行了比较研究。

## 5.5 习题与练习

**1. 填空题**

1)BP 神经网络的主要的特点:(　　　)是前向传播的,(　　　)是反向传播的。
2)卷积神经网络结构包括:(　　)、(　　)、(　　)。
3)神经网络按结构可分为(　　)和(　　)。
4)神经网络按性能可分为(　　)和(　　)。
5)神经网络按学习方式可分为(　　)和(　　)。
6)神经网络研究的发展大致经过了(　　)个阶段。
7)神经元分(　　)和(　　)。
8)神经元是由(　　)、(　　)、(　　)、(　　)四部分构成的。
9)神经网络的工作过程主要是由(　　)和(　　)两个阶段组成的。
10)神经网络的英文缩写为(　　)。

**2. 选择题**

1)神经网络的基本结构不包括(　　)。
A. 输入层　　　　B. 连接层　　　　C. 输出层　　　　D. 隐藏层
2)神经网络的英文缩写为(　　)。
A. SN　　　　　B. ANN　　　　　C. SJWL　　　　D. NN

3）人工神经网络的英文缩写为（　　）。
A. ANN　　　　　B. CNN　　　　　C. DNN　　　　　D. RNN

4）卷积神经网络的英文缩写为（　　）。
A. ANN　　　　　B. CNN　　　　　C. DNN　　　　　D. RNN

5）循环神经网络的英文缩写为（　　）。
A. ANN　　　　　B. CNN　　　　　C. DNN　　　　　D. RNN

6）通常最佳适用于图像处理的神经网络是（　　）。
A. ANN　　　　　B. CNN　　　　　C. DNN　　　　　D. RNN

7）常用于多分类问题的激活函数是（　　）。
A. ReLU　　　　 B. tanh　　　　　C. Softmax　　　　D. Sigmoid

8）常用于二分类问题的激活函数是（　　）。
A. ReLU　　　　 B. tanh　　　　　C. Softmax　　　　D. sigmoid

9）数据特征相差较大时通常采用（　　）激活函数。
A. ReLU　　　　 B. tanh　　　　　C. Softmax　　　　D. sigmoid

### 3. 简答题

1）简述神经网络的工作原理。
2）简述神经网络的应用领域。
3）简述 BP 算法的工作原理。
4）简述卷积神经网络中卷积计算的大致思想。
5）简述生物神经网络与人工神经网络的结构对应关系。

# 第 6 章　深度学习应用技术

2006 年,机器学习大师、多伦多大学教授 Geoffrey Hinton 及其学生 Ruslan 发表在世界顶级学术期刊《科学》上的一篇论文引发了深度学习在研究领域和应用领域的发展热潮。这篇文献提出了两个主要观点:

7　深度学习

1) 多层人工神经网络模型有很强的特征学习能力,深度学习模型学习得到的特征数据对原数据有更本质的代表性,这将大大提升解决分类和可视化问题的能力[6]。

2) 对于深度神经网络很难训练达到最优的问题,可以采用逐层训练方法解决。将上层训练好的结果作为下层训练过程中的初始化参数。在这一文献中深度模型的训练过程中逐层初始化采用无监督学习方式。

2010 年,深度学习项目首次获得来自美国国防部门 DARPA 计划的资助,参与方有美国 NEC 研究院、纽约大学和斯坦福大学。自 2011 年起,谷歌和微软研究院的语音识别方向研究专家先后采用深度神经网络技术将语音识别的错误率降低 20%~30%,这是长期以来语音识别研究领域取得的重大突破。2012 年,深度神经网络在图像识别应用方面也获得重大进展,在 ImageNet 评测问题中将原来的错误率降低了 10%。同年,制药公司将深度神经网络应用于药物活性预测问题并取得了世界范围内最好结果。2012 年 6 月,Andrew NG 带领的科学家们在谷歌神秘的 X 实验室创建了一个有 16000 个处理器的大规模神经网络,包含数十亿个网络节点,让这个神经网络处理大量随机选择的视频片段,经过充分的训练以后,机器系统开始学会自动识别猫的图像。这是深度学习领域著名的案例之一,引起各界极大的关注。

## 6.1　深度学习基本概念

深度学习本质上是构建含有多隐藏层的机器学习架构模型,通过大规模数据进行训练,得到大量更具代表性的特征信息,从而对样本进行分类和预测,提高分类和预测的精度。这个过程是通过深度学习模型的手段达到特征学习的目的。深度学习模型和传统浅层学习模型的区别在于:

1) 深度学习模型结构含有更多的层次,包含隐藏层节点的层数通常在 5 层以上,有时甚至多达 10 层以上。

2) 明确强调了特征学习对于深度模型的重要性,即通过逐层特征提取,将数据样本在原空间的特征变换到一个新的特征空间来表示初始数据,这使得分类或预测问题更加容易实现。和人工设计的特征提取方法相比,利用深度模型学习得到的数据特征对大数据的丰富内在信息更有代表性。

在统计机器学习领域，值得关注的问题是如何对输入样本进行特征空间的选择。例如对行人检测问题，需要寻找表现人体不同特点的特征向量。一般来说，当输入空间中的原始数据不能被直接分开时，则将其映射到一个线性可分的间接特征空间。而此间接空间通常可由三种方式获得：定义核函数映射到高维线性可分空间，如支持向量机、手工编码或自动学习。前两种方式对专业知识要求很高，且耗费大量的计算资源，不适合高维输入空间。而第三种方式利用带多层非线性处理能力的深度学习结构进行自动学习，经实际验证被普遍认为具有重要意义与价值。

### 6.1.1 深度学习相关人物介绍

在正式认识深度学习之前，有必要对深度学习领域最具有卓越贡献的三位人物进行简单介绍，这三位专家一起获得了 2019 年图灵奖。图灵奖是计算机界的诺贝尔奖，代表着这个领域的最高荣誉。

首先要说的第一位专家 Hinton，是多伦多大学特聘教授，同时也是 Google 大脑核心专家。他最卓越的贡献是在 20 世纪 80 年代的时候，提出可以将反向传播技术应用到神经网络的训练当中，这个技术从那个时候开始就一直被沿用至今。

第二位专家是 Yann LeCun，LeCun 是 Hinton 的博士后，是纽约大学终身教授，还是纽约大学数据科学中心的创始人。现在是 Facebook 的人工智能实验室主任，他在深度学习领域最主要的贡献是提出了卷积神经网络，并且早在 20 世纪 90 年代就将这种技术成功应用在美国的各大银行的支票手写数字识别上，由此可见，卷积神经网络这种技术，至少在图像识别领域，应用的效果很好。而且，到现在为止，在图像识别、图像目标检测以及图像分割等各种应用领域，包括语音识别领域，绝大部分的算法，使用的其实也都是各种各样卷积神经网络的改进版本，可以说卷积神经网络对现代人工智能科技的进步，起到了巨大的推进作用。

第三位专家是 Bengio，他是蒙特利尔大学的教授，他的论文 A neural probabilistic language model 开创了将神经网络应用于自然语言理解的先河，里面的思路影响、启发了之后的很多基于神经网络做自然语言理解的文章。他自己也提出了很多在自然语言理解领域效果很好的一些新的技术。同时他也是一个很火的机器学习开源框架 Theano 的开发者之一。

### 6.1.2 为什么需要深度学习

可以想象一下古代一个小诊所的场景。前面坐着一位医术高超的老先生，负责给病患诊断病症，开出具体的药方，后面站着一位店小二，负责按照药方给病人抓药，病人拿了药之后就回去自己熬药服用，然后看能不能治好自己的病症。这整个流程和使用传统图像算法来处理图像识别领域的问题非常类似，在以前，一个项目需求来了，就和一个病人来了一样的道理，首先需要一位经验丰富的图像识别领域的专家来分析这个项目需求，看需要一些什么样的人工设计图像特征，诊所后面的药柜里装的就是一系列的人工设计图像特征，专家确定使用哪些特征之后，再从图像里手动提取相应的特征送入传统模式识别算法例如支持向量机进行模型训练，得到最终的模型。

到了深度学习时代，这个场景就要发生一些变化了，不再需要坐在前面的这位经验丰富的老先生，因为深度学习算法时代，再也不需要专家来判断某个图像识别问题需要哪些图像特征，只需要使用深度学习技术来自动提取图像特征即可。现在来了一个项目需求，直接找后面站着的那位店小二就可以，因为无论是什么样的需求，他都可以无脑地使用深度学习技术来处理。现在需要花费最多时间的可能就是收集大量数据的这个阶段，有了数据以后，使用深度学习算法直接训练即可得到最终的模型。而且，使用深度学习算法直接训练得到的结果，往往要比以前使用传统图像识别算法精挑细选的人工设计特征得到的结果还要好得多。所以说深度学习算法确实是一种十分有用的技术。下面再看一些比较具体的例子。

图 6-1 展示的是 ImageNet 图像识别历年比赛结果，纵坐标是表示的图像识别的错误率，所以在这个图上的结果应该是纵坐标的数值越低越好，注意到这个错误率在 2010 年和 2011 年的时候，是比较高的，到 2012 年的时候就发生了一个骤降，出现这个现象的原因就在于，2010 年和 2011 年参加比赛的选手所用的方法全部都是传统的图像算法来实现的，而 2012 年，则是 Hinton 和他的学生 Alex 使用了深度卷积神经网络得到的结果，将错误率从 0.26 降低到了 0.16。从 2012 年开始，所有人都开始采用深度学习的方法来做图像识别了，深度学习技术已经垄断了图像识别这个领域。

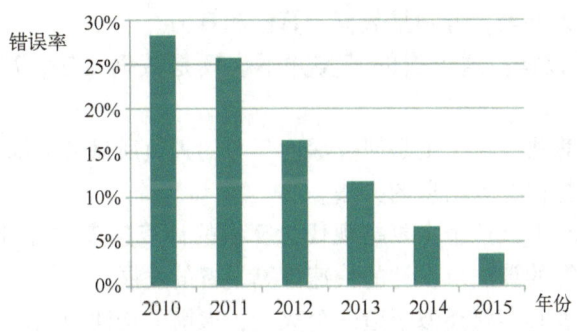

图 6-1　ImageNet 图像识别历年比赛结果

图 6-2 展示的是 ImageNet 目标检测历年比赛结果，纵坐标表示的是目标检测领域的识别率指标，注意到在 2013 年到 2014 年的时候，结果从 0.23 提高到了 0.44，几乎是达到了一个翻倍的效果。这样的效果，毫无疑问，只有深度学习技术可以做到，2013 年之前的方法，采用的都是传统图像算法，而 2013 年，是深度卷积神经网络 RCNN，将识别率提高到了一个较高的水平。再往后，同样地，几乎所有人都不约而同地采用了深度卷积神经网络进行图像目标检测，从此，深度学习技术也开始垄断了图像目标检测这个领域。

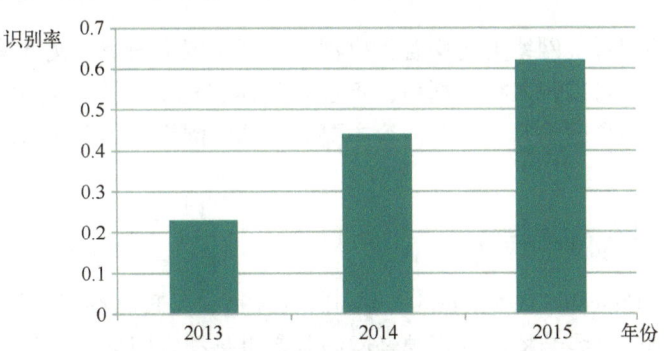

图 6-2　ImageNet 目标检测历年比赛结果

最后来介绍一下深度学习在人脸识别领域的应用效果。深度学习技术用在人脸识别领域的泛化性非常好，经过大量人脸数据集训练得到的模型不仅在 LFW 这种公开测试数据集上识别率很高，用在真实场景下的人脸图像数据集上识别率也很高。而传统图像算法得到的人脸识别模型，即使在 LFW 测试数据集上可以达到 97%以上的识别率，但如果将其用在真实场景下的人脸图像数据集上，可能识别率会骤降到 70%甚至更低，以至于在 2014 年以前，人脸识别这种技术大家只能看到研究人员们在各种公开数据集上展示自己的算法有多好，却无法看到真实世界里有落地的人脸识别应用。直到 2014 年，随着深度学习技术在人脸识别领域的快速发展，才逐渐地让大家看到各种各样的人脸识别应用的落地。到现在，这个技术基本已经是绝大部分人每天都会用到一种常用的功能了，例如手机人脸识别解锁、人脸识别打卡以及人脸识别门禁等。这一切都归功于深度学习技术在这些年的快速发展。

综上所述，深度学习在很多领域都展示出了很好的效果，所以非常有必要学习这门技术以及相关知识。

### 6.1.3 深度学习的三大要素

深度学习技术的三大要素，分别是数据、算法和算力。

第一个必备要素是数据，这个指的其实并不仅仅是数据二字，严格来说指的应该是大数据。

第二个必备要素是算法，这个也是研究深度学习的人员所做的大部分工作，这个算法指的其实就是对大数据进行挖掘有效信息的方法。

第三个必备要素是算力，这个主要指现代计算机的计算速度的提升，尤其是 GPU 这种专门针对神经网络并行计算的算法所设计的快速计算设备的发展。

深度学习算法的发展其实就类似于造一个火箭，火箭的构建包括两件重要的事情，一个是发动机，另外一个是燃料，这两部分是非常重要的，必须把这两方面做好，才能有机会把这个火箭发射到太空中去。如果发动机太小、燃料太大不行，或者发动机太大燃料不够也不行。所以火箭发动机和火箭的燃料比例非常好才能够确保火箭准确地发射到轨道当中。对于深度学习来说，数据就是造火箭需要的燃料，算力就是火箭需要的引擎，只有当这两者的发展都达到一定的匹配程度，深度学习才能有更广阔的发展空间。

## 6.2 卷积神经网络

深度学习是指多层神经网络上运用各种机器学习算法解决图像、文本等各种问题的算法集合。深度学习从大类上可以归入神经网络，不过在具体实现上有许多变化，有卷积神经网络、循环神经网络、深度信念网络等。本节内容主要介绍这些网络应用中最为广泛的一种——卷积神经网络。

### 6.2.1 卷积神经网络特性

卷积神经网络（Convolutional Neural Network，CNN），是现在图像、语音等人工智能领域应用的最多的一种神经网络结构。卷积神经网络其实也是神经网络的一种，它的基本结构和计算方式，在本质上和刚介绍的传统的神经网络没有什么太大的区别。

卷积神经网络是 LeCun 为了处理图像识别的问题而专门设计的一种神经网络结构，和传统的那种全连接神经网络结构最大的区别在于卷积神经网络的前后两层神经元之间的连接，并不是所有神经元都是密集连接的，而是每个神经元都和前面一层的一部分神经元连接，这个部分通常是二维输入数据的一个局部区域。这种连接方式，其实是 LeCun 针对图像这种具有局部关联特性的数据而特别设计的，这样连接的好处是网络的参数数量由于没有稠密连接，所以得到了很大程度的减少。

同时，图像这种数据，通常一个像素也只是和它附近的一小块局部区域有关系，一个图像的左上角的像素通常和这个图像上最右下角的像素之间，是没有什么联系的，所以没有必要对离得太远的数据去提取他们的特征。另外像语音数据其实也是存在这种局部关联特性，只是语音数据是一维的，图像是二维的而已。所以，卷积神经网络这种结构才可以在图像和语音这种人工智能领域发挥巨大的作用。

除了稀疏连接，卷积神经网络还有一个特性是权重共享。所谓权重共享就是某一层的某个特征通道的神经元，它们相互之间是共享同样的一组神经元参数的，也就是说，参数数量在卷积神经网络里并不是和神经元的多少成正比的，而是固定设计好的，有多少个卷积核就有多少参数，与神经元的多少没有必然的关系。卷积核的任务只专注在提取某一种特征上面，这样的设计不仅使参数数量大量减少，而且经过大量的实验验证发现，确实使得网络提取特征能力更强，更加适合图像这种输入数据。

## 6.2.2 卷积神经网络核心原理

卷积神经网络的计算和传统的人工神经网络一样，也是分为前向计算和反向传播训练两个过程。其前向计算本质上和传统神经网络类似，但由于其特殊的神经元稀疏连接的方式以及权重共享的机制，使其前向计算的方式和传统神经网络还是有一些差别。

其中卷积层的前向计算中，每个卷积核是一个二维大小的形式，用得最多的是 3×3 的大小，在进行前向计算的时候，将这个卷积核从输入图像数据的最左上角像素开始和输入图像数据按像素重叠，将重叠部分的对应卷积核和输入图像元素做乘法，然后再将这些乘法的结果加起来，最后再加上一个称为偏置的数值即可得到下一层中该神经元的输入数值。依次使用卷积核去处理输入图像上的每一个像素，就可以得到该层的完整的输出特征图。

卷积神经网络的反向传播的本质和传统神经网络也是一样的，都是通过全导数公式和链式求导公式的应用，由网络输出和样本标签的差异大小作为损失函数值，对相应的权重 w 进行求导，再逐次迭代修正这个权重的数值，得到最终的合理的结果。当然在进行反向传播求导的时候，由于卷积神经网络是采用稀疏连接的方式，所以在应用全导数公式的时候，需要注意前后相连的神经元是哪一部分，不能像全连接网络一样，每个神经元都去计算。其他计算过程和全连接神经网络基本类似。

刚才介绍的是卷积神经网络中最重要的结构——卷积层的前向计算和反向传播的过程，但卷积神经网络里，其实除了卷积层，还有一些和传统神经网络不太一样的东西，这里再介绍一个 pooling 层，也叫池化层。池化层在卷积神经网络结构里所起的作用，主要是对输入特征图的大小进行降维，减少后续参数的数量，同时也对特征图进行一个抽象。

池化层的计算过程和卷积层一样，也有前向计算和后向传播两种计算过程。现在先来看看前向计算，池化层的前向计算和卷积层和传统神经网络差别比较大，但是其实更加简单，主要有三种计算方式，第一种叫 max pooling，这种方式是将输入特征图分成各个小区域，然后对每个小区域取最大值作为 pooling 输出，从而将每个小区域的数值降维到一个数值，例如输入为一个 4×4 的特征图，则可将这个特征图划分为多个 2×2 的小区域，每个小区域取最大值作为输出，得到的就是一个 2×2 大小的 max pooling 输出特征图。第二种 pooling 方式是 mean pooling，其划分小区域的方式和 max pooling 一致，他们的差别在于 max pooling 是取每个小区域的最大值作为输出，而 mean pooling 是取每个小区域的平均值作为输出，最后得到的特征图维度和 max pooling 一致。第三种 pooling 的方式叫随机 pooling，这种方式只是需要额外随机生成一个概率矩阵，这个矩阵的大小和输入特征图的大小一致，然后也和输入特征图的小区域划分方式一样，划分为各个小区域，每个小区域随机生成和为 1 的概率值，在计算的时候，将概率矩阵和输入特征图进行叠加，对每个小区域按照重叠的区域做乘法，然后再相加即可得到该小区域的输出值。从计算过程看得出来，和卷积层的计算其实有点类似，只是这里不是用卷积核在输入特征图上进行平移，而是直接产生一个和输入特征图大小一致的概率图进行计算，但是其每个小区域的计算过程其实和一个卷积核在一个像素点上进行卷积计算的过程基本一致，最后达到的效果也和前面两种 pooling 的方式一样，将输入特征图的大小进行了降维，同时对其特征数据进行了一定程度的抽象。

现在再来看看池化层的反向传播部分，这部分和传统人工神经网络和卷积层的反向传播过程在本质上也没有什么差别，都是对全导数公式和链式传导公式的应用。只是其具体的计算方式，要根据前向计算时选择的 pooling 方式来进行反向推导。

如果前向计算的时候选择的 pooling 方式是 max pooling，那么由于 pooling 的时候后面一层的某个神经元其实只和前面一层的某一个神经元有联系，这个神经元就是某个小区域当中特征值最大的神经元，所以在进行反向传播的时候，相关偏导的数值只需要取这个神经元的结果就可以了，其他的可以直接置为零即可。如果选择的是 mean pooling 的前向计算过程，那么在反向传播的时候，就需要乘上相应的系数 0.25，其他计算过程和之前介绍过的反向传播过程类似。

## 6.3 循环神经网络

循环神经网络（Recurrent Neural Network，RNN）是神经网络的一种，对具有序列特性的数据非常有效，它能挖掘数据中的时序信息以及语义信息。利用 RNN 的这种能力，使深度学习模型在解决语音识别、语言模型、机器翻译以及时序分析等自然语言处理领域的问题时有所突破。

所谓序列特性，其实就是符合时间顺序、逻辑顺序，或者其他顺序，举几个例子。

人类的自然语言：是符合某个逻辑或规则的字词拼凑排列起来的，这就符合序列特性。

语音：每一帧每一帧地衔接起来，这也具有序列特性。

股票：随着时间的推移，会产生具有顺序的一系列数字，这些数字也具有序列特性。

### 6.3.1 循环神经网络的引入

已经有像卷积网络这样表现非常出色的网络了，为什么还需要其他类型的网络呢？为了解释 RNN，首先需要了解序列的相关知识。

序列是相互依赖的（有限或无限）数据流，比如时间序列数据、信息性的字符串、对话等。在对话中，一个句子可能有一个意思，但是整体的对话可能又是完全不同的意思。股市数据这样的时间序列数据也是，单个数据表示当前价格，但是全天的数据会有不一样的变化，促使做出买进或卖出的决定。

当输入数据具有依赖性且是序列模式时，CNN 的结果一般都不太好。CNN 的前一个输入和下一个输入之间没有任何关联，所以所有的输出都是独立的。如果运行了 100 个不同的输入，它们中的任何一个输出都不会受之前输出的影响。但如果是文本生成或文本翻译呢？所有生成的单词与之前生成的单词都是独立的（有些情况下与之后的单词也是独立的，这里暂不讨论）。所以需要有一些基于之前输出的偏向，这就是需要 RNN 的地方。RNN 对之前发生在数据序列中的事是有一定记忆的，这有助于系统获取上下文。理论上讲，RNN 有无限的记忆，这意味着它们有无限回顾的能力。通过回顾可以了解所有之前的输入。但从实际操作中看，它只能回顾最后几步。

再来看一个自然语言处理中很常见的问题，命名实体识别，举个例子，现在有两句话：

第一句话：I like eating apple！（我喜欢吃苹果！）

第二句话：The Apple is a great company！（苹果真是一家很棒的公司！）

现在的任务是要给 apple 打标签，都知道第一个 apple 是一种水果，第二个 Apple 是苹果公司，假设现在有大量的已经标记好的数据以供训练模型，当使用全连接的神经网络时，做法是把 apple 这个单词的特征向量输入到模型中，看输出的结果标签中，哪个标签的概率最大，就将 apple 打上哪个标签。但语料库中，有的 apple 的标签是水果，有的标签是公司，这将导致模型在训练的过程中，预测的准确程度取决于训练集中哪个标签多一些，这样的模型完全没有作用。问题就出在了没有结合上下文去训练模型，而是单独的在训练 apple 这个单词的标签，这也是全连接神经网络模型所不能做到的，于是就有了循环神经网络。

## 6.3.2 循环神经网络的历史

1933 年，西班牙神经生物学家 Rafael Lorente de Nó 发现大脑皮层（Cerebral Cortex）的解剖结构允许刺激在神经回路中循环传递，并由此提出反响回路假设（Reverberating Circuit Hypothesis）。该假说在同时期的一系列研究中得到认可，被认为是生物拥有短期记忆的原因。随后神经生物学的进一步研究发现，反响回路的兴奋和抑制受大脑阿尔法节律（α-Rhythm）调控，并在 α-运动神经（α-Motoneurones）中形成循环反馈系统（Recurrent Feedback System）。在 20 世纪 70~80 年代，为模拟循环反馈系统而建立的一些数学模型为 RNN 带来了启发。

1982 年，美国学者 John Hopfield 基于 Little（1974 年）的神经数学模型使用二元节点建立了具有结合存储（Content-Addressable Memory）能力的神经网络，即 Hopfield 神经网络。Hopfield 网络是一个包含递归计算和外部记忆（External Memory）的神经网络，其内部所有节点都相互连接，并使用能量函数进行非监督学习。

1986 年，Michael I. Jordan 在分布式并行处理（Parallel Distributed Processing）理论下提出了 Jordan 网络。Jordan 网络的每个隐藏层节点都与一个状态单元（State Units）相连以实现延时输入，并使用 logistic 函数作为激励函数。Jordan 网络使用反向传播算法进行学习，并在测试中提取了给定音节的语音学特征。之后在 1990 年，Jeffrey Elman 提出了第一个全连接的 RNN，即 Elman 网络。Jordan 网络和 Elman 网络都从单层前馈神经网络出发构建递归连接，因此也被称为简单循环网络（Simple Recurrent Network，SRN）。

在 SRN 出现的同一时期，RNN 的学习理论也得到发展。在反向传播算法被提出后，学界开始尝试在 BP 框架下对循环神经网络进行训练。1989 年，Ronald Williams 和 David Zipser 提出了 RNN 的实时循环学习（Real-Time Recurrent Learning，RTRL）。随后 Paul Werbos 在 1990 年提出了随时间反向传播算法（BP Through Time，BPTT）。

1991 年，Sepp Hochreiter 发现了循环神经网络的长期依赖问题（Long-Term Dependencies Problem），即在对长序列进行学习时，循环神经网络会出现梯度消失（Gradient Vanishing）和梯度爆炸（Gradient Explosion）现象，无法掌握长时间跨度的非线性关系。为解决长期依赖问题，研究学者对 RNN 不断改进，较重要的包括 Jurgen Schmidhuber 及其合作者在 1992 年和 1997 年提出的神经历史压缩器（Neural History Compressor，NHC）和长短期记忆（Long Short-Term Memory，LSTM），其中包含门控的 LSTM 受到了关注。

同在 1997 年，M. Schuster 和 K. Paliwal 提出了具有深度结构的双向循环神经网络（Bidirectional RNN，BRNN），并对其进行了语音识别试验。双向和门控构架的出现提升了 RNN 的学习表现，在一些综述性研究中，被认为是 RNN 具有代表性的研究成果。

21 世纪后，随着深度学习理论的出现和数值计算能力的提升，拥有更高复杂度的 RNN 开始在自然语言处理问题中得到关注。2005 年，Alex Graves 等将双向 LSTM 应用于语音识别，并得到了优于隐马尔可夫模型（Hidden Markov Model，HMM）的表现。

2010 年，Tomas Mikolov 及其合作者提出了基于 RNN 的语言模型。

2014 年，K. Cho 提出了门控循环单元（Gated Recurrent Unit，GRU）网络，该方法是 LSTM 之后另一个受到关注的 RNN 门控构架。

2013—2015 年，Y. Benjo、D. Bahdanau 等提出了编码器-解码器、自注意力层等一系列 RNN 算法，并将其应用于机器翻译问题，为语言模型设计的 RNN 算法在随后的研究中启发了包括 Transformers、XLNet、ELMo、BERT 等复杂构筑。

### 6.3.3 循环神经网络原理介绍

循环神经网络的示意图如图 6-3 所示。

先来讲解一下图 6-4，首先不要管右边的 $W$，只看 $X$、$U$、$S$、$V$、$O$，这幅图就变成了图 6-4。

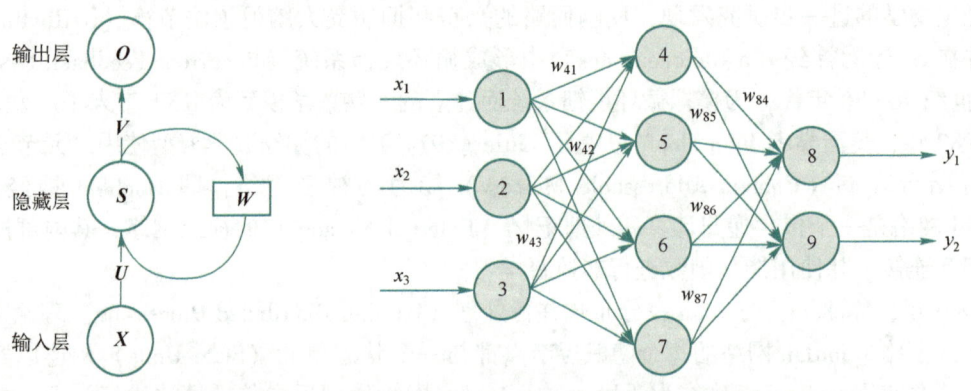

图 6-3 循环神经网络　　　　图 6-4 不看 $W$ 的循环神经网络

这个图其实就是传统全连接神经网络结构。不看 $W$ 的话，图 6-4 展开就是全连接神经网络，其中 $X$ 是某个字或词的特征向量，作为输入层，如图 6-5 也就是 3 维向量；$U$ 是输入层到隐藏层的参数矩阵，在图 6-5 中其维度就是 3×4；$S$ 是隐藏层的向量，如图 6-5 维度就是 4；$V$ 是隐藏层到输出层的参数矩阵，在图 6-5 中就是 4×2；$O$ 是输出层的向量，在图 6-5 中维度为 2。

把图 6-4 展开之后，如图 6-5 所示。

第一次看到这个图的同学可能看不明白这是

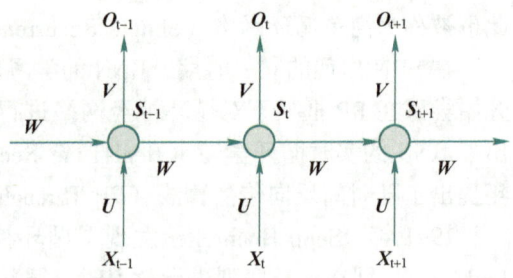

图 6-5 展开的循环神经网络

什么意思，举个例子，有一句话是"I love you"，那么在利用 RNN 时，比如命名实体识别，图中的 $X_{t-1}$ 代表的就是 I 这个单词的向量，$X_t$ 代表的是 love 这个单词的向量，$X_{t+1}$ 代表的是 you 这个单词的向量，以此类推。注意到，上图展开后，$W$ 一直没有变，$W$ 其实是每个时间点之间的权重矩阵。RNN 之所以可以解决序列问题，是因为它可以记住每一时刻的信息，每一时刻的隐藏层不仅由该时刻的输入层决定，还由上一时刻的隐藏层决定。

值得注意的一点是，在整个训练过程中，每一时刻所用的都是同样的 $W$，即 RNN 的权重系数是共享的，在一次迭代中，循环节点使用相同的权重系数处理所有的时间步。相比于前馈神经网络，权重共享降低了 RNN 的总参数量。权重共享也意味着 RNN 可以提取序列中随时间变化的特征，因此其在学习和测试序列具有不同长度时可表现出泛化能力。

当一个神经网络结构的每一个激活函数都是可导的，并且整个网络的预先设计输出是可以获得时，和前面介绍的卷积神经网络类似，循环神经网络的训练也可以通过反向传播算法来学习。反向传播算法的基础是梯度下降优化法。对于任何一个需要优化的权重参数，计算它们关于优化目标函数的梯度，并且根据梯度更新权重参数是反向传播算法的基本思想。

### 6.3.4 循环神经网络示例

这里再看一个例子，循环神经网络在文本生成上的应用，要实现的功能是训练出一个可以自动生成类似莎士比亚风格的小说的循环神经网络。其输入的训练样本是莎士比亚写的文章，如图 6-6 所示。

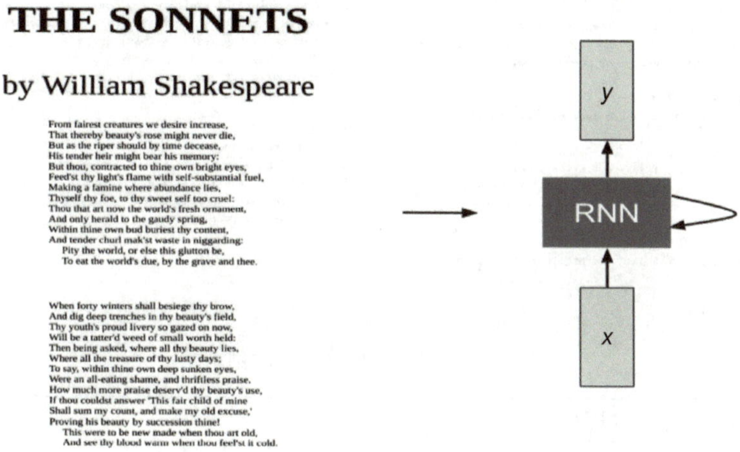

图 6-6 循环神经网络应用示例

图 6-7 显示的第一个阶段是循环神经网络刚刚开始训练的时候，输出的结果。可以看到这个时候输出的结果基本上都是一些乱码，几乎没有人可以看得懂的语句。这是因为这时的网络参数全部都是随机生成的，是没有任何意义的，所以其输出的结果当然也是随机的、毫无意义的结果，但是随着使用莎士比亚的文章作为训练样本进行训练之后，其网络参数就会逐渐变得有意义了。在第二个阶段，就可以看到该网络可以生成一些简单的单词了，比如 on、at、in 等。到了第三个阶段，出现了更多更复杂的一些单词，比如 fall、unsuch、that 等，但是还没有看到意义比较明确的句子。随着网络的继续训练，就可以看到开始出现一些能够看得懂的简短的句子了。不过这个时候还是会有一些看不懂的乱码，但是跟刚开始的随机生成的参数相比，已经有了比较明显的效果。

```
t first:  tyntd-iafhatawiaoihrdemot  lytdws  e ,tfti, astai f ogoh eoase rrranbyne 'nhthnee e
          plia tklrgd t o idoe ns,smtt   h ne etie h,hregtrs nigtike,aoaenns lng
```

↓ train more

```
"Tmont thithey" fomesscerliund
Keushey. Thom here
sheulke, anmerenith ol sivh I lalterthend Bleipile shuwy fil on aseterlome
coaniogennc Phe lism thond hon at. MeiDimorotion in ther thize."
```

↓ train more

```
Aftair fall unsuch that the hall for Prince Velzonski's that me of
her hearly, and behs to so arwage fiving were to it beloge, pavu say falling misfort
how, and Gogition is so overelical and ofter.
```

↓ train more

```
"Why do what that day," replied Natasha, and wishing to himself the fact the
princess, Princess Mary was easier, fed in had oftened him.
Pierre aking his soul came to the packs and drove up his father-in-law women.
```

图 6-7  循环神经网络应用示例阶段

最后这里显示的就是该循环神经网络训练到最终的一个输出结果，这里输出的绝大部分句子都能看懂了，而且如果对莎士比亚的写作风格比较熟悉的话，其实这里输出的文章的写作风格会感觉好像是莎士比亚复生新写了一篇小说的感觉，如图 6-8 所示。

```
PANDARUS:
Alas, I think he shall be come approached and the day
When little srain would be attain'd into being never fed,
And who is but a chain and subjects of his death,
I should not sleep.

Second Senator:
They are away this miseries, produced upon my soul,
Breaking and strongly should be buried, when I perish
The earth and thoughts of many states.

DUKE VINCENTIO:
Well, your wit is in the care of side and that.

Second Lord:
They would be ruled after this chamber, and
my fair nues begun out of the fact, to be conveyed,
Whose noble souls I'll have the heart of the wars.

Clown:
Come, sir, I will make did behold your worship.

VIOLA:
I'll drink it.
```

```
VIOLA:
Why, Salisbury must find his flesh and thought
That which I am not aps, not a man and in fire,
To show the reining of the raven and the wars
To grace my hand reproach within, and not a fair are hand,
That Caesar and my goodly father's world;
When I was heaven of presence and our fleets,
We spare with hours, but cut thy council I am great,
Murdered and by thy master's ready there
My power to give thee but so much as hell:
Some service in the noble bondman here,
Would show him to her wine.

KING LEAR:
O, if you were a feeble sight, the courtesy of your law,
Your sight and several breath, will wear the gods
With his heads, and my hands are wonder'd at the deeds,
So drop upon your lordship's head, and your opinion
Shall be against your honour.
```

图 6-8  循环神经网络应用示例结果

## 6.4 深度学习的应用

深度学习技术在人工智能领域目前占有绝对的统治地位，因为相比于传统的机器学习算法而言，深度学习在某些领域展现出了最接近人类所期望的智能效果，同时也在悄悄地走进生活，例如刷脸支付、语音识别、智能翻译、汽车上的智能辅助驾驶等，这让生活开始慢慢智能化。

### 6.4.1 机器博弈

计算机博弈，也称之为机器博弈，就是让计算机学习人的思维模式，像人类一样，能够思考、判断和推理，并做出理性决策。与人类选手或另一台计算机进行的对弈，如国际象棋、六子棋、德州扑克等，也是人工智能领域的挑战性课题。它从模仿人脑智能的角度出发，以计算机下棋为研究载体，通过模拟人类棋手的思维过程，构建一种更接近人类智能的博弈信息处理系统，并可以拓展到其他相关领域，解决实际工程和科学研究领域中与博弈相关的难以解决的复杂问题。作为人工智能研究的一个重要分支，它是检验计算机技术及人工智能发展水平的一个重要方向，为人工智能带来了很多重要的方法和理论，极大地推动了科研进步，并产生了广泛的社会影响和学术影响。

2012年6月，谷歌公司的Google Brain项目用并行计算平台训练一种称为"深度神经网络"（Deep Neural Networks，DNN）的机器学习模型。2013年1月，百度宣布成立"深度学习研究所"（Institute of Deep Learning，IDL）。在2015年10月以5:0击败了欧洲围棋冠军樊麾后，2016年1月，谷歌DeepMind团队在自然杂志上发表封面论文称，他们研发出基于神经网络进行深度学习的人工智能围棋程序AlphaGo，能够在极其复杂的围棋游戏中战胜专家级人类选手。2016年3月，谷歌公司的AlphaGo又以4:1战胜世界围棋冠军李世石，在学术界产生了空前的影响，这标志着计算机博弈技术取得重大成功，是计算机博弈发展史上新的跃迁。AlphaGo主要利用深度学习方法训练了两个网络：策略网络和价值网络。2018年，AlphaGo Zero横空出世，它主要使用强化学习算法，将价值网络和策略网络整合为一个架构，训练3天就以100:0击败了上一版本的AlphaGo。2019年初，AlphaStar在《星际争霸2》中以10:1战胜了职业选手，又取得空前胜利，它主要使用了一种新的多智能学习算法。这些算法促进了人工智能技术的快速发展，在未来将得到更多应用，成为人工智能产业和服务的基础。

### 6.4.2 自动驾驶

无人驾驶技术即无人化的驾驶，它是由使用者自主地在车载计算机中输入想要到达的目的地，通过定位导航技术对所输入的目的地进行定位，再由车载计算机进行路线规划，通过自动控制技术，让汽车行驶在所规划的路线。在行驶过程中，借助计算机视觉，对道路的实时情况信息进行采集，并传达给车载计算机进行分析，针对分析结果，控制汽车做出相应的反应，在无人驾驶的情况下，把使用者安全地送达目的地。在此技术中，融入了人工智能技术，使用者可以通过语音输入来控制车速、车距和车内的温度等一系列行驶状态，从而实现智能化人机交互，大大提高了汽车使用的舒适性和智能性。

深度学习技术的加入，使得无人驾驶的安全性、舒适性、能源的有效节约都有了显著的提高。传统的司机驾驶中，驾驶员需要大量精力专注于驾驶的操作、车辆的车况、路面的突发情况处理，导致驾驶员身体与精神都十分劳累，并且在突发情况下，驾驶员很难在极短的时间内做出最优的选择，增加了事故发生的概率。将人工智能融入无人驾驶，驾驶员的主要任务将是设置目的地，行驶的过程将是自动行驶的过程，无需驾驶员长期操作，突发状况下，人工智能将依靠大数据和5G技术进行对应的处理，避免交通事故的发生。

### 6.4.3 智能机器人

机器人是一种可编程和多功能的，也能用来搬运材料、零件、工具的操作机，或是为了执行不同的任务而具有可改变和可编程动作的特定系统。智能机器人则是一个在感知-思维-效应这三方面全面模拟人的机器系统。它就是人工智能技术的综合试验场，可以全面地结合人工智能各个领域的技术，研究它们相互之间的关系。还可以在危险环境或者中小空间中代替人从事危险工作、抢险作业等。智能机器人应该具备三方面的能力：感知环境的能力、执行某种任务而对环境施加影响的能力和把感知与行动联系起来的能力。智能机器人与工业机器人的根本区别在于，智能机器人具有感知功能与识别、判断及规划功能。

借助深度学习的力量，智能机器人现在可以在真实复杂的环境中，代替人执行一定的特殊任务，如人员跟踪、排爆等，这在过去是完全不可能的事。做得最好的要属美国波士顿动力公司开发的机器人，其在复杂地形行走、肢体协调等方面取得了巨大的进步。

深度学习是学习样本数据的内在规律和表示层次，这些学习过程中获得的信息对诸如文字、图像和声音等数据的解释有很大的帮助。它的最终目标是让机器能够像人一样具有分析学习能力，能够识别文字、图像和声音等数据。由于深度学习算法能够让机器具有很好的分析学习能力，将它应用在机器人领域，使机器人拥有像人一样的分析能力将是可以实现的方向。基于深度学习算法的机器人具有高复杂度和高性能，在应用方面也更广泛，国内外对相关技术的研究热情也居高不下。人工智能是智能机器人发展的必然趋势，其中深度学习在人工智能中占据了举足轻重的位置，它完全改变了传统机器人的图像和语音识别技术，更好地解决了机器人的定位与导航这个基本问题，完成了对当前工作环境地图的构建等，成为目前最强有力的机器人视觉、听觉技术。深度学习在机器人方面的应用也使得机器人的工作准确度得到了大幅度提高。

## 6.5 习题与练习

**1. 填空题**

1) 深度学习领域获得图灵奖的三位是（　　　　）、（　　　　）、（　　　　）。
2) 影响深度学习发展的三要素是（　　　　）、（　　　　）、（　　　　）。
3) 最适合图像识别的神经网络是（　　　　）。
4) 最适合自然语言理解问题的神经网络是（　　　　）。
5) 神经网络的计算分为（　　　　）和（　　　　）两个方向。
6) 神经网络训练的时候，进行更新的数值是（　　　　）的数值。
7) 网络结构里有反馈模块的神经网络是（　　　　）。
8) 神经网络进行训练的核心技术是（　　　　）。
9) 第一个将卷积神经网络落地应用到银行支票识别的是（　　　　）。
10) 李飞飞创建的图像领域的大数据集的名称是（　　　　）。

**2. 选择题**

1) 大脑是由很多个神经元构成，神经网络是对大脑的简单的数学表达。每一个神经元都有输入、处理函数和输出。神经元组合起来形成了网络，可以拟合任何函数。为了得到最佳神经网络，用梯度下降方法不断更新模型。给定上述关于神经网络的描述，（　　）情况下神经网络模型被称为深度学习模型。
 A. 加入更多层，使神经网络的深度增加　　B. 维度更高的数据
 C. 当这是一个图形识别的问题时　　D. 以上都不正确

2) 下列哪一项在神经网络中引入了非线性？（　　）。
 A. 随机梯度下降　　B. 修正线性单元（ReLU）
 C. 卷积函数　　D. 以上都不正确

3) 在一个神经网络里，知道每一个神经元的权重和偏差是最重要的一步。如果某种方法知道了神经元准确的权重和偏差，就可以近似任何函数。实现这个最佳的办法是（　　　　）。
 A. 随机赋值，祈祷它们是正确的

B. 搜索所有权重和偏差的组合，直到得到最佳值
C. 赋予一个初始值，通过检查跟最佳值的差值，然后迭代更新权重
D. 以上都不正确

4）梯度下降算法的正确步骤是（　　）。
A. 计算预测值和真实值之间的误差　　　B. 迭代更新，直到找到最佳权重
C. 把输入传入网络，得到输出值　　　　D. 初始化随机权重和偏差

5）下列哪一个是神经网络的经典结构？（　　）。
A. CNN　　　　B. RNN　　　　C. AlexNet　　　　D. FNN

6）下列哪项关于模型能力的描述是正确的？（　　）。
A. 隐藏层层数增加，模型能力增加　　　B. dropout 的比例增加，模型能力增加
C. 学习率增加，模型能力增加　　　　　D. 以上都不正确

7）下列哪一种架构有反馈连接？（　　）。
A. 循环神经网络　　　　　　　　　　B. 卷积神经网络
C. 限制玻尔兹曼机　　　　　　　　　D. 以上都不正确

8）下列哪个神经网络结构会发生权重共享？（　　）。
A. 卷积神经网络　　B. 循环神经网络　　C. 全连接神经网络　　D. 选项 A 和 B

9）在神经网络中，以下哪种技术用于解决过拟合？（　　）。
A. dropout　　　B. 正则化　　　C. 批规范化　　　D. 所有

10）对于图像识别问题（比如识别照片中的猫），哪种神经网络模型结构更适合解决这类问题？（　　）。
A. 多层感知器　　B. 卷积神经网络　　C. 循环神经网络　　D. 感知器

### 3. 简答题

1）什么是卷积神经网络？
2）卷积神经网络和循环神经网络的显著区别是什么？
3）为什么引入非线性激励函数？
4）什么样的数据集不适合用深度学习？
5）什么是循环神经网络？

# 第 7 章　计算机视觉技术

计算机视觉是当前最热门的研究之一，是一门多学科交叉的研究，涵盖计算机科学（图形学、算法、理论研究等）、数学（信息检索、机器学习）、工程（机器人、NLP 等）、生物学（神经系统科学）和心理学（认知科学）。本章从计算机视觉以及模式识别角度，介绍开发实时图像处理的工具的使用[7]，探索数字图像成像原理和视频处理技术，掌握人脸识别原理和人脸识别项目实战应用。

## 7.1　OpenCV 的安装及环境配置

OpenCV 的全称是 Open Source Computer Vision Library，是一个跨平台的计算机视觉库。OpenCV 是由英特尔公司发起并参与开发，以 BSD 许可证授权发行，可以在商业和研究领域中免费使用。OpenCV 可用于开发实时的图像处理、计算机视觉以及模式识别程序。

OpenCV 项目最早由英特尔公司于 1999 年启动，致力图像处理相关的任务，它的目标在于：

1）为推进机器视觉的研究，提供一套开源且优化的基础库。

2）提供一个共同的基础库，使开发人员的代码更容易阅读和转让，促进了知识的传播。

3）通过提供不需要开源或免费的软件许可，促进商业应用软件的开发。

可以在 http://opencv.org/downloads.html 上下载各种版本的 OpenCV 源码，Windows、Linux/Mac、iOS、Android 都有相应的版本，所以 OpenCV 可以满足在各种操作系统下的开发。一般来说现有的无人驾驶智能车视觉信息认知计算研究团队都是在 Windows 和 Linux 平台下开发。目前 OpenCV 最新发布的是 OpenCV 3.0 BETA 版本（这是一个公测版本），本书所有的视觉算法是基于 OpenCV 2.4.3 版本实现的。

OpenCV 下载后安装极其简单，下面是一个以 OpenCV 2.4.3 版本为例的具体安装过程。

OpenCV 下载后是一个可执行文件（.exe 文件），如：

OpenCV.exe，安装的时候只需要直接运行这个可执行文件，运行后得到如图 7-1 所示的安装路径选择界面，安装过程实质就是一个解压过程。

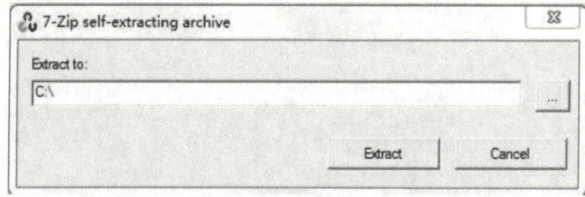

图 7-1　OpenCV 解压路径

OpenCV 安装完之后还需要进行环境配置才能使用，这里是以 Windows7+Microsoft Visual Studio 2010 下 OpenCV 2.4.3 的环境配置为案例进行介绍。

### 1. 设置 OpenCV 环境变量

OpenCV 库函数需要通过用户环境变量调用所需要的库文件。单击："开始"→"计算机"（右击）→"属性"→"高级系统设置"→"高级"→"环境变量"，在用户变量里新建一项：

变量名：Path

变量值：C:\opencv\build\x86\vc10\bin

如果已经有 Path 项，在其变量值结尾添加英文分号"；"，然后在分号后面添加上面的变量值。也可在系统变量中找到 Path 变量进行上述的操作。这里的"x86"代表目标程序是 32 位的，如果要写 64 位的程序则选择"x64"文件夹。后面的"vc10"代表使用 Microsoft Visual Studio 2010 开发。环境变量设置完毕之后注销用户，重新登录 Windows，保证环境变量更新并起作用。

### 2. 创建 Microsoft Visual Studio 2010 项目

打开 Microsoft Visual Studio 2010，新建一个项目，选择"Visual C++→Win32→Win32 Console Application"，命名例如"OpencvTest"。确定后将进入 Win32 应用程序向导，单击"下一步"按钮，进行应用程序设置，应用程序类型只选择控制台应用程序，附加选项勾选预编译头，因为程序中需要调用一些 C++ 的库函数，所以最好勾选预编译头，最后单击"完成"按钮。那么一个 Microsoft Visual Studio 2010 项目就创建好了，接下来只需要对项目进行配置，便可以对 OpenCV 的库函数进行调用了。

## 7.2 图像分类

百闻不如一见，科研统计表明，人类从外界获得的信息约有 80% 来自图像。照片、电影、电视、图画等都属于图像的范围。图像是人们体验到的最重要、最丰富、信息量获取最大的部分。我们来对比看看图像和文字给人带来的不同冲击。

> 中国的长城是人类文明史上最伟大的建筑工程，它始建于 2000 多年前的春秋战国时期，秦朝统一中国之后连成万里长城。汉、明两代又曾大规模修筑。其工程之浩繁，气势之雄伟，堪称世界奇迹。如今当您登上昔日长城的遗址，不仅能目睹逶迤于崇山峻岭之中的长城雄姿，还能领略到中华民族创造历史的大智大勇。
>
> 长城的主体工程是绵延万里的高大城墙，大都建在山岭最高处，沿着山脊把蜿蜒无尽的山势勾画出清晰的轮廓，塑造出奔腾飞跃、气势磅礴的巨龙，从而成为中华民族的象征。在万里城墙上，分布着百座雄关、隘口，成千上万座敌台、烽火台，打破了城墙的单调感，使高低起伏的地形更显得雄奇险峻，充满巨大的艺术魅力。

这是对长城的一段文本描述，一共有 260 个字左右，详细地描述了长城的雄伟壮丽，但大家在看到这段文字的时候，需要对文本进行详细的阅读，完整阅读这段文字大概需要 3 分钟左右，之前看过长城的同学，可能会在脑海中浮现出长城的模样，但没有看过长城的人，只看文本，很难对长城有一个直观的认识，那么我们是怎么认识到长城的呢？

答案是看到的！通过大家看到的长城的图片，如图 7-2 所示，在看到图片的一瞬间，3 秒内获得的信息，就比刚才看 3 分钟的文字获取到的信息还要多。

图 7-2 长城图片

所以，视觉非常重要，对我们理解与认识这个世界有不可或缺的作用。在人工智能的时代，让计算机更快获取更多的信息越来越重要，要想达到这一点，就需要让计算机也拥有视觉，也能看到并理解这个丰富多彩的世界带来的各种各样的信息。

### 7.2.1 数字图像成像原理

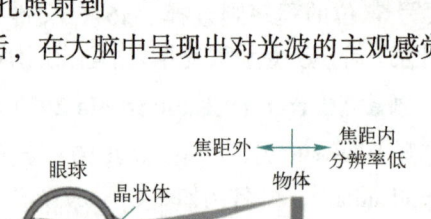

能够看到物体最重要的前提是有光。

光波撞击在我们周围的物体上，物体吸收一部分频率的光波，将剩余的光波进行反射。反射的光波，经瞳孔照射到视网膜上，刺激中枢有关部分进行编码加工和分析后，在大脑中呈现出对光波的主观感觉，如图 7-3 所示。

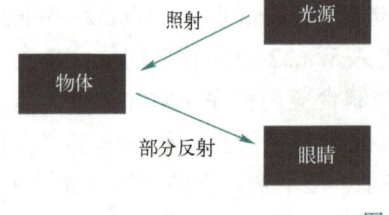

图 7-3　眼睛认识物体

举个例子，如图 7-4 所示，看到的苹果是红色的，那么是怎么看到红色的呢？

首先，苹果本身是不发光的，是其他发光物体的光线照射到苹果上，苹果进行的反射，不过，这里要注意的是，光线，例如太阳光，是由多种不同的光复合而成的，最常见的例子就是，阳光经过三棱镜后的色散，会有赤橙黄绿蓝靛紫几束不同的光，这些波在复合后才是我们平时看到的阳光。

图 7-4　苹果示例

所以，照射在苹果上的不是单纯单一颜色的光，而是由多种颜色组成的复合光波，由于苹果自己本身的特点，苹果会将红色的光反射出去，同时吸收掉其他波长，也就是其他颜色的光，反射的红色射入到我们的眼睛，这才形成了看到的苹果是红色的现象，所以苹果之所以呈现出红色，是因为苹果最不喜欢红色，这也是一个有趣的知识，如图 7-5 所示。

人们能够看到物体的关键是光，并且光可以组合起来。那么光的本质是什么呢？早期的哲学家和宗教人士认为，物理世界是由原子和时间组成，最基本的原子分别是土、水、火和空气，而光线是高速的火原子流。当火原子以不同速度运动、以不同形式组合时，光粒子可以展现不同的特征。著名科学家牛顿在 1675 年的《解释光属性的假说》中提到光是由光源向四面八方发射的微粒组成的，而光的衍射则被解释为光粒子移动于以太所产生的局部波造成。几乎同时间的另一名著名科学家，罗

图 7-5　眼睛看到苹果示例

伯特·胡克（Robert Hooke），他认为光线在一个名为发光以太的介质中以波的形式四射，波动说可以很好地解释光的衍射，但波动理论的弱点在于，光波类似于声波，传播需要介质。这种介质没有通过实验去验证。著名的物理学家麦克斯韦发现电磁波会以恒定速度传播，而且这个速度恰好等于光速。正是从这一点出发，麦克斯韦得出了光是一种电磁波的结论。20多年后，赫兹用实验证实了电磁波的存在，测得电磁波的传播速度的确与光速相同，同时电磁波也能够产生反射、折射、干涉、衍射、偏振等现象，从实验中证明了光是一种电磁波。至此，终于知道了光是一种电磁波，由互相垂直的电场与磁场振荡组成，在空间中以波的形式传递能量和动量，既然看到的颜色是光反射形成的刺激，那么红色的光也就是一种电磁波了。

其实生活中存在着各种各样的电磁波，例如通信用的手机信号、WiFi、平时生活中常常听到的红外线、紫外线、去医院体检会遇到的X射线等，都是电磁波，既然看到的颜色是一种电磁波，那么为什么无法看到WiFi信号呢？

这是因为，电磁波根据波长与频率的不同，呈现出不同的特点，人的眼睛可以感受到电磁波的范围其实很小，大概的波长范围在360～400 nm至760～830 nm之间，如图7-6所示，只有波长在这个范围内的电磁波才能被人类所看到，其他的电磁波虽然存在，却无法被人的大脑识别为颜色。正常视力的人眼对波长约为555 nm的电磁波最为敏感，这种电磁波处于光学频谱的绿光区域。

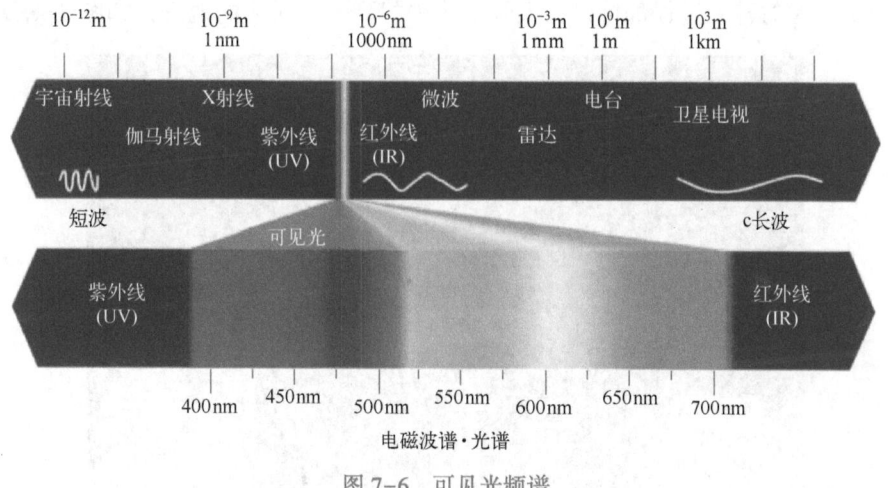

图7-6 可见光频谱

之前介绍的只是形成人眼识像的基础，光波，也就是电磁波照射到人眼后，是怎么对大脑产生刺激的呢？从光的物理属性来看，光的颜色源自其本身的属性，也就是光的波长，但是从人作为一个生物来讲，它并不能完全解释人类是如何分辨颜色的。这其实取决于眼睛与大脑的结构，人眼看见的图像，是由物体的反射光通过瞳孔进入眼睛所形成的。角膜和晶状体同时作用，将进入眼睛的光线通过折射聚集在眼底视网膜上。视网膜表面覆盖有数百万个被称作"视锥细胞和视杆细胞"的感光细胞。视锥细胞负责对不同颜色，也就是不同波长的光线产生反应，用于颜色的区分；而视杆细胞负责对光线也就是光波的强度产生反应，用于区分光线的强度。

视锥细胞一共有3种，如图7-7所示，它们各自对可见光不同波段有不同的敏感度，分别对短波长、中波长、长波长最敏感，不同的光线条件给予3种视锥细胞不同的刺激强度，对应短波长的S视锥细胞，对蓝色最为敏感，对应中波长的M视锥细胞，对绿色最为敏感，对应长波长的 L 视锥细胞，对红色最为敏感。而视杆细胞，不同波长给予的刺激强度是一样的，但是它对光波的强度比较敏感。当接收到不同光照强度的光波时，视杆细胞就会产生反应，将光照强度产生的不同程度光信号，转化为可以让大脑产生刺激的生物电信号。这些生物电信号跟随视神经进入大脑，大脑再将其处理为图像。

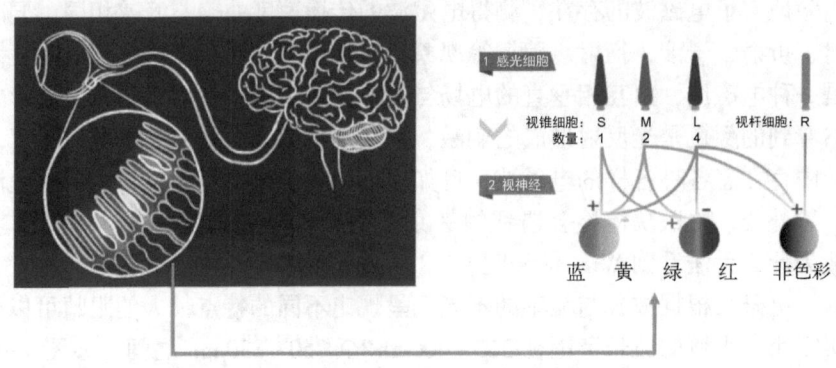

图 7-7　视锥细胞和视杆细胞

接下来了解一下数字成像的原理，即一张照片是怎么被拍摄出来的。和人眼识别图像的原理类似，数字成像的整个过程都可以在人眼识像中找到一一对应的地方，如图 7-8 所示。

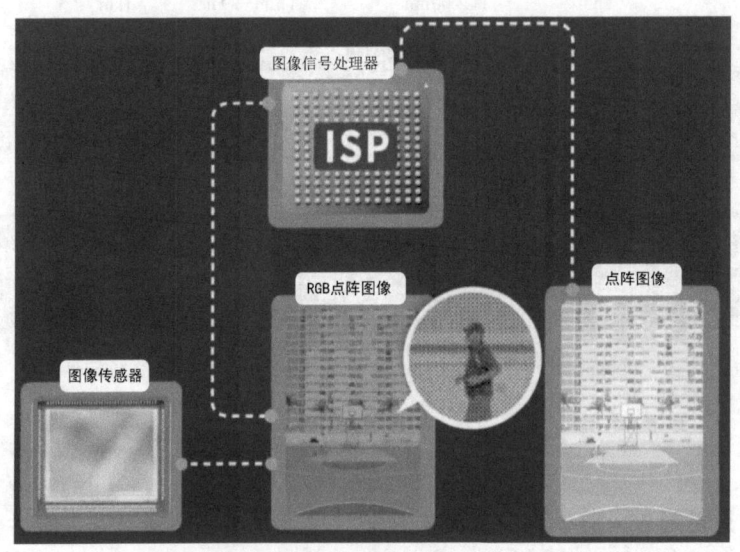

图 7-8　数字成像原理

例如，在人眼识像的过程中，光线通过瞳孔照射到眼球的视网膜中，在数字相机中，光线是通过光圈照射到 CMOS 图像传感器中的。接下来，在人眼识像的过程中，视觉神经将视锥细胞转换的生物电信号送入视觉中枢神经，让大脑呈现出图像；而在数字相机中，电路将 CMOS 芯片中光电二极管转换的电信号传入 ISP 图像信号处理器，将 RGB 点阵图像转换为对应的数字图片。

看一个例子，如图 7-9 所示，一张照片被拍摄出来的过程，比如，拿起手机，准备拍摄这样一张花园的照片，当按下拍摄按钮后，光线就经过镜头照射到 CMOS 芯片上，CMOS 芯片有上千万个"像素"结构，每个像素结构都是由一个光电二极管与放大电路组成，与人眼的视锥细胞类似，光电二极管在接收到光照时，会将光信息转换为电信号，于是，光电二极管组成的点阵上，每个点所接受到的光照信息都不一样，产生的电信号强度也不一样，以 9600 点阵大小为例，将 CMOS 像素整列中每个像素组合起来，就可以产出一张如图 7-9 右图所示的图片，可以看到，这张图片以黑白灰度点阵的形式呈现了希望拍摄的内容。

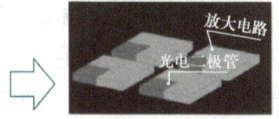

图 7-9　照片成像过程

这里没有颜色的原因是，单纯地使用光电二极管无法区分颜色，这里为了让不同的光电二极管可以识别到不同的颜色，采用在其上覆盖颜色滤镜的方法。

通过在光电二极管上覆盖红色、绿色，与蓝色的滤镜，就可以得到对应的颜色。

例如，如果光电二极管上覆盖了红色的滤镜，那么当复合光波通过颜色滤镜后，只有红色的光波会保留下来，其他颜色的光波会被吸收掉，这样这个光电二极管上电信号的强度，反应的就是红色光波的强度。同理，被绿色滤镜与蓝色滤镜覆盖的光电二极管，也反映了绿色光波与蓝色光波的强度。

这种覆盖了红、绿、蓝三种颜色的光电二极管整列的排列，学名为"拜耳色彩过滤阵列"，如图 7-10 所示，可以看到，红色、绿色、蓝色三种颜色排列的顺序是 1∶2∶1，为什么绿色会多一些呢，大家还记得人眼对什么波长的电磁波最为敏感呢？答案是波长约为 555nm 的

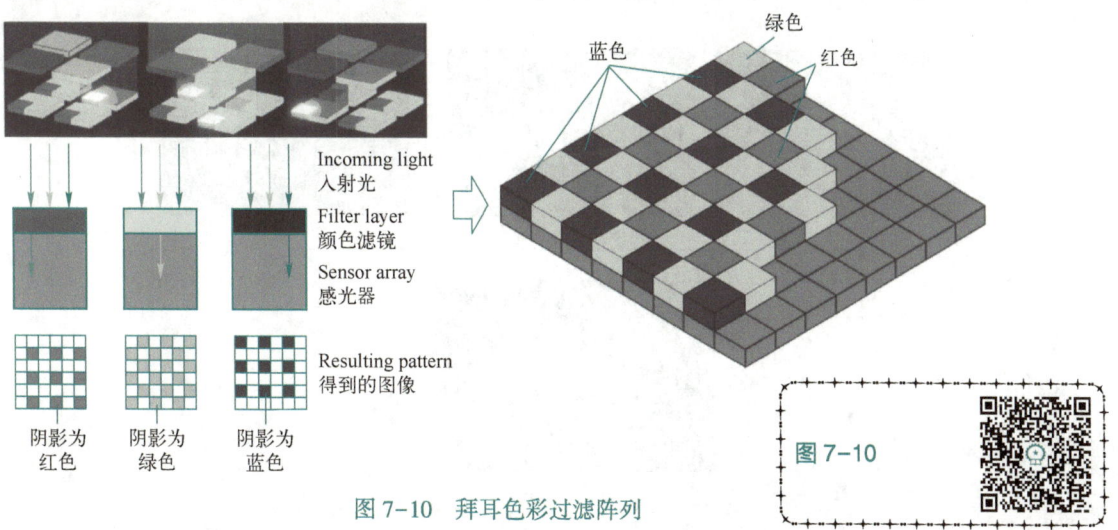

图 7-10　拜耳色彩过滤阵列

电磁波，这个波长的电磁波所处的颜色范围就是绿色，所以绿色滤镜最多的原因是人眼对绿色较为敏感。

当为光电二极管覆盖上颜色滤镜后，由于一个点只可能有红色信息、蓝色信息或者绿色信息，所以就可以得到三张图片，分别是：有部分纯红色点信息的图片、有部分纯绿色点信息的图片、有部分纯蓝色点信息的图片，将这三张纯色的图片合为一张，就可以得到图 7-10，可以看到，这样的照片和试图拍摄的花园风景已经比较接近了，但是仍有一些问题等待接近，那就是每个点只有一种颜色，这 9600 个像素点中，4800 个只有绿色信息，2400 个只有红色信息，2400 个只有蓝色信息，现在还缺 4800 个绿色子像素，7200 个红色子像素，以及 7200 个蓝色子像素，缺的颜色怎么办？靠"猜"，具体而言，就是采用插值算法，选取周围具有颜色的点的强度信息，通过平均值，选取自己应该具有的颜色。

当对图像中缺失颜色的点通过插值算法补充颜色后，如图 7-11 所示，就可以得到如下三张图片，分别是：充满红色强度信息的图片，充满绿色强度信息的图片，充满蓝色强度信息的图片，再将这三张图片合为一张，就可以得到一张完整的图片了，这个过程称为逆拜耳，也称为逆马赛克，如图 7-12 所示。例如一个 9600 像素 CMOS 得到的图像，有许多不平滑的地方。

图 7-11　插值算法

图 7-12　逆拜耳过程

同学们的相机一般有上百万上千万的像素，就可以得到平滑漂亮的图片了。可以发现，计算机之所以能够生成一张图片，与人眼识像类似，是因为光线反射到相关的电子元器件，进行模数转换得到的。

## 7.2.2 数字图像基础

平时人们频繁地使用计算机、手机，通过屏幕，可以看到丰富多彩的文字、图像、视频，那么屏幕是怎么展示出如此丰富的色彩的呢，这一小节的内容就会学习数字图像的基础，来了解屏幕显示图像背后的奥秘。

先用一句话总结——大多数计算机中的文字和图像都是以像素的形式显示的。显示字符的本质也是显示图像——每一个汉字、英文字符都是以像素的形式在屏幕上输出。像素可以简单地理解为一个点，每个点代表一个颜色。当许许多多的点组合排列整齐成为一个矩形的时候，就形成了一张图像。

例如图 7-13 所示，眼睛部分放大 20 倍以后，其实就是一个个的小格子了，平时看不出来，是因为格子太小的原因。

在日常生活中，以像素形式组成图形和文字的不仅仅是计算机，还包括经常见到的十字绣，用专用的绣线和十字格布，利用经纬交织的搭十字的方法，把十字格布上的每一个孔都穿上不同颜色的线，以呈现出美丽的图案，做工精细的多色十字绣几乎可以模拟照片的视觉效果。

图 7-13　像素示例

所以，现在了解到在计算机、手机上显示的图片是由一个个的像素点所组成的，那么在指定大小面积的区域上，如果放入像素点来铺满这个区域，放入的像素点越多，每个像素点的面积也就越小，如果放入的像素点越少，每个像素点的面积也就越大。很明显，如果像素点的面积越大，人的眼睛就会更容易发现像素点的存在，图像也就显得越粗糙，如果像素点的面积越小，那么像素点就更不容易被发现，图像也就显得越精细。

同样面积的图片，如果像素点越多，就越清晰，如图 7-14 所示，很明显，左边的图像更加清晰，左边图像有 398400 个像素点，而右边的图片只有 25730 个像素点，为了比较直观地获得图片的清晰程度与大小，把一张图片横向有多少个像素点、竖向有多少个像素点并列起来，称为图像的分辨率。针对这两张图而言，左边图像的分辨率为 600×664，表示图像是由横向有 600 个点、竖向有 664 点的像素点矩阵组成的，而右边图片的分辨率为 155×166。

600×664px

155×166px

图 7-14　分辨率对比

计算机除了显示一张一张动态的图片之外，更重要的是，需要显示动态的内容。平时在手机上滑动屏幕，计算机上移动鼠标，都是屏幕上的动画效果，所以与静态的十字绣不同，计算机额外要解决的问题是它要显示的内容是动态的、变化的。如果说手机、计算机的显示屏由于像素太小导致看不出它的工作原理，那么一定见过 LED 显示屏并且看得懂。这种显示屏称为"发光二极管显示屏"，这种单色显示屏由一种颜色的发光二极管组成，由驱动电路决定每一个二极管的亮或灭，每一个二极管可以被称为一个"像素"。当快速控制指定的灯的亮与灭，就可以控制出点阵屏幕显示不同的内容；当每一个灯在指定的时间快速地闪烁，就可以呈现出移动的汉字，单色显示屏的颜色由发光二极管的颜色决定。人们当然不可能满足单色显示，怎样才可以实现一个发光二极管发出各种颜色的光呢？

最简单的方式就是把三种颜色的发光二极管组合到一起，这三种颜色就是三原色——红色、绿色和蓝色。这三个二极管以不同的亮度发光，就可以组合成多种颜色，在现实中这三个二极管被组合到一起。在多色发光二极管中，可以同时发出红色、蓝色、绿色的光，并且根据电压的大小，可以控制三种颜色光的占比程度，从而发射出不同的颜色。

如图 7-15 所示的户外显示屏很多就是采用这种显示原理的，这种显示屏上采用的发光二极管单个体积越小、数量越多，显示的图形效果就越细腻和丰富，平时看到一个大型广告屏幕，可能是由几百万个小小的发光二极管组成的阵列。

图 7-15　点阵牌

把发光二极管做的很小、很薄，就可以用于手机和计算机屏幕，一些手机如 iPhone X 就采用了有机发光二极管（Organic Light-Emitting Diode，OLED），这种发光二极管可以做得很小、很薄，例如把手机屏幕放大 10 倍，就已经可以看到屏幕上有一些小点了。

如若把文字部分再放大 5 倍，就可以更清晰地看到在手机屏幕上看起来很漂亮和很光滑的文字，如图 7-16 所示，其实是由一个个小白点组成的，例如，D 这个字母，大概就有将近 100 个点组成。

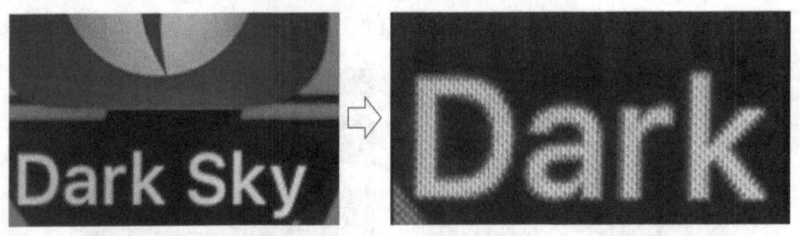

图 7-16　屏幕像素点

OLED 屏幕上每一个像素都由三个发光二极管组成，它们像灯泡一样会老化，老化的发光二极管的亮度会发生衰减；如果一个显示屏长期显示一幅画面，则屏幕上的发光二极管老化程度会不一样。这就带来 OLED 显示屏的硬伤——俗称"烧屏"，有时也称它为"残影"。好在这种情况多出现在一些长时间、高亮度显示同一个画面的手机上。OLED 是最近一些年才出现的新技术，还存在成本高、工艺不成熟的缺点。因此现在使用的电视机、显示器主要还是以

LCD 为主。

每一个液晶显示器都由数百万个这样的三色单元组成，最终成为在屏幕上看到的图像。无论何种类型的显示器，它的每一个像素都是由三种颜色的点组成，这三种颜色分别是红色、绿色和蓝色。理论上，这三种颜色的亮度被设置为 0~255 级，这样三种颜色的不同亮度可以有 256×256×256 种组合，也就是说每一个点可以组合成 16777216 种颜色，这实际上已经超过了人眼对颜色的分辨力。

怎么通知显示器显示什么内容呢？

显示器里有一块被称为"驱动板"的电路，如图 7-17 所示，它一方面控制着显示面板上的每一个子像素的亮灭，另一方面通过 VGA/HDMI/DVI 这些接口与主机的显卡连接，接收主机输出的显示信号。液晶屏驱动板常被称为 A/D，这从某种意义上反映出驱动板实现的主要功能所在。液晶屏要显示图像，需要数字化的视频信号，液晶屏驱动板正是完成从模拟信号到数字信号转换，或者从一种数字信号到另一种数字信号转换，并在图像控制单元的控制下去驱动液晶屏显示图像的功能模块。液晶屏驱动板上通常包含主控芯片、MCU 微控制器、ROM 存储器、电源模块、电源接口、VGA 视频信号输入接口、OSD 按键板接口、高压板接口、LVDS/TTL 驱屏信号接口等几部分。液晶屏驱动板如图 7-17 所示，从计算机主机显示卡送来的视频信号，通过驱动板上的 VGA 视频信号输入接口送入驱动板的主控芯片，主控芯片根据 MCU 微控制器中有关液晶屏的资料控制液晶屏显示图像。同时，MCU 微控制器实现对整机的电源控制、功能操作等。因此，液晶屏驱动板又称为液晶显示器的主板。

图 7-17 液晶屏驱动板

与大多数人想象的不一样的是——显示器并不是一次性控制显示面板上所有像素的颜色，而是一次控制"一行"，自上至下地控制显示面板上每一行像素，周而复始。由于刷新的速度很快（一秒钟 60 次），因此你不会看到屏幕在闪烁，这被称为屏幕的刷新率。

这是因为对于人眼来说，视觉刷新频度为 60 Hz 以上时感觉到连续画面，但视觉刷新频度越高，所显示的图像越稳定，人眼不易疲劳。现在，高品质的视频是用每秒 1000 Hz 以上的高速摄像机拍摄的，以获得更细致的画面，如精彩的慢放和特写摄影等。

为了控制显示屏上千万个像素在极短的时间内进行亮和灭，还需要一个专用的设备进行计算，这就是显卡，如图 7-18 所示，显卡的职能是将要显示的图形或文本转换成可以驱动显示器的电信号。

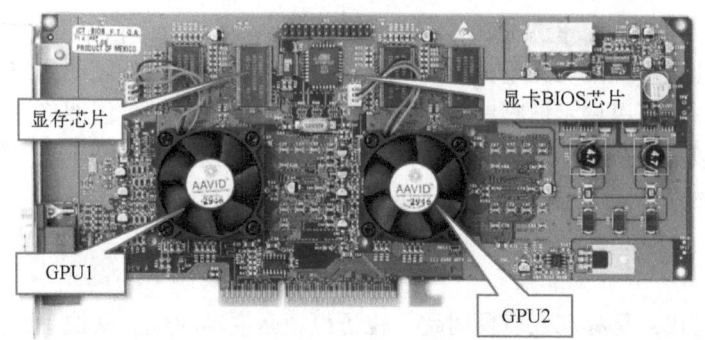

图 7-18 显卡示例

图形处理器（Graphics Processing Unit，GPU）负责将中央处理器（Central Processing Unit，CPU）送来的影像资料处理成显示器可以了解的格式，再送到显示屏上形成影像，它是从计算机获取资讯最重要的管道。因此显卡及显示器是计算机最重要的部分之一。正如刚才学习到的，图像是由很多个小点组成的。在最常见的计算机、手机显示屏，同时显示几百多万个甚至上千万个像素，计算机必须决定如何处理每个像素，以便生成图像。为此，它需要一位"翻译"，负责从 CPU 获得二进制数据，然后将这些数据转换成人眼可以看到的图像。除非计算机的主板内置了图形功能，否则这一转换是在显卡上进行的。我们都知道，计算机是二进制的，也就是 0 和 1，但是总不能直接在显示器上输出 0 和 1，所以就有了显卡，将这些 0 和 1 转换成图像显示出来。

在前面，学习到了屏幕是由许许多多的像素点构成的，也了解到，图片的存储方式也是由一个个小点组成的，这样存储的图片称为位图。

位图图像（Bitmap），亦称为点阵图像，是由称作像素点组成的。这些点可以进行不同的排列和染色以构成图样。当放大位图时，图像会出现边缘锯齿或者出现马赛克现象。适用于比较细致、层次色彩比较丰富的图像，比如照片和图画等。

而数字图像还有另外一种存储方式，称为矢量图。矢量图是根据几何特性来绘制图形，矢量可以是一个点或一条线，矢量图只能靠软件生成，文件占用内存空间较小。它的特点是放大后图像不会失真，适用于图形、文字设计和一些标志、版式设计等。

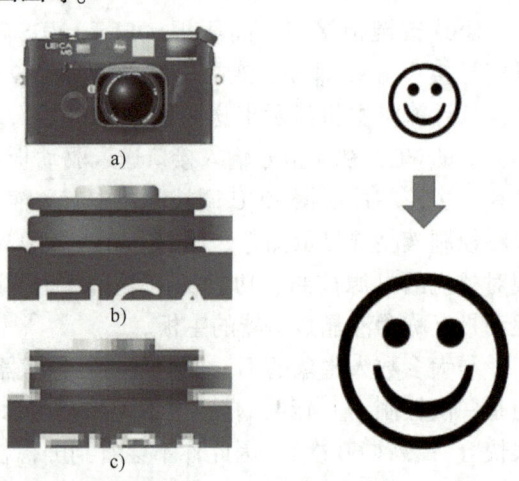

图 7-19 矢量图与点阵图

从图 7-19 中可以看到矢量图形和位图的显示效果示例：图 7-19a 是原始矢量图；图 7-19b 是矢量图放大 8 倍；图 7-19c 是位图放大 8 倍。位图的放大质量较差，但是矢量图可以不降低质量地无限放大。举个例子，点阵图放大时，由于原来显示在 1000 个像素点的图像，需要平铺在 10000 个像素点上，有 9000 个像素点需要填充颜色，简单的方法就只能将原来像素点的颜色放大 10 倍，这样就会显示出比较大的锯齿感，使得图像看起来比较模糊与粗糙。与之对比，矢量图存储的是绘图指令，例如，程序绘制一个半径为 $r$ 的圆所需的主要信息是：半径 $r$，圆心坐标，轮廓的样式与颜色，填充的样式与颜色，这样在放大图像时，放大的是半径 $r$，而图像本身会重新进行绘制，这就使得矢量图放大任意倍数，都可以保持图像清晰。这里，仍需要注意的是，矢量图显示在屏幕上时，仍然是由像素点组成的。

最后，来对比看下位图与矢量图的优缺点。从特征上来看，位图图像能较好表现色彩浓度与层次，而矢量图形可以展示清晰线条或文字；从用途上来看，位图图像适合于照片或复杂图像，矢量图形比较适合文字、商标等相对规则的图形；两者在放大的形变问题上区别比较大，位图放大时容易失真，而矢量图放大时仍可以保持清晰。

### 7.2.3 视频处理基础

如今所处的时代，是移动互联网时代，也可以说是视频时代。从快手到抖音，从腾讯视频到 B 站，人们的生活被越来越多的视频元素所影响。那么同学们有没有思考过，与静态的图片对比起来，视频为什么是动的呢？同样一部电影为什么清晰度越高，消耗的流量越多呢？通过这一节来了解视频背后的奥秘。

要了解视频，要先学习到什么是人眼的视觉残留机制。视觉残留机制指的是光对视网膜所产生的视觉，在光停止作用后，仍然保留一段时间的现象。如同学们小时候可能玩过的小鸟进笼子的小玩具，通过在白纸的一面画上鸟笼，一面画上鸟，快速转动，那么当对鸟的视觉仍然存在时，同时又看到了鸟笼，就产生了鸟飞进了鸟笼的视觉体验，如图7-20所示。

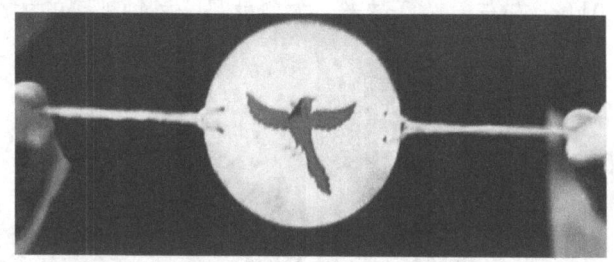

图7-20 视觉残留

其实日常使用的日光灯每秒大约熄灭100余次，但基本感觉不到日光灯的闪动，这都是因为视觉残留的作用。所以，要达成最基本的视觉残留效果至少需要每秒钟变化10次。

那所谓视频，例如动画，动画是怎么动起来的呢？没错，大量的图片连续显示起来，利用视觉残留机制，就是视频。例如一本动画书，每一张图都是静止的卡通画，但是当人们快速地翻动书页时，由于视觉残留机制，让我们对连续有前后关系的静止画面产生了动态的感觉。所以连续快速切换的卡通画就是动画，那么就可以认为连续快速切换的照片就是视频了。

既然视频是连续动起来的图片，那么视频也具有图片同样的属性。与图片一样，视频的分辨率也是指画面横着有多少个像素点，竖着有多少个像素点，分辨率越大，那么视频显示在屏幕上时，需要渲染的部分就越少，那么视频也就是越清晰，相应地，视频文件也就越大。

由于视频是连续动起来的图片，所以除了分辨率这个指标以外，视频还有一个额外的指标——帧率，帧率越高，视频就越流畅。在视频中，一个帧，就是指一幅静止的画面。帧率（Frame Per Second，FPS），就是指视频每秒钟包括的画面数量，一般地，帧率为24，是人眼感觉视频不卡顿的最低帧率。

可以发现，一个视频一秒钟就有几十张图片，那么我们看的视频文件，真的就是一张张图片么？答案是否定的，视频不单纯是一张张图片，而是经过"编码"的文件，为什么要编码，涉及两个问题：一是存储；二是传输。可以看到，都和文件的大小有关。

之所以会有视频编码，关键就在于：一个视频，如果未经编码，它的体积是非常庞大的。以一个分辨率为1920×1280，帧率为30的视频为例：一张图片共有超过200万个像素，按每个像素点是24 bit大小进行计算，也就是：每幅图片约有4800万Byte，这大概是6.22 MB；帧率为30，也就是一秒有30张图片，6 MB乘以30，也就是180 MB，所以每秒钟视频就有180 MB，每分钟大约是11 GB，一部时长90分钟的电影，大概就是1000 GB，这样算下来，大家的计算机一部电影都放不下，如果使用流量来观看，那么流量费可能是一个天价。而我们平时看一部90分钟的高清电影，大小约为2 GB，比算出来的1000 GB无疑是小很多。将一个非常大的连续图片集合转换为较小的视频格式的过程，称为编码。

编码就是按指定的方法，将信息从一种形式（格式），转换成另一种形式（格式）。视频编码就是将一种视频格式，转换成另一种视频格式。编码的终极目的，就是为了压缩。各种视频编码方式，都是为了让视频看起来清晰的同时变得体积更小，有利于存储和传输。

视频编码主要是在空域与时域上对图像进行压缩，空域压缩指的是将图片分割为宏区块，如图 7-21 所示，相同或者接近的重复宏区块就可以采取复用的方式，时域压缩指的是宏区块在多帧图像之间复用，比如有前后关系的图片，部分区域没有发生变化，就可以同样采用复用的方式。尽管采用了压缩算法，视频经过编码后仍会有一定的体积，把一秒钟视频的体积大小称为码率，很明显码率越高，压缩比越低，视频也就越清晰。一般的在线平台，如果视频是高清的，码率一般在 4500 kbps 左右，换算过来，大概就是一秒钟视频的大小约为 5 MB。

图 7-21 视频编码压缩

用时域压缩举个例子，如果一段 1 分钟的视频，有十几秒画面是不动的，或者有 80% 的图像面积，整个过程都是不变的。例如大家平时看的一段舞蹈动画，在整个动画过程中，只有人物在跳舞，而背景是不动的。那么，是不是可以只存储人物跳舞的这块区域，而背景的存储开销，就可以节约掉了呢？是的，实际上在视频压缩算法中，就是这样做的，会采用复用的方式，在不同的时间、空间上进行复用。

经过时域压缩后的帧，被分为以下三类，如图 7-22 所示。

I 帧：自带全部信息的独立帧，是最完整的画面（占用的空间最大），无须参考其他图像便可独立进行解码。

P 帧：帧间预测编码帧，需要参考前面的 I 帧和/或 P 帧的不同部分，才能进行编码。P 帧对前面的 P 和 I 参考帧有依赖性。但是，P 帧压缩率比较高，占用的空间较小。

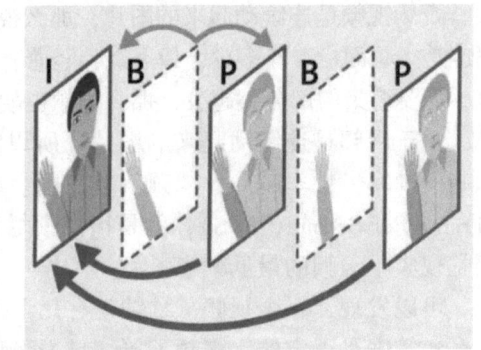

图 7-22 编码帧的种类

B 帧："双向预测编码帧"，以前帧和后帧作为参考帧，所以，它的压缩率最高。不过，因为依赖后面的帧，所以不适合实时传输（例如视频会议）。

所以，对 I 帧的处理，是采用帧内编码方式，只利用本帧图像内的空间相关性。而对 P 帧和 B 帧的处理，采用帧间编码（前向运动估计），同时利用空间和时间上的相关性。

最后再说标准。任何技术，都有标准。自从有视频编码以来，就诞生过很多视频编码标准。提到视频编码标准，先介绍几个制定标准的组织。首先，就是大名鼎鼎的国际电信联盟（International Telecommunication Union，ITU）。ITU 下辖三个部门，分别是无线电通信部门，电信标准化部门，电信发展部门，其中制定编码标准的就是电信标准化部门。除了 ITU 之外，另外两个和视频编码关系密切的组织，是国际标准化组织（International Organization for Standardization，ISO）和国际电工委员会（International Electrical Comission，IEC）。

1988 年，ISO 和 IEC 联合成立了一个专家组，负责开发电视图像数据和声音数据的编码、解码和它们的同步等标准。这个专家组，就是大名鼎鼎的动态图像专家组（Moving Picture Expert Group，MPEG）。

三十多年以来，世界上主流的视频编码标准，如图 7-23 所示，基本上都是这几个组织提出来的：

1）ITU 提出了 H.261、H.262、H.263、H.263+、H.263++，这些统称为 H.26X 系列，主要应用于实时视频通信领域，如会议电视、可视电话等。

2）ISO/IEC 提出了 MPEG1、MPEG2、MPEG4、MPEG7、MPEG21，统称为 MPEG 系列。ITU 和 ISO/IEC 一开始是各自独立工作，后来，两边成立了一个联合小组，称为视频联合工作组（Joint Video Team，JVT）。

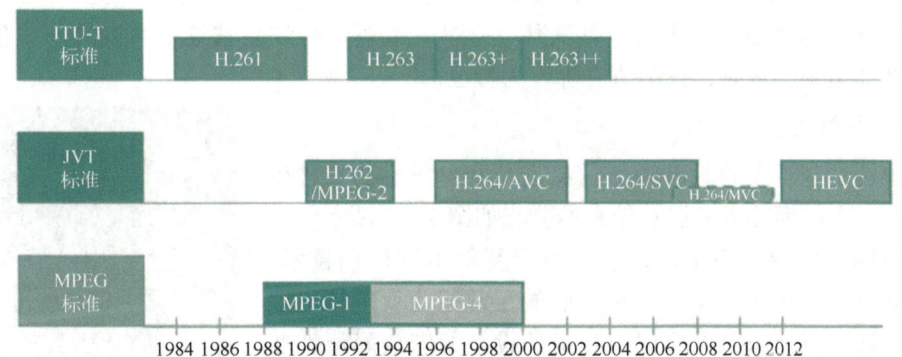

图 7-23　视频编码标准

目前，最新的编码标准为 HEVC，也就是现在风头正盛的 H.265。作为一种新编码标准，相比 H.264 有极大的性能提升，目前已经成为最新视频编码系统的标配。

对于任何一部视频来说，只有图像，没有声音，肯定是不行的。所以，视频编码后，加上音频编码，要一起进行封装。封装就是封装格式，如图 7-24 所示，简单来说，就是将已经编码压缩好的视频轨和音频轨按照一定的格式放到一个文件中。再通俗点，视频轨相当于饭，而音频轨相当于菜，封装格式就是一个饭盒，用来盛放饭菜的容器。目前主要的视频容器有 MPG、VOB、MP4、3GP、ASF、RMVB、WMV、MOV、DIVX、MKV、FLV、TS/PS 等。封装之后的视频，就可以传输了，也就可以通过视频播放器进行解码观看。

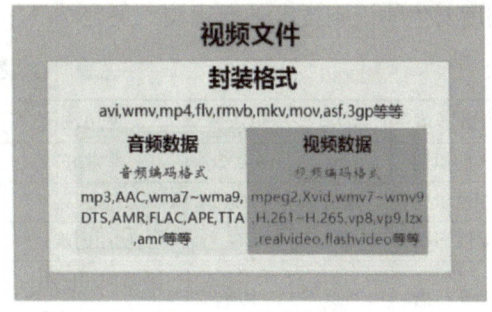

图 7-24　视频封装

## 7.3　人脸识别

### 7.3.1　人脸识别基础

**1. 概念**

人脸识别（Face Recognition）是计算机视觉领域的一个典型的应用，它基于计算机图像处理技术和生物特征识别技

9　人脸识别基础

术，提取图像或视频中的人像特征信息，并将其与已知人脸进行比对，从而识别每个人的身份。它集成了人工智能、机器学习、模型理论、视频图像处理等多样专业技术。

随着智能手机的快速普及，可以通过摄像头在手机上做基于人脸识别的身份注册、认证、登录等，使身份认证进程更安全、方便。由于人脸比指纹等视觉辨识度更高，所以"刷脸"的应用前景很广阔。

### 2. 生物特征识别技术

生物特征识别技术就是指通过人类生物特征进行身份认证的一种技术，生物特征通常具有唯一的（与他人不同）、可以测量或可自动识别和验证、遗传性或终身不变等特点。所谓生物识别的核心在于如何获取这些生物特征，并将其转换为数字信息存储于计算机中，利用可靠的匹配算法来完成验证与识别个人身份的过程。

生物特征中的生理特征主要包括人像、DNA、虹膜、指纹、掌纹、声音等与生俱来的特征，还包括如笔迹、步态、按键节奏等行为特征。

### 3. 人脸识别技术

人脸识别是基于人的脸部特征信息进行身份识别的一种生物识别技术。人的面部五官以及轮廓的分布如图7-25所示。这些分布特征因人而异，与生俱来。相对于其他生物识别技术，人脸识别具有非侵扰性，无须干扰人们的正常行为就能较好地达到识别效果。由于采用人脸识别技术的设备的安放隐蔽性非常好，能远距离非接触快速锁定目标识别对象，因此人脸识别技术被国内外广泛应用到公众安防系统中，应用规模庞大。

### 4. 生物识别技术比较

下面根据人脸识别、指纹识别、掌纹识别、瞳孔扫描与声音识别几个方面，从误认率、拒认率、易用性、处理速度几个维度对生物识别技术进行比较，见表7-1。

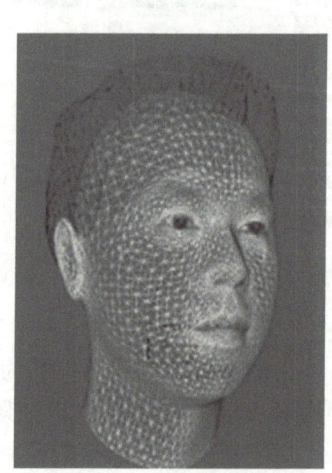

图7-25 人的面部五官及轮廓分布图

表7-1 生物识别技术比较

| 识别技术 | 误认率 | 拒认率 | 易用性 | 处理速度/人 | 评价 |
| --- | --- | --- | --- | --- | --- |
| 人脸识别 | 低 | <0.2 | 非常好 | <1秒 | 最好的生物识别技术 |
| 指纹识别 | 很低 | 5% | 好 | 5秒 | 较好的生物识别技术 |
| 掌纹识别 | 低 | 5% | 使用困难 | 5~15秒 | 易传染细菌，采样困难，设备昂贵 |
| 瞳孔扫描 | 很低 | 10% | 需培训后使用，操作难度大 | 仪器对准需3~5秒，手工要5~25秒 | 仪器对准价格昂贵，手工操作复杂，且不适用于隐形眼镜配戴者 |
| 声音识别 | 一般 | 一般 | 一般 | 3秒 | 可能被录音欺骗 |

### 5. 人脸识别技术特点

在当今众多的人体生物特征识别技术中，人脸识别技术以其实用性强、速度快、使用简单和识别精度高等特点，与其他人体生物特征识别技术相比较时占有明显的技术优势。因为人脸识别具有速度快、非侵扰，准确性高、直观易用等优点，特别是人脸识别无须干扰人们的行为，只需要从一架摄像机前很快走过即可快速地完成采集和检验，所以非常简便。而且，人脸识别技术具有良好的防伪、防欺诈的特点。

#### 6. 人脸识别技术应用模式

人脸识别技术有三种应用模式，它们是人像检索（DB-SCAN）模式、人像监控（Watchlist）模式和人像验证（Verification）模式，三种应用模式的应用方法与应用领域见表 7-2。

表 7-2 人脸识别技术三种应用模式的应用方法与应用领域

| 名称 | 应用方法 | 应用领域 |
| --- | --- | --- |
| 人像检索模式 | 输入一张照片，在人像图像数据库内检索出与之相似的照片供人工确认 | 公安应用中犯罪嫌疑人身份调查；出入境管理中人员身份核实；消费者、旅行者身份核实等 |
| 人像监控模式 | 从视频流中检测人像，并与人像数据库进行比对，自动确认人员身份 | 公安应用中的案犯追逃；重要部门出入口控制与考勤等 |
| 人像验证模式 | 输入两张照片，确定它们是否来自于同一个人 | 持证人身份核实、电子政务、电子商务、移动设备访问控制等 |

#### 7. 发展历程

（1）第一阶段

人类最早的人脸识别研究工作至少可追溯到 20 世纪 50 年代在心理学方面的研究和 20 世纪 60 年代在工程学方面的研究。有从感知和心理学角度探索人类识别人脸机理的，如美国德克萨斯大学达拉斯分校的 Abdi 和 Tool 小组，由斯特灵大学的 Bruce 教授和格拉斯哥大学的 Burton 教授合作领导的小组等。也有从视觉机理角度进行研究的，如英国的 Graw 小组和荷兰格罗宁根大学的 Petkov 小组等。

（2）第二阶段

关于人脸的机器识别研究开始于 20 世纪 70 年代。以 Allen 和 Parke 为代表，主要研究人脸识别所需要的面部特征。研究者用计算机实现了较高质量的人脸灰度图模型。这一阶段工作的特点是识别过程全部依赖于操作人员，不是一种可以完成自动识别的系统。

（3）第三阶段

第三阶段是人机交互式识别阶段。Harmon 和 Lesk 两人用几何特征参数来表示人脸正面图像。他们采用多维特征矢量表示人脸面部特征，并设计了基于这一特征表示法的识别系统。Kaya 和 Kobayashi 则采用了统计识别方法，用欧氏距离来表征人脸特征。但这类方法需要利用操作员的某些先验知识，仍然摆脱不了人的干预。

（4）第四阶段

20 世纪 90 年代以来，随着高性能计算机的出现，人脸识别方法有了重大突破，才进入了真正的机器自动识别阶段。在用静态图像或视频图像做人脸识别的领域中，国际上形成了以机器学习、深度学习为主的人脸识别方法。

### 7.3.2 人脸识别原理

10 人脸识别之用深度学习识别人脸

人脸识别本质上是身份识别，而要完成身份识别需要经过人脸识别的过程，包括人脸图像采集、人脸图像检测、人脸图像预处理、人脸图像特征提取（编码）、人脸图像匹配与识别（解码）和活体鉴别六个步骤，如图 7-26 所示。

#### 1. 人脸图像采集

人脸识别系统需要做的第一步工作就是针对人脸图像进行采集。采集人脸图像通常情况下有两种途径，分别是已存人脸图像的批量导入和人脸图像的实时采集。已存人脸图像的批量导

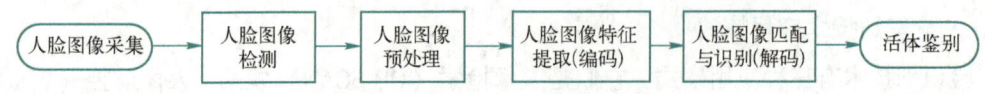

图 7-26 人脸识别过程的六个步骤

入是指将通过各种方式采集好的人脸图像批量导入到人脸识别系统中，人脸识别系统会自动完成人脸图像的逐个采集工作。人脸图像的实时采集是指通过调用摄像机或摄像头等摄像器材将人脸图像信息采集下来，它包括静态图、动态图、人体面部八个主要角度的图像信息、人体面部不同表情的图像信息等内容，用户处于摄像器材的拍摄范围内，设备会自动进行面部信息搜索并采集下相应的图像信息。

### 2. 人脸图像检测

人脸图像检测主要涉及以下两个方面的内容。

1）首先对将要检测的目标图像进行概率统计，然后得到要检测的目标图像的特征信息，最后建立关于要检测的目标图像的具体模型。

2）使用建立的目标检测模型来对输入的图像信息进行匹配，如果有相应的匹配内容，则输出匹配的区域部分，如果没有相应的匹配内容则停止输出。

人脸图像检测是人脸识别预处理过程中的其中一部分，在图像中准确地标注出目标对象的人脸位置和人脸尺寸。人脸图像中所包含的模式特征异常丰富，结构特征、颜色特征、直方图特征等特征信息都属于模式特征的一部分。人脸图像检测就是将这些信息过滤出来，并加以应用。

### 3. 人脸图像预处理

人脸图像预处理是指基于前一个阶段人脸图像检测的结果，对人脸图像进行进一步处理，以便为后续的人脸特征提取流程提供相应的服务。

在现实环境下采集图像，由于图像受到光线明暗不同、脸部表情变化、阴影遮挡等众多外在因素的干扰，使得系统获取的人脸图像会受到各种条件的限制和干扰而产生一定程度的变化，从而导致采集图像质量不理想，因此人脸图像的预处理在具体实施过程中，需要对系统采集到的人脸图像进行光线、旋转、切割、过滤、降噪、放大或缩小等一系列复杂的预处理，从而使得该人脸图像无论是从光线、角度、距离、大小等任何方面来衡量，均能够符合下一个处理流程中人脸图像的特征提取的标准要求。如果图像预处理做不好，将会严重影响后续的人脸特征提取与识别。常见的图像预处理的方法有灰度调整、图像滤波和图像尺寸归一化。

### 4. 人脸图像特征提取（编码）

人脸图像特征提取是指针对人脸的一些具体特征来提取。目前主流的人脸识别系统所使用的特征通常分为人脸视觉特征和人脸图像像素统计特征。特征提取的方法一般包括基于知识的人脸图像特征提取和基于代数特征的人脸图像特征提取。

以基于知识的人脸图像特征提取为例。因为人脸主要是由眼睛、额头、鼻子、耳朵、下巴、嘴巴等部位组成，这些部位以及它们之间的结构关系都可以用几何形状特征来进行描述，即每个人的人脸图像都可以有一个与之相对应的几何形状特征，可以作为识别人脸的重要差异特征，这也是基于知识的提取方法中的一种。

### 5. 人脸图像匹配与识别（解码）

人脸图像的匹配与识别是指将提取出来的人脸图像的特征数据信息与数据库中所存在的人脸特征模板进行搜索匹配，并计算出不同的相似度数值，接着再依据相似度数值的高低来对用户的身份信息进行精准判别。在此过程中，我们需要设定一个阈值，当通过搜索匹配计算出来的相似度超过了我们所设定的这个阈值，那么就输出匹配的结果。目前在进行人脸图像匹配的过程中，一般有两种匹配方式。

第一种方式是将两张图像进行一对一的匹配比较，通过提取两张图像上的人脸特征进行相似度对比，最终返回相对应的相似度得分，系统再根据特征匹配程度来决定是"拒绝"还是"接受"。它常用于判断两个输入人脸是否属于同一个人，从而进行身份信息的核实，也就是我们常说的"人脸验证"，这样的方式常用在身份识别、信息安全、相似脸查询和金融等应用查询领域。

第二种方式是将多张图片进行一对多的匹配比较，在大规模的人脸数据库中找出与待检索人脸相似度最高的一个或者多个人脸，系统通过预先创建的待查人员的面部特征索引，在数十万甚至上百万张人脸数据库图片中进行迅速查找，找到需要确定的某张图。此方式还可以使用视频流，目标对象进入视频识别范围后就会自动开始进行人脸识别的工作，也就是我们常说的"人脸检索"，这样的方式常用在身份确认、身份查询以及安全防护等应用场景中。

**6. 活体鉴别**

生物特征识别所面临的其中一个共同问题就是要对真正的生物体和非生物体进行活体鉴别。例如指纹识别系统需要鉴别出待识别的指纹信息是来自真人的手指还是指纹手套。人脸识别系统也面临这样的问题，它需要鉴别出所采集到的人脸图像，是来自真实的人脸还是含有人脸的照片。因此，投入实际应用的人脸识别系统需要再增加一项活体鉴别的环节。例如，系统会要求目标对象进行左右转头、眨眼睛、开口说话等动作，以便进一步进行活体鉴别。

### 7.3.3 人脸识别项目实战

#### 1. 人脸识别云平台

人脸识别云平台在各大互联网企业发展迅猛，这些企业有旷视科技、腾讯、阿里巴巴、百度等，如图7-27所示。它们大都基于 SOA 架构，以人脸识别技术为核心，是一个建立在开放式软硬件基础上的、相对独立的开发运行平台。平台主要包括系统管理、人脸特征认证、人脸特征数据库、认证接口组件等多个部分，对外提供人脸识别认证接口及管理接口，支持多种计算机网络应用系统的接入，可为用户提供集中、统一的人脸特征身份认证服务。

图 7-27　人脸识别云平台企业

#### 2. 飞桨 AI Studio 概述

本次项目实战案例是以百度飞桨 AI Studio 人工智能学习实训社区为基础。

11　人脸识别之 AI Studio 和 Notebook 篇

飞桨 AI Studio 是基于百度深度学习开源平台飞桨的人工智能学习与实训社区，提供在线编程环境、免费 GPU 算力、海量开源算法和开放数据，帮助开发者快速创建和部署模型，其网站首页如图7-28所示。根据 AI Studio 官方数据，其人工智能开发者已经达到将近100万，并积累了上万的实训项目，包含比赛基线、论文复现、GAN 网络系列、实战系列等，其中 Deepfake 图片唱歌、Deepfake 换脸等项目获得上万的开发者学习。

图 7-28　飞桨 AI Studio 首页

### 3. 飞桨 AI Studio 的基本操作

要基于 AI Studio 完成人脸识别实战项目的前提是需要了解 AI Studio 的基本操作，因为 AI Studio Notebook 是在 Jupyter Notebook 基础之上开发的。Jupyter Notebook 是一个开放源代码项目，定义的基于 web 的交互式编程方法已经逐渐成为全球数据科学、机器学习、深度学习领域的前端标准。通过 AI Studio Notebook，可以使用 Jupyter Notebook，完全不需要在自己的计算机上下载、安装或运行任何内容，只要有浏览器就可以直接使用了。

12　人脸识别之图像识别

由于 AI Studio 的基本操作比较简单，笔者就不在这里赘述了，请读者根据需要进入 https://aistudio.baidu.com/aistudio/projectdetail/2803679（AI Studio 基本操作（一）Notebook 篇）学习。具体实操界面如图 7-29 所示。

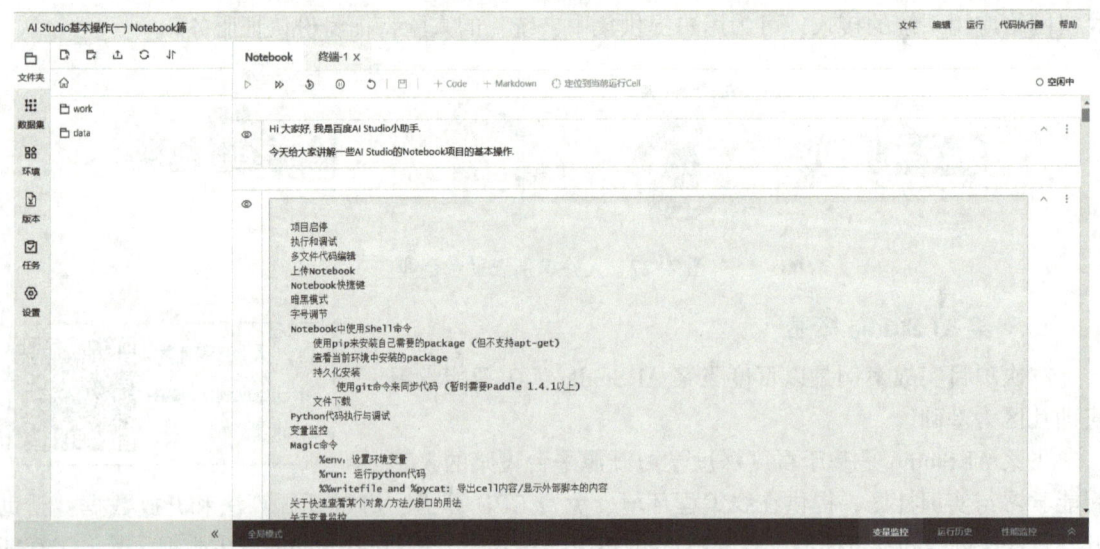

图 7-29　AI Studio 基本操作（一）Notebook 篇实操界面

### 4. 基于飞桨 AI Studio 的人脸识别案例

本次项目主要以实现人脸识别功能，将静态采集的人脸图像进行预处理、特征提取（编码）、人脸特征匹配和识别（解码）等，要求从数据准备、网络配置、模型训练、模型评估与模型预测等五个环节展开实践。

在飞桨 AI Studio 平台下，选择卷积神经网络模型训练评估模型后，完成人脸识别的开发流程如图 7-30 所示。

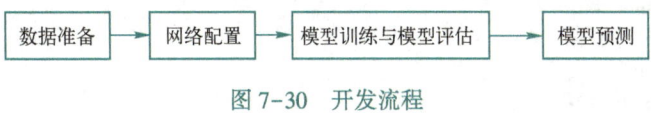

图 7-30　开发流程

（1）数据准备

数据集中原本有一些人脸图片，加入新的照片后构成新的数据集。总计 630 张图片，按照 9∶1 的比例进行划分，90%用于训练，10%用于测试。

自定义的数据集，首先要生成图像列表，把自定的图像分为测试集和训练集，并带有标签。下面的程序可以单独运行，只要把一个大类的文件夹路径传进去就可以了，该程序会把里面的每个小类别都迭代，生成固定格式的列表。比如我们把人脸类别的根目录传入../images/face，最后会在指定目录下面生成三个文件：readme.json、trainer.list 和 test.list。

准备数据部分的实操源码如下：

```
import os
import json
#设置要生成文件的路径
data_root_path = '/home/aistudio/images/face'
#所有类别的信息
class_detail = []
#获取所有类别保存的文件夹名称,这里是['zhangziyi', 'jiangwen', 'pengyuyan']
class_dirs = os.listdir(data_root_path)
#类别标签
class_label_dict = {'zhangziyi': 0, 'jiangwen': 1, 'pengyuyan': 2}
#获取总类别的名称
father_paths = data_root_path.split('/') #['', 'home', 'aistudio', 'images', 'face']
while True:
    if father_paths[father_paths.__len__() - 1] == '':
        del father_paths[father_paths.__len__() - 1]
    else:
        break
father_path = father_paths[father_paths.__len__() - 1]
#把生产的数据列表都放在自己的总类别文件夹中
data_list_path = '/home/aistudio/%s/' % father_path
#如果不存在这个文件夹,就创建
isexist = os.path.exists(data_list_path)
if not isexist:
    os.makedirs(data_list_path)
#清空原来的数据
with open(data_list_path + "test.list", 'w') as f:
    pass
with open(data_list_path + "trainer.list", 'w') as f:
```

```python
        pass
    #总的图像数量
    all_class_images = 0
    #读取每个类别
    for class_dir in class_dirs:
        #每个类别的信息
        class_detail_list = {}
        test_sum = 0
        trainer_sum = 0
        #统计每个类别有多少张图片
        class_sum = 0
        #获取类别路径
        path = data_root_path + "/" + class_dir
        #获取所有图片
        img_paths = os.listdir(path)

        for img_path in img_paths:                              # 遍历文件夹下的每个图片
            name_path = path + '/' +img_path                    # 每张图片的路径
            if class_sum % 10 == 0:                             #每10张图片取一个做测试数据
                test_sum += 1                                   #test_sum 测试数据的数目
                with open(data_list_path + "test.list", 'a') as f:
                    f.write(name_path + "\t%d" % class_label_dict[class_dir] + "\n")
                                                                #class_label 标签:0,1,2
            else:
                trainer_sum += 1                                #trainer_sum 测试数据的数目
                with open(data_list_path + "trainer.list", 'a') as f:
                    f.write(name_path + "\t%d" % class_label_dict[class_dir] + "\n")
                                                                #class_label 标签:0,1,2
            class_sum += 1                                      #每类图片的数目
            all_class_images += 1                               #所有类图片的数目

        #说明的 json 文件的 class_detail 数据
        class_detail_list['class_name'] = class_dir             #类别名称,如 jiangwen
        class_detail_list['class_label'] = class_label_dict[class_dir]  #类别标签,0,1,2
        class_detail_list['class_test_images'] = test_sum       #该类数据的测试集数目
        class_detail_list['class_trainer_images'] = trainer_sum #该类数据的训练集数目
        class_detail.append(class_detail_list)

    #获取类别数量
    all_class_sum = class_dirs.__len__()
    #说明的 json 文件信息
    readjson = {}
    readjson['all_class_name'] = father_path                    #文件父目录
    readjson['all_class_sum'] = all_class_sum
    readjson['all_class_images'] = all_class_images
    readjson['class_detail'] = class_detail
    jsons = json.dumps(readjson, sort_keys=True, indent=4, separators=(',', ': '))
    with open(data_list_path + "readme.json",'w') as f:
        f.write(jsons)
    print('生成数据列表完成!')
    print("标签及其类别:{}".format(class_label_dict))
#获取训练集和测试集
#导入要用到的模块
```

```python
import paddle
import paddle.fluid as fluid
import numpy
import sys
import os
from multiprocessing import cpu_count
import matplotlib.pyplot as plt
#定义训练的 mapper
# train_mapper 函数的作用是用来对训练集的图像进行处理修剪和数组变换,返回 img 数组和标签
# sample 是一个 python 元组,里面保存着图片的地址和标签。('../images/face/zhangziyi/
20181206145348.png', 2)
def train_mapper(sample):
    img, label = sample
    #进行图片的读取,由于数据集的像素维度各不相同,需要进一步处理对图像进行变换
    img = paddle.dataset.image.load_image(img)
    #进行了简单的图像变换,这里对图像进行 crop 修剪操作,输出 img 的维度为(3, 100, 100)
    img = paddle.dataset.image.simple_transform(im = img,     #输入图片是 HWC
                                                resize_size = 100,  #剪裁图片
                                                crop_size = 100,
                                                is_color = True,    #彩色图像
                                                is_train = True)
    #将 img 数组进行归一化处理,得到 0~1 之间的数值
    img = img.flatten().astype('float32')/255.0
    return img, label
#对自定义数据集创建训练集 train 的 reader
def train_r(train_list, buffered_size = 1024):
    def reader():
        with open(train_list, 'r') as f:
            #将 train.list 里面的标签和图片的地址放在一个 list 列表里面,中间用\t 隔开
            #../images/face/jiangwen/0b1937e2-f929-11e8-8a8a-005056c00008.jpg\t0
            lines = [line.strip() for line in f]
            for line in lines:
                #图像的路径和标签是以\t 来分割的,所以我们在生成这个列表的时候,使用\t 就可以了
                img_path, lab = line.strip().split('\t')
                yield img_path, int(lab)
    #创建自定义数据训练集的 train_reader
    return paddle.reader.xmap_readers(train_mapper, reader, cpu_count(), buffered_size)


# sample 是一个 python 元组,里面保存着图片的地址和标签。('../images/face/zhangziyi/
20181206145348.png', 2)
def test_mapper(sample):
    img, label = sample
    img = paddle.dataset.image.load_image(img)
    img = paddle.dataset.image.simple_transform(im = img, resize_size = 100, crop_size = 100, is_color
= True, is_train = False)
    img = img.flatten().astype('float32')/255.0
    return img, label

#对自定义数据集创建验证集 test 的 reader
def test_r(test_list, buffered_size = 1024):
    def reader():
        with open(test_list, 'r') as f:
            lines = [line.strip() for line in f]
```

```
                for line in lines:
                    #图像的路径和标签是以\t来分割的,所以我们在生成这个列表的时候,使用\t就可以了
                    img_path, lab = line.strip().split('\t')
                    yield img_path, int(lab)

        return paddle.reader.xmap_readers(test_mapper, reader,cpu_count(), buffered_size)

BATCH_SIZE = 32
#把图片数据生成reader
trainer_reader = train_r(train_list="/home/aistudio/face/trainer.list")
train_reader = paddle.batch(paddle.reader.shuffle(reader=trainer_reader,buf_size=300),
    batch_size=BATCH_SIZE)
tester_reader = test_r(test_list="/home/aistudio/face/test.list")
test_reader = paddle.batch(tester_reader, batch_size=BATCH_SIZE)
train_data = paddle.batch(trainer_reader,batch_size=3)
sampledata=next(train_data())
print(sampledata)        #观察一下自定义的数据集
```

(2) 网络配置

网络配置需要经过搭建网络、定义数据层、获取分类器、定义损失函数和准确率、定义优化方法这 5 步,下面分别从这 5 个步骤来介绍。

1) 搭建网络。

本次采用 CNN 来实现模型训练和评估,故需搭建 CNN。CNN 工作过程如图 7-31 所示。

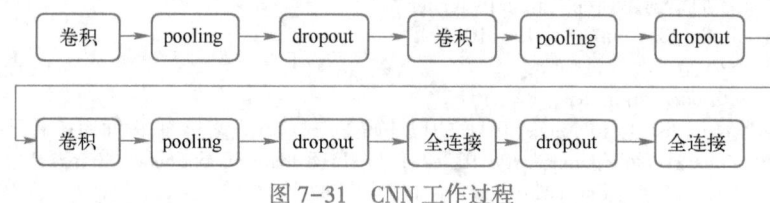

图 7-31 CNN 工作过程

配置网络的源码如下:

```
def convolutional_neural_network(image, type_size):
    #第一个卷积--池化层
    conv_pool_1 = fluid.nets.simple_img_conv_pool(input=image,    #输入图像
                            filter_size=3,              #滤波器的大小
                            num_filters=32,             #filter 的数量。它与输出的通道相同
                            pool_size=2,                #池化层大小 2×2
                            pool_stride=2,              #池化层步长
                            act='relu')                 #激活类型
    # dropout 主要作用是减少过拟合,随机让某些权重不更新
    # dropout 是一种正则化技术,通过在训练过程中阻止神经元节点间的联合适应性来减少过拟合
    #根据给定的丢弃概率 dropout 随机将一些神经元输出设置为 0,其他的仍保持不变。
    drop = fluid.layers.dropout(x=conv_pool_1, dropout_prob=0.5)
    #第二个卷积--池化层
    conv_pool_2 = fluid.nets.simple_img_conv_pool(input=drop,
                            filter_size=3,
                            num_filters=64,
                            pool_size=2,
                            pool_stride=2,
```

```
                                                    act='relu')
        #减少过拟合,随机让某些权重不更新
        drop = fluid.layers.dropout(x=conv_pool_2, dropout_prob=0.5)
        #第三个卷积--池化层
        conv_pool_3 = fluid.nets.simple_img_conv_pool(input=drop,
                                                    filter_size=3,
                                                    num_filters=64,
                                                    pool_size=2,
                                                    pool_stride=2,
                                                    act='relu')
        #减少过拟合,随机让某些权重不更新
        drop = fluid.layers.dropout(x=conv_pool_3, dropout_prob=0.5)
        #全连接层
        fc = fluid.layers.fc(input=drop, size=512, act='relu')
        #减少过拟合,随机让某些权重不更新
        drop =  fluid.layers.dropout(x=fc, dropout_prob=0.5)
        #输出层 以softmax为激活函数的全连接输出层,输出层的大小为图像类别type_size个数
        predict = fluid.layers.fc(input=drop,size=type_size,act='softmax')
        return predict
```

2) 定义数据层。

image 和 label 是通过 fluid.layers.data 创建的两个输入数据层。其中 image 是[3,100,100] 维度的浮点数据；label 是 [1] 维度的整数数据。

这里需要注意的是：fluid 中默认使用-1 表示 batch size 维度，默认情况下会在 shape 的第一个维度添加-1。所以上段代码中，我们可以接受将一个[-1,3,100,100]的数组传给 image。fluid 中用来做类别标签的数据类型是 int64，并且标签从 0 开始。

定义数据层的源码如下：

```
image = fluid.layers.data(name='image', shape=[3, 100, 100], dtype='float32')#[3, 100, 100],表示为3通道,100×100 的 RGB 图
label = fluid.layers.data(name='label', shape=[1], dtype='int64')
print('image_shape:',image.shape)
```

3) 获取分类器。

```
#获取分类器,用 CNN 或 VGG 网络进行分类，type_size 要和训练的类别数一致
predict = convolutional_neural_network(image=image,type_size=4)
```

4) 定义损失函数和准确率。

本案例使用的是交叉熵损失函数，该函数在分类任务上比较常用。定义了一个损失函数之后，还要对它求平均值，因为定义的是一个 batch 的损失值。同时，还可以定义一个准确率函数，在训练的时候输出分类的准确率。

```
#获取损失函数和准确率
cost = fluid.layers.cross_entropy(input=predict, label=label)
#计算 cost 中所有元素的平均值
avg_cost = fluid.layers.mean(cost)
#计算准确率
accuracy = fluid.layers.accuracy(input=predict, label=label)
```

5) 定义优化方法。

接着是定义优化方法，这次我们使用的是 Adam 优化方法，同时指定学习率为 0.001。

```
#定义优化方法
optimizer = fluid.optimizer.Adam(learning_rate=0.001)    # Adam 是一阶基于梯度下降的算法,基于
                                                         自适应低阶矩估计该函数实现了自适应矩估计优化器

optimizer.minimize(avg_cost)                             # 取局部最优化的平均损失
print(type(accuracy))
```

（3）模型训练与模型评估

训练网络与模型评估需要经过创建执行器（Executor）、定义数据映射器、展示模型训练曲线（可选）与训练并保存模型这四步,下面分别从这四个步骤来介绍开发过程。

1）创建执行器。

首先定义运算场所 fluid.CPUPlace() 和 fluid.CUDAPlace(0) 分别表示运算场所为 CPU 和 GPU。Executor 表示接收传入的程序,通过 run() 方法运行程序。

训练分为三步：第一步配置好训练的环境；第二步用训练集进行训练,并用验证集对训练进行评估,不断优化；第三步保存好训练的模型。

```
#使用 CPU 进行训练
place = fluid.CPUPlace()
#创建一个 Executor
exe = fluid.Executor(place)
#对 program 进行参数初始化
exe.run(fluid.default_startup_program())
```

2）定义数据映射器。

DataFeeder 负责将数据提供器（train_reader, test_reader）返回的数据转成一种特殊的数据结构,使其可以输入到 Executor 中。feed_list 设置向模型输入的向变量表或者变量表名。

```
#定义输入数据的维度,DataFeeder 负责将读取器(Reader)返回的数据转成一种特殊的数据结构,使
它们可以输入到 Executor
feeder = fluid.DataFeeder(feed_list=[image, label], place=place)#定义输入数据的维度,第一个是
图片数据,第二个是图片对应的标签。
```

3）展示模型训练曲线。

```
all_train_iter=0
all_train_iters=[]
all_train_costs=[]
all_train_accs=[]
def draw_train_process(title,iters,costs,accs,label_cost,lable_acc):
    plt.title(title, fontsize=24)
    plt.xlabel("iter", fontsize=20)
    plt.ylabel("cost/acc", fontsize=20)
    plt.plot(iters, costs, color='red', label=label_cost)
    plt.plot(iters, accs, color='green', label=lable_acc)
    plt.legend()
    plt.grid()
    plt.show()
```

4）训练并保存模型。

Executor 接收传入的程序,并根据 feed map（输入映射表）和 fetch_list（结果获取表）向程序中添加 feed operators（数据输入算子）和 fetch operators（结果获取算子）。feed map 为该程序提供输入数据。fetch_list 提供程序训练结束后用户预期的变量。

这次训练 5 个 Pass。每一个 Pass 训练结束之后，再使用验证集进行验证，并求出相应的损失值 cost 和准确率 acc。

训练并保存模型源码如下：

```
#训练的轮数
EPOCH_NUM = 20
print('开始训练...')
#两种方法,用两个不同的路径分别保存训练的模型
#model_save_dir = "/home/aistudio/data/model_vgg"
model_save_dir = "/home/aistudio/data/model_cnn"
for pass_id in range(EPOCH_NUM):
    train_cost = 0
    #遍历 train_reader 的迭代器,并为数据加上索引 batch_id
    for batch_id, data in enumerate(train_reader()):
        train_cost, train_acc = exe.run(
            program=fluid.default_main_program(),       #运行主程序
            feed=feeder.feed(data),                     #输入一个 batch 的数据
            fetch_list=[avg_cost, accuracy]))           #fetch 均方误差和准确率
        all_train_iter=all_train_iter+BATCH_SIZE
        all_train_iters.append(all_train_iter)
        all_train_costs.append(train_cost[0])
        all_train_accs.append(train_acc[0])
        if batch_id % 10 == 0:                          #每 10 次 batch 打印一次训练、进行一次测试
            print("\nPass %d, Step %d, cost %f, acc %f" %
                (pass_id, batch_id, train_cost[0], train_acc[0]))
    #开始测试
    test_accs = []                                      #测试的损失值
    test_costs = []                                     #测试的准确率
    #每训练一轮 进行一次测试
    for batch_id, data in enumerate(test_reader()):     # 遍历 test_reader
        test_cost, test_acc = exe.run(program=fluid.default_main_program(),  #运行测试程序
            feed=feeder.feed(data),                     #输入一个 batch 的数据
            fetch_list=[avg_cost, accuracy])            #fetch 均方误差、准确率
        test_accs.append(test_acc[0])                   #记录每个 batch 的误差
        test_costs.append(test_cost[0])                 #记录每个 batch 的准确率
    #求测试结果的平均值
    test_cost = (sum(test_costs))/ len(test_costs)      # 每轮的平均误差
    test_acc = (sum(test_accs))/ len(test_accs)         # 每轮的平均准确率
    print('Test:%d, cost:%0.5f,程序:%0.5f' % (pass_id, test_cost, test_acc))
    #如果保存路径不存在就创建
    if not os.path.exists(model_save_dir):
        os.makedirs(model_save_dir)
    #保存训练的模型,executor 把所有相关参数保存到 dirname 中
    fluid.io.save_inference_model(dirname=model_save_dir,
                                  feeded_var_names=["image"],
                                  target_vars=[predict],
                                  executor=exe)
draw_train_process("training",all_train_iters,all_train_costs,all_train_accs,"trainning cost","trainning acc")
print('训练模型保存完成!')
```

模型训练损失值与准确率曲线图如图 7-32 所示。

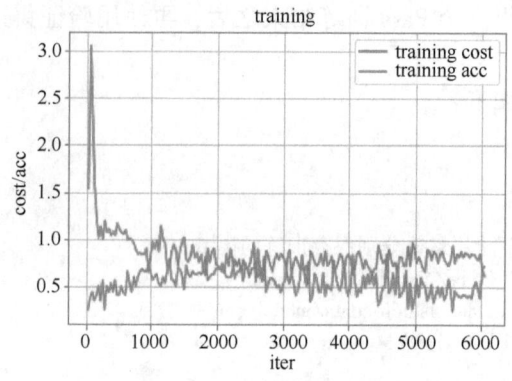

图 7-32 模型训练损失值与准确率曲线图

(4) 模型预测

预测主要有四步：第一步配置好预测的环境，第二步准备好要预测的图片，第三步加载预测的模型，把要预测的图片放到模型里进行预测，第四步输出预测的结果。

模型预测源码如下：

```
# coding:utf-8
import paddle.fluid as fluid
import numpy as np
from PIL import Image
import matplotlib.pyplot as plt
import paddle

#使用CPU进行训练
place = fluid.CPUPlace()
#定义一个executor
infer_exe = fluid.Executor(place)
inference_scope = fluid.core.Scope()#要想运行一个网络,需要指明它运行所在的域,确切地说:
exe.Run(&scope)
#选择保存不同的训练模型
params_dirname ="/home/aistudio/data/model_cnn"
#params_dirname ='/home/aistudio/data/model_vgg'

#(1)图片预处理
def load_image(path):
    img = paddle.dataset.image.load_and_transform(path,100,100,False).astype('float32')  #img.shape 是(3,100,100)
    img = img / 255.0
    return img
infer_imgs = []
infer_path = []
zzy = '/home/aistudio/images/face/zhangziyi/20181206144436.png'
jw = '/home/aistudio/images/face/pengyuyan/20181206161115.png'
pyy = '/home/aistudio/images/face/jiangwen/0acb8d12-f929-11e8-ac67-005056c00008.jpg'
infer_path.append(Image.open(zzy),load_image(zzy))
infer_path.append(Image.open(jw),load_image(jw))
infer_path.append(Image.open(pyy),load_image(pyy))

print('infer_imgs 的维度:',np.array(infer_path[0][1]).shape)
```

```
#fluid.scope_guard 修改全局/默认作用域(scope),运行时中的所有变量都将分配给新的 scope
with fluid.scope_guard(inference_scope):
    #获取训练好的模型
    #从指定目录中加载推理 model(inference model)
    [inference_program,  #预测用的程序
     feed_target_names,  #是一个 str 列表,它包含需要在推理程序中提供数据的变量的名称。
     fetch_targets] = fluid.io.load_inference_model(params_dirname, infer_exe)  #fetch_targets:是一个
变量列表,从中我们可以得到推断结果。

    image_and_path = infer_path[1]
    plt.imshow(image_and_path[0])                                   #根据数组绘制图像
plt.show()                                                           #显示图像

    #开始预测
    results = infer_exe.run(
        inference_program,                                           #运行预测程序
        feed={feed_target_names[0]: np.array([image_and_path[1]])},  #输入要预测的数据
        fetch_list=fetch_targets)                                    #得到推测结果
    print('results:', np.argmax(results[0]))

    #训练数据的标签
    label_list = ["zhangziyi", "jiangwen", "pengyuyan"]
    print(results)
print("infer results: %s" % label_list[np.argmax(results[0])])
```

## 7.4 习题与练习

**1. 填空题**

1) 组成数字图片的基本单位是(　　　　)。
2) 视频压缩过程中,起关键压缩作用的有两个,分别是(　　　　)与(　　　　)。
3) 人工智能发展的三个必要条件是(　　　　)、强大算力和有效算法。
4) (　　　　)是指通过有标签的数据进行训练,得到一个模型,通过该模型对未知数据进行处理。
5) (　　　　)是人工智能领域的一个重要分支,它的目的是看懂图片里的内容。
6) 机器学习的结果被称作(　　　　)。
7) (　　　　)有自学习、自适应功能,较好的容错能力,并且适合大规模并行处理。
8) 在基于 TF-IDF 的特征提取算法中,TF 是指(　　　　),IDF 是指(　　　　)。
9) 作为计算机科学的一个分支,人工智能的英文缩写是(　　　　)。
10) 被誉为"人工智能之父"的科学家是(　　　　)。

**2. 选择题**

1) 从用途上来看,位图图像适合于(　　)。
A. 文字　　　　　B. 照片或复杂图像　　　　　C. 商标　　　　　D. 图形
2) 图像与像素之间关系描述正确的是(　　)。
A. 图像都是以像素的形式显示的
B. 像素越高图像越清晰

C. 同样面积的图像，如果像素点越多，就更加的清晰

D. 像素越高图像越不清晰

3）关于矢量图的描述正确的是（　　）。

A. 矢量图放大图像清晰度将降低

B. 矢量图放大图像清晰度将提高

C. 矢量图放大图像清晰度不变

D. 矢量图不可能调整大小

4）在进行人脸图像匹配的过程中，"人脸检索"匹配方式常用在（　　）。

A. 身份识别　　　　B. 信息安全　　　　C. 身份查询　　　　D. 金融领域

5）飞桨 AI Studio 是基于百度深度学习开源平台，根据 AI Studio 官方数据，其人工智能开发者已经达到将近（　　）。

A. 10 万　　　　B. 30 万　　　　C. 50 万　　　　D. 100 万

6）人脸识别技术应用模式不包括（　　）。

A. 人像验证模式

B. 人像检索模式

C. 人像监控模式

D. 人像处理模式

7）ITU 提出了 H.261、H.262、H.263、H.263+、H.263++，这些统称为 H.26X 系列，主要应用于（　　）领域。

A. 实时视频通信

B. 语音通信

C. 机器学习

D. 深度优先

8）人脸识别过程包括（　　）个步骤。

A. 4　　　　B. 5　　　　C. 6　　　　D. 7

9）人工智能在图像识别上已经超越了人类，支持这些图像识别技术的，通常是（　　）。

A. 云计算　　　　B. 因特网　　　　C. 神经计算　　　　D. 自动计算

10）"扫一扫"这一功能使用了（　　）识别方式。

A. 图像识别　　　　B. 图片识别　　　　C. 文字识别　　　　D. 声音识别

**3. 简答题**

1）请简述人眼成像与数字成像的异同。

2）请简述位图图像与矢量图像各自的特点。

3）请简述视频编码的目的。

4）请简述视频编码中 I、P、B 帧的作用。

5）什么是个性化推荐技术？

# 第 8 章　自然语言处理

自然语言处理（Natural Language Processing，NLP）是人工智能的一个子领域。自然语言是人类智慧的结晶，自然语言处理是人工智能中最为困难的问题之一，而对自然语言处理的研究也是充满挑战的。如今，各种基于自然语言处理技术的应用随处可见，谷歌翻译工具、淘宝智能客服、智能音箱、智能家居等都渗透到了人们的日常生活中，带来了极大的便利。

## 8.1 语言的形态

语言形态学又称"词汇形态学"或"词法"，是语言学的一个分支，研究词的内部结构，包括屈折变化和构词法两个部分。由于词具有语音特征、句法特征和语义特征，形态学处于音位学、句法学合格语义学的结合部位，所以形态学是每个语言学家都要关注的一门学科。

### 8.1.1 语言的形态分类

#### 1. 孤立语

孤立语也叫词根语，以汉语为突出代表。主要特点有：
- 词序严格。由于孤立语缺乏词形变化，一个词在句子中属于什么成分没有形态上的标志，完全是根据语序来确定，因此词序就显得非常重要。
- 虚词十分重要。孤立语中词与词的关系，常常通过虚词这一重要的语法手段来体现。
- 复合词多，派生词少。大部分合成词是由词根构成的复合词。

#### 2. 屈折语

屈折语以词形变化作为表示语法关系的主要手段，以印欧语系诸语言为代表，如俄语、英语、法语等。其主要特点是：
- 有比较丰富的词形变化，通过词形变化来表示词与词之间的关系。
- 一种词形变化的语素可以表示几种不同的语法意义。
- 词尾和词干或词根结合十分紧密，脱离开词尾，句子中的词根就不能独立存在。

#### 3. 黏着语

黏着语也有丰富的词形变化，通过词本身形式的变化表示各种语法关系。土耳其语、日语、维吾尔语是这种类型的代表。其特点如下：
- 黏着语的前面和中间不发生变化，只是词的尾部发生变化，表示语法意义。
- 变词语素的每一种变化只表示一种语法意义，多种语法意义就要用多个变词语素来表示。
- 词根与变词语素结合不很紧密，两者有很大的独立性，只是在用的时候临时贴上去，故名黏着语。

屈折语和黏着语的联系是都有表示语法意义的附加语素。它们的区别是：第一，从附加语素形式表示的语法意义的关系来看，屈折语不是一对一的关系，黏着语是一对一的关系；第二，屈折语的附加语素与主体语素（词根）结合紧密，黏着语结合松散；第三，屈折语有少量的内部屈折变化形式，黏着语没有。

**4. 多式综合语**

多式综合语可以看成是一种特殊类型的黏着语，其突出特点是词和句子合二为一。复综语的一个词往往由好几个词缀黏合而成，这些词缀同时代表了不同的词汇意义和语法意义，包括在同一个词里，形成一个以动词为中心的所有附加成分的粘连组合，即动词谓语的宾语、状语等成分作为附加成分已经包括在动词中，由此实现了句子的语法功能，但形式上只是一个词。这种结构类型多见于美洲印第安人的语言。例如，北美的契努克语中：I-n-i-a-l-u-d-am（我来是为了把这个交给她。）其中，-d 是动词词根，词汇意义是"给"，其他几个附加成分依次表示：

-I-表示过去时；

-n-表示第一人称单数、施事；

-i-表示直接受事宾语；

-a-表示间接受事宾语"她"；

-l-表示前面的"a"是间接宾语；

-u-表示后面的动词是施动；

-am-表示动作"来"是有目的的。

## 8.1.2 自然语言与编程语言[8]

自然语言作为我们要研究处理的对象，具备高度灵活的特点。人类对日常交流所使用的语言再熟悉不过，很难体会到语言的复杂程度，但是对计算机就不一样了，计算机很难理解人类的语言。

**1. 词汇量**

自然语言中词汇比编程语言中的关键词丰富，在常用的编程语言中，能使用的关键词是有限并且确定的。比如，C 语言有 32 个关键字，我们可以自由地取变量名、函数名和类名，但是这些名称在编译器看来只是不同的符号，不含语义信息，也不影响程序的运行结果。但是在自然语言中，我们可以使用的词汇量相当多，几乎没有意义完全相同的词语。以汉语为例，由国家语言文字工作委员会发布的《现代汉语常用词表》收录了 56008 个高频常用普通话词。除此之外，我们还可以随时创造各种类型的新词，包括一些流行的网络用语，而不仅仅限制于名词。

**2. 结构化**

自然语言是非结构化的，而编程语言是结构化的。结构化指信息具有明确的结构关系，编程语言中的类与成员、数据库中的表与字段，都可以通过明确的机制来读写。

比如有这么一个语句：如果 a 大于 b，那么把 a 的值赋值给 max。如果用编程语言表示，就以 C 语言为例子，格式是这样的：

```
if(a>b)
    max=a;
```

### 3. 歧义性

自然语言处理含有大量歧义，这些歧义根据语境的不同而表现为特定的意义。比如在汉语中，只有在特定的上下文中才能确定其含义，甚至存在故意利用无法确定的歧义营造幽默效果的用法。比如：刚刚发了年终奖，数目巨大，让我们一起恭喜刚刚。再比如：明明可以靠颜值吃饭，偏偏选择工作，我就是偏偏。从上面两个例子可以得知，中文的复杂程度，难以被机器理解。但是在编程语言中，不可以存在歧义性，如果程序员写了有歧义的代码，那么会触发编译错误。

### 4. 容错性

书刊中的语言即使经过多次校对，也仍然无法完全避免错误。互联网上的文本充斥着各种错别字或病句、不规范的标点符号。不过，即使一句话的语序都是乱的，人们还是可以明白它的意思。而在编程语言中，程序员必须保证拼写绝对正确、语法绝对规范，否则编译会报错，或者成为日后的一个 bug。

### 5. 易变性

任何语言都是不断发展变化的，不同的是，编程语言的变化要温和得多，自然语言则相对迅猛一些。因为自然语言不是由某个个人或者组织发明或制定标准的。比如，虽然存在普通话、简体字规范，但是我们每个人都可以自由创造和传播新词汇和新用法，也在不停给旧词赋予新含义。这些变化每时每刻都在进行，给自然语言处理带来了不小的麻烦。

### 6. 简略性

由于说话速度和听话速度、书写速度和阅读速度的限制，人类语言往往简洁干练。我们在日常生活中常常省略一些背景知识或常识，比如，我们会对老朋友说"下次老地方见"，而不用指出"老地方"在哪里。对于一些机构场所名称，也常常使用简称来代替，比如"工行""人社局"。这些省略掉的内容，是交流的人们所共有而计算机没有的，也给自然语言处理带来了不小的障碍。

## 8.2 中文分词原理

分词就是将连续的字序列按照一定的规范重新组合成词序列的过程。在英文的行文中，单词之间是以空格作为自然分界符的，而中文只是字、句和段能通过明显的分界符来简单划界，唯独词没有一个形式上的分界符，虽然英文也同样存在短语的划分问题，不过在词这一层面上，中文比英文要复杂得多、困难得多。

### 8.2.1 中文分词的难点

中文文本中词与词之间没有标志界限的空格，因此要对其做特别的分词处理。在分词中，常见的有以下几个难点：

#### 1. 未登录词（训练过程中从未出现过的词）的识别

由于个性化词汇的存在以及新词再生能力强，不存在一个词表能收录所有的词汇，比如"周星是一个勤奋且有天赋的程序员"，这里的"周星"是个人名，应当作为一个词，但是很可能计算机的词库中没有"周星"，因此会切分成"周/星/是/一个/勤奋/且/有/天赋/的/程序员"。

**2. 词的界限没有统一标准**

比如"重庆电子工程职业学院"可以看作一个词语，也可以看作三个词语："重庆/电子工程/职业学院"，因此很多中文词汇本身存在分词歧义性。

**3. 切词产生歧义**

比如"乒乓球拍卖完了"可以切分为"乒乓球拍/卖/完了"或者"乒乓球/拍卖/完了"，这两句话在语法上都逻辑正确，但是需要一定的生活常识或者联系上下文才能断定到底哪种分词模式更准确。

### 8.2.2 常见中文分词方法

**1. 机械分词法**

机械分词法即基于词典资源按照一定的策略，对文本中的字符串进行匹配，其中心思想是，若在文本中找到词典中存在的某个词，则识别出此词。按照匹配的方向，可以分为正向最大匹配法、逆向最大匹配法以及最小切分双向最大匹配法。

假设有语句"谁不会休息，谁就不会工作"，并且词典当中存在"谁""会""不会""休息""工作""就"等词汇以及标点符号。如果用正向最大匹配法进行分词，则会从左往右逐字扫描文本，一旦发现尽可能长的字符串匹配字典中的词，则进行切分，最后分词结果为"谁/不会/休息/，/谁/就/不会/工作"。这种方法简单快速，但是对于未登录词以及存在切分歧义的情况无法处理。

**2. 基于 N-gram 的分词法**

此算法假设每个词的出现只与它前面的 $N-1$ 个词相关，通过大量的语料统计便可以得知句子中每个词的出现概率，继而计算出整个句子的出现概率。如果一个句子的出现概率越大，那么便越符合自然语言的规律。因此，基于 N-gram 的分词法的第一步是找出所有可能的分词情况，接着基于 N-gram 语言模型对分词序列进行概率计算，找出出现可能性最大的分词序列。这种方法的准确性比机械算法更好，但是计算开销大，并且也难以处理未登录词的问题。

**3. 基于隐马尔可夫模型（Hidden Markov Model，HMM）的分词法**

HMM 是关于时序的概率模型，描述由一个隐藏的马尔可夫链随机生成不可观测状态（或称为隐状态）的随机序列，再由各个状态生成观测变量从而产生观测序列的过程，常应用于序列标注的问题。

首先需要把分词问题转化为序列标注问题，比如分别用 B、M、E 来表示某词的头、中、尾三部分，并且 S 代表单字成词。以句子"白女士就职于北京大学"为例，其序列标注便是"BMEBESBMME"，切分一下便是"BME/BE/S/BMME"，对应"白女士/就职/于/北京大学"。

将以上问题对应到 HMM，所有要标注的句子便是观测序列，而标注便是隐状态序列，那么现在的问题便是如何根据观测序列计算隐状态序列。首先，通过对海量已标注数据的学习，估算出 HMM 的参数，包括隐状态转移概率矩阵、隐状态到观测状态的发射概率矩阵以及初始隐状态的概率分布，接下来便可以通过维特比算法（Viterbi Algorithm）针对任一语句求解标注序列。

**4. 基于条件随机场（Conditional Random Field，CRF）的分词法**

CRF 是一种判别式的无向图模型，对多个变量在给定观测值后的条件概率进行建模，常用于序列标注问题。具体而言，CRF根据语言特性定义了一系列特征函数集，以BMES标注为例，比如S后面不能跟随M、B后面不能跟随S等都可以作为特征函数，每一个特征函数都应有相应权重，接着便可以针对某一标注序列，对所有特征函数进行加权求和并且可以转化为概率值或者说置信度，依此判断此序列标注的合理性。在HMM的假设中，当前隐状态只受上一时刻隐状态的影响，观测变量只与当前隐状态相关。而CRF考虑的影响范围更大，顾及更多数量的特征函数以及相应权重。因此，精度也更高，当然计算代价也偏高。

**5. 基于深度学习的分词法**

深度学习中的循环神经网络模型也适用于序列标注问题，因此也可以解决分词任务。比如，首先将文本转化为词嵌入层（即转化为词向量），再将词嵌入层输入LSTM结构，通过有监督学习便可以学习出序列标注。

### 8.2.3 常见中文分词工具

在实际应用中，很多工具都提供了现成的中文分词功能，并不需要从零开始建立分词算法，以下是常见的中文分词工具。

- StanfordCoreNLP：是由斯坦福大学研发的自然语言处理工具，其中提供了中文分词接口。
- HanLP：由大快搜索主导开发，包含了一系列自然语言操作。
- THULAC：由清华大学研发的具有中文词汇分析功能的自然语言处理工具。
- SnowNLP：是用于中文自然语言处理的工具，主要用于分词、情感分析等。
- Jieba：是一个专门针对中文分词的应用工具，提供了多种分词模式，包括全模式、精确模式、搜索引擎模式，还可以加入自定义的词汇以修正分词效果。全模式会将语句所有可以组合的词都分出来，精确模式只是将语句进行正常分词，而搜索模式则在精确模式的基础上，对长词再次划分。

目前分词算法已经是自然语言处理任务中相对成熟的模块，借助分词工具都可以达到比较好的效果。针对一些特殊领域中的特殊词汇及特殊表达，可以通过添加规则、自定义词典的方式进行改进。

## 8.3 统计语言模型

统计语言模型是自然语言处理的基础模型，是从概率统计角度出发，解决自然语言上下文相关的特性的数学模型。统计语言模型的核心就是判断一个句子在文本中出现的概率。

### 8.3.1 模型

假定 $S$ 表示某个有意义的句子，由一连串特定顺序排列的词 $\omega_1, \omega_2, ..., \omega_n$ 组成，这里 $n$ 是句子的长度。现在，我们想知道 $S$ 在文本中出现的可能性，即 $S$ 的概率 $P(S)$，则 $P(S) = P(\omega_1, \omega_2, ..., \omega_n)$。

利用条件概率的公式：

$$P(\omega_1, \omega_2, ..., \omega_n) = P(\omega_1) \cdot P(\omega_2 | \omega_1) \cdot P(\omega_3 | \omega_1, \omega_2) \cdots P(\omega_n | \omega_1, \omega_2, \cdots, \omega_{n-1})$$

一般情况下：$P(\omega_1 | <s>)$ 为更严谨的表示，表示 $\omega_1$ 在句子 $s$ 开头出现的概率，因为句子是有顺序的，因此利用的是条件概率，$\omega_1$ 出现的情况下，$\omega_2$ 出现的概率，$\omega_n$ 的概率计算依靠前面 $n-1$ 个词。

当计算 $P(\omega_1)$ 时，仅存在一个参数；计算 $P(\omega_2|\omega_1)$，存在两个参数；计算 $P(\omega_3|\omega_1,\omega_2)$，存在三个参数，但是依此类推 $P(\omega_n|\omega_1,\omega_2,\ldots,\omega_{n-1})$ 存在 $n$ 个参数，难以计算，因此在此基础上马尔可夫提出了一种马尔可夫假设：假设 $\omega_i$ 出现的概率只与前面 $n-1$ 个词相关 $\omega_{i-N+1},\ldots,\omega_{i-2},\omega_{i-1}$，当 $N=2$ 时，就是简单的二元模型（Bigram Model）；当 $N=N$ 时，就是常说的 $N$ 元模型（$N$-gram Model）。

一般情况下，$N$ 取值都很小，实际应用中最多的是 $N=3$ 时的三元模型（Trigram Model）。

### 8.3.2 参数计算

估计 $P(\omega_i|\omega_{i-1})$ 出现的概率，利用条件概率有

$$P(\omega_i|\omega_{i-1})=\frac{P(\omega_{i-1}|\omega_i)}{P(\omega_{i-1})}$$

根据大数定律（事件出现的频率等于概率），可知，将 $(\omega_{i-1},\omega_i)$ 在文章中出现的次数记为 $A(\omega_{i-1},\omega_i)$，除以文章词个数 $B$，即可求得：

$$P(\omega_{i-1},\omega_i)=\frac{A(\omega_{i-1},\omega_i)}{B}$$

对 $\omega_{i-1}$ 计数在文章中出现的次数记为 $A(\omega_{i-1})$，除以文章词个数 $B$，即可求得

$$P(\omega_{i-1})=\frac{A(\omega_{i-1})}{B}$$

故有

$$P(\omega_i|\omega_{i-1})=\frac{A(\omega_{i-1},\omega_i)}{B(\omega_{i-1})}$$

但是这样存在一个问题：在文本中，两个词没有连续出现过，即 $A(\omega_{i-1},\omega_i)=0$，那么它的概率就是 0 吗？在文本中 $(\omega_{i-1},\omega_i)$ 的 $\omega_{i-1}$ 出现的次数一样都是 1 次，那么它的概率就是 1 吗？这里涉及统计的可靠性问题。

这种问题称为"不平滑"问题，解决不平滑问题，主要应用古德-图灵估计（Good-Turing Estimate）。其原理为：将整个事件分为可见部分和不可见部分（不可见概率总量很小），将所有可见部分按照越不可信（出现次数较小）概率越小来调整。

## 8.4 NLP 算法设计

### 8.4.1 切分算法

完全切分：指找出一段文本中的所有单词，无论这个词在这个句子中是否是一个词。

朴素的完全切分算法的实现逻辑：遍历文本中所有的连续序列，并查询该序列是否存在于词典中。

### 8.4.2 正向最大匹配

正向最大匹配（Maximum Match，MM）的基本思想：假定分词词典中的最长词有 $i$ 个汉字字符，则用被处理文档的当前字串中的前 $i$ 个字作为匹配字段，查找字典。若字典中存在这样的一个 $i$ 字词，则匹配成功，匹配字段被作为一个词切分出来。如果词典中找不到这样的一个

$i$ 字词，则匹配失败，将匹配字段中的最后一个字去掉，对剩下的字串重新进行匹配处理。

如此进行下去，直到匹配成功，即切分出一个词或剩余字串的长度为零。这样就完成了一轮匹配，然后取下一个 $i$ 字字串进行匹配处理，直到文档被扫描完。

其算法描述如下：

从左向右取待切分汉语句的 $m$ 个字符作为匹配字段，$m$ 为机器词典中最长词条的字符数。查找机器词典并进行匹配。若匹配成功，则将这个匹配字段作为一个词切分出来。若匹配不成功，则将这个匹配字段的最后一个字去掉，剩下的字符串作为新的匹配字段，进行再次匹配，重复以上过程，直到切分出所有词为止。

比如现在有一个词典，最长词的长度为 5，词典中存在"南京市长"和"长江大桥"两个词。现采用正向最大匹配对句子"南京市长江大桥"进行分词，那么首先从句子中取出前五个字"南京市长江"，发现词典中没有该词，于是缩小长度，取前 4 个字"南京市长"，词典中存在该词，于是该词被确认切分。再将剩下的"江大桥"按照同样方式切分，得到"江""大桥"，最终分为"南京市长""江""大桥" 3 个词。显然，这种结果还不是我们想要的。

### 8.4.3 逆向最大匹配

逆向最大匹配（Reverse Maximum Match，RMM）的基本原理与 MM 相同，不同的是分词切分的方向与 MM 相反。RMM 从被处理文档的末端开始匹配扫描，每次取最末端的 $i$ 个字符（$i$ 为词典中最长词数）作为匹配字段，若匹配失败，则去掉匹配字段最前面的一个字，继续匹配。相应地，它使用的分词词典是逆序词典，其中的每个词条都将按逆序方式存放。

在实际处理时，先将文档进行倒排处理，生成逆序文档。然后，根据逆序词典，对逆序文档用 MM 处理即可。

由于汉语中偏正结构较多，若从后向前匹配，可以适当提高精确度。所以，RMM 比 MM 的误差要小。统计结果表明，单纯使用 MM 的错误率为 1/169，单纯使用 RMM 的错误率为 1/245。

比如上文的例子"南京市长江大桥"，按照 RMM，最终得到"南京市""长江大桥"。当然，如此切分并不代表完全正确，也可能在有些情况"江大桥""南京市长"是正确的。

### 8.4.4 双向最大匹配

双向最大匹配（Bi-Direction Match）是将 MM 得到的分词结果和 RMM 得到的结果进行比较，然后按照最大匹配原则，选取词数切分最少的作为结果。

据 Sun M. S. and Benjamin K. T. 的研究表明，中文中 90.0%左右的句子，MM 和 RMM 完全重合且正确，只有大概 9.0%的句子两种切分方法得到的结果不一样，但其中必有一个是正确的（歧义检测成功），只有不到 1.0%的句子，使用 MM 和 RMM 的切分虽重合却是错的，或者 MM 和 RMM 切分不同但两个都不对（歧义检测失败）。这正是双向最大匹配在实用中文信息处理系统中得以广泛使用的原因。

前文例子"南京市长江大桥"，采用双向最大匹配，中间产生"南京市/长江/大桥"和"南京市/长江大桥"两种结果，最终选取词数较少的"南京市/长江大桥"这一结果。下面是实现 RMM 的代码示例。

```
#逆向最大匹配
class IMM(object):
    def __init__(self, dic_path):
```

```python
        self.dictionary = set()
        self.maximum = 0
        #读取词典
        with open(dic_path, 'r', encoding='utf8') as f:
            for line in f:
                line = line.strip()
                if not line:
                    continue
                self.dictionary.add(line)
                self.maximum = len(line)
    def cut(self, text):
        result = []
        index = len(text)
        while index > 0:
            word = None
            for size in range(self.maximum, 0, -1):
                if index-size < 0:
                    continue
                piece = text[(index-size):index]
                if piece in self.dictionary:
                    word = piece
                    result.append(word)
                    index -= size
                    break
            if word is None:
                index -= 1
        return result[::-1]
def main():
    text = "南京市长江大桥"
    tokenizer = IMM('./data/imm_dic.utf8')
    print(tokenizer.cut(text))
```

运行 main 函数，结果为：['南京市', '长江大桥']。

基于规则的分词，一般都较为简单高效，但是词典的维护是一个很庞大的工程。在网络发达的今天，网络新词层出不穷，很难通过词典覆盖到所有词。

## 8.5 文本数据标注管理与质量检验

13 文本数据标注管理与质量检验

数据标注即通过分类、画框、标注、注释等，对图像、语音、文本等数据进行处理，标记对象的特征，以作为机器学习基础素材的过程。数据标注流程为：数据采集—数据清洗—数据标注核心环节—数据质检。

### 8.5.1 数据标注管理

数据标注管理包括数据标注工厂设计、数据标注管理架构、数据安全管理与质量管理体系、数据标注订单管理。

**1. 数据标注工厂设计**

数据标注工厂的办公区域划分如表 8-1 所示。

表 8-1　数据标注工厂的办公区域划分

| 商务办公区域 | 主要负责通过商务渠道维护以及接待洽谈数据加工业务 |
|---|---|
| 综合办公区域 | 主要安排行政、人事、财务等保障工厂日常运作的部门 |
| 数据采集区域 | 主要进行数据采集相关工作 |
| 数据清洗区域 | 主要进行原始数据的清洗工作，其中包括原始数据的质量检验和敏感隐私数据的清洗 |
| 数据标注区域 | 主要进行数据的标注工作 |
| 涉密项目区域 | 涉密项目加工的数据必须在涉密项目专属独立办公室中的涉密计算机上进行 |
| 交流培训区域 | 数据加工的每个区域都需要安排交流培训区，当项目遇到问题时便于及时沟通 |

**2. 数据标注管理架构**

数据加工从业务性质上可以划分为三个部分：①数据采集；②数据清洗；③数据标注。

数据采集组由于主要负责采集工作，设立数据采集组负责人，并根据项目小组划分，设立项目小组长。

数据清洗组业务模式分为原始数据的质量检验工作以及敏感隐私数据的清洗工作，所以除了设立数据清洗组负责人外，还需要在负责人下面分别设立原始数据质量检验组长以及敏感隐私数据清洗组长，两个组长下面再根据项目小组，设立项目小组长。

因为标注方法类型比较多，所以数据标注组需要根据标注方法类型进行管理。每种类型的数据标注分别设置单项标注负责人，然后再根据项目安排项目组长；因为数据标注项目需要多个项目小组共同参与完成，所以需要在项目组长下面设立项目小组长；因为数据标注项目小组的工作质量是由标注质检员进行检验的，所以一般数据标注项目小组长由质检员担任。

**3. 数据安全管理与质量管理体系**

数据存储安全管理要求：数据加工的服务器与计算机禁止连接互联网，禁止通过外接设备进行拷贝。数据加工的服务器需要使用多节点存储系统，这样当发生事故，某些节点上的数据出现损坏情况，也能够及时通过数据恢复算法将数据进行恢复。数据加工的服务器需要定期做好容灾备份管理，这样当发生突发情况，也能够保证数据不丢失。

溯源体系建设：溯源体系需要对数据从预处理阶段到最终交付期间所有经手的办公人员都进行记录。当发生数据泄漏时，可以清楚地了解到哪些办公人员接触过该数据，并负责哪些环节，这样可以快速锁定调查范围，追查数据泄漏源以及追究责任。为了更好地建设溯源体系，可以使用智能水印技术对数据标注每个环节进行记录。智能水印是通过算法进行制作并在数据上进行记录，只有在特定算法下才能够识别，肉眼无法察觉。通过智能水印技术可以将数据加工阶段各环节责任人在数据中进行记录，当发生数据泄漏问题时，可以根据智能水印，直接找到泄漏环节与责任人，快速锁定调查范围。

质量管理体系建设：整套质量管理体系采用了实时检验、全样检验以及多重抽样检验，只有在三种检验方法均合格后，数据才能交付。如果标注出现不合格情况，都需要进行返工改正，通过此体系，能大大保证数据标注的质量。

**4. 数据标注订单管理**

数据标注订单管理流程如图 8-1 所示。

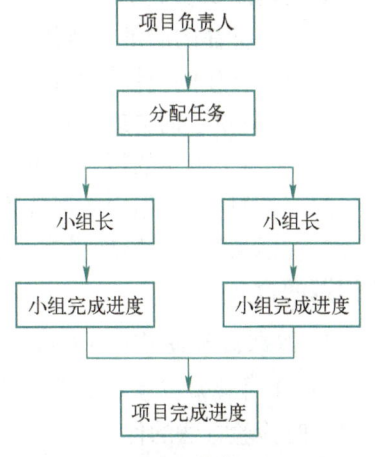

图 8-1　数据标注订单管理流程

### 8.5.2 数据标注质量检验

**1. 数据质量影响算法效果**

机器学习算法的训练效果很大程度依赖高质量的数据集,如果训练中所使用的标注数据集存在大量噪声,将会导致机器学习训练不充分,无法获得规律,这样在训练效果验证时会出现目标偏离,无法识别的情况。

**2. 数据标注质量标准**

对于质量不高的数据,在进行机器学习前需要经过加工处理,让数据集的整体质量得到提升,以此提高算法的训练效果。机器学习的训练效果与数据集质量的关系如图8-2所示。

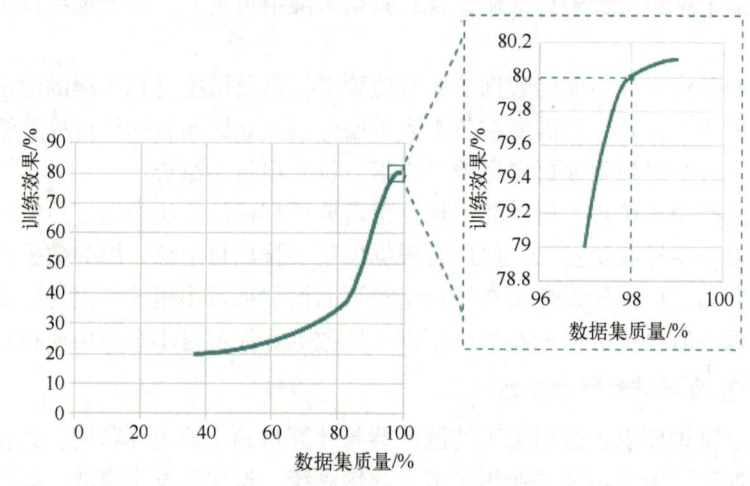

图8-2 训练效果与数据集质量的关系

图8-2中,当数据集的整体标注质量只有80%的时候,机器学习的训练效果可能只有30%~40%。随着数据标注质量逐步提高,机器学习的效果也会提升。当数据标注质量达到98%的时候,机器学习的效果为80%,但此时如果数据标注再往上提升,机器学习效果的提升就没有之前那么明显了。

多音字标注的质量标准就是标注出一个字的全部读音,这需要借助字典等专业性工具进行检验。语义标注的质量标准是标注出词语或语句的语义,在检验中分为3种情况:

1)针对单独词语或语句进行检验。

2)针对上下文的情景环境进行检验。

3)针对语音数据中的语音语调进行检验。

三种语义标注检验除了需要借助字典等专业性工具外,还需要理解上下文的情景环境或语音语调的含义。

**3. 数据标注质量检验方法**

1)实时检验流程如图8-3所示。

实时检验方法的优点:

① 能够及时发现问题并解决问题。

② 能够有效减少标注过程中重复错误的重复出现。

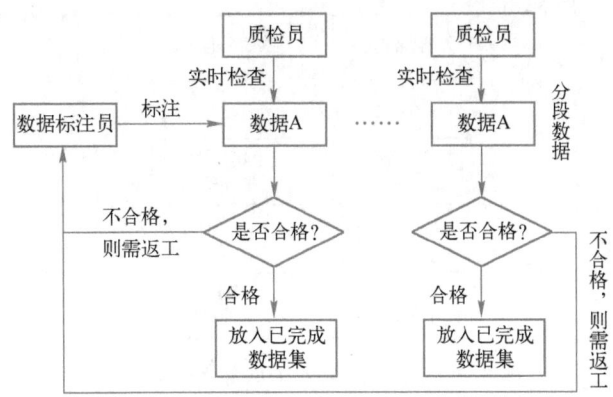

图 8-3　实时检验流程

③ 能够保证整体标注任务的流畅性。
④ 能够实时掌握数据标注的任务进度。
实时检验方法的缺点：对于人员的配备及管理要求较高。
2）全样检验流程如图 8-4 所示。
全样检验方法的优点：
① 能够对数据集做到无遗漏检验。
② 可以对数据集进行准确率评估。
全样检验的缺点：需要耗费大量的人力精力集中进行。
3）抽样检验。
多重抽样检验辅助实时检验流程如图 8-5 所示。

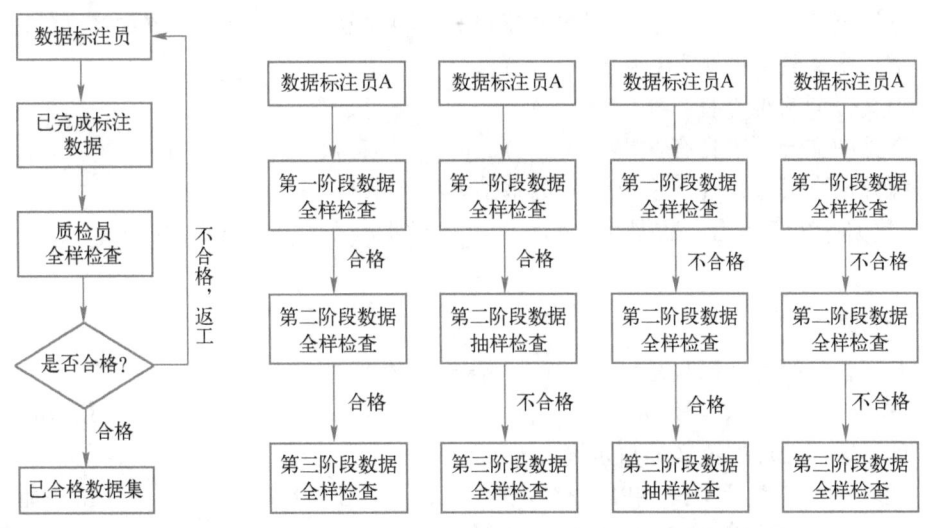

图 8-4　全样检验流程　　图 8-5　多重抽样检验辅助实时检验流程

多重抽样检验辅助全样检验流程如图 8-6 所示。
多重抽样检验方法的优点：
① 能够合理调配质检员的工作重心。
② 有效地弥补其他检验方法的疏漏。

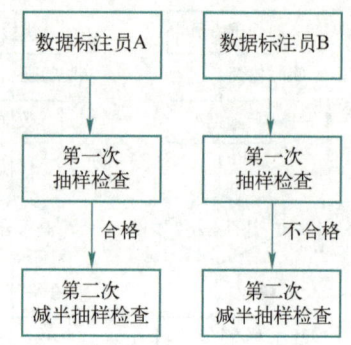

图 8-6　多重抽样检验辅助全样检验流程

③ 提高数据标注质量检验的准确性。

多重抽样检验的缺点：只能辅助其他检验方法，如果单独实施，会出现疏漏。

## 8.6 习题与练习

**1. 填空题**

1) NLP 的英文全称为（　　　　），中文全称为（　　　　）。

2) 语言形态学又称（　　　　）或（　　　　），是语言学的一个分支，研究词的内部结构，包括（　　　　）和（　　　　）两个部分。

3) 语言的形态分为：（　　　　）、（　　　　）、（　　　　）、（　　　　）、（　　　　）、（　　　　）、（　　　　）七类。

4) 自然语言是（　　　　）的，而编程语言是结构化的。

5) 分词就是将（　　　　）字序列按照一定的规范（　　　　）成词序列的过程。

6) 常见中文分词方法有：（　　　　）、（　　　　）、（　　　　）、（　　　　）。

7) 中文分词的难点有：（　　　　）、（　　　　）、（　　　　）。

8) 常见中文分词工具有：（　　　　）、（　　　　）、（　　　　）。

9) 统计语言模型是（　　　　）的基础模型。

10) 数据标注流程为：数据（　　　　）—数据（　　　　）—数据（　　　　）—数据（　　　　）。

**2. 选择题**

1) 人工智能的英文缩写是（　　）。

A. AB　　　　　　B. Ai　　　　　　C. AI　　　　　　D. DI

2) 自然语言处理的英文缩写是（　　）。

A. NLP　　　　　　B. NPL　　　　　　C. LPN　　　　　　D. PNL

3) （　　）不属于中文分词难点。

A. 未登录词的识别　B. 词的界限没有统一标准　C. 切词产生歧义　D. 中文笔画太多

4) （　　）不是中文分词工具。

A. Jieba　　　　　　B. SnowNLP　　　　　　C. Ai　　　　　　D. HanLP

5) （　　）属于数据标注流程。

A. 数据采集　　　　B. 数据清洗　　　　C. 数据标注　　　　D. 数据质检

6）语义标注的质量标准是标注出词语或语句的语义，在检验中分为 3 种情况，分别有（    ）。

A. 针对单独词语或语句进行检验

B. 针对上下文的情景环境进行检验

C. 针对语音数据中的语音语调进行检验

D. 针对语音数据的时间长短进行检验

7）（    ）不是数据预处理。

A. 文本去停用词　　B. 缺失值填充　　C. 模型调参　　D. 数据检查

8）机器学习和深度学习的关系是（    ）。

A. 深度学习包含机器学习　　　　B. 机器学习包含深度学习

C. 二者是独立的　　　　　　　　D. 二者相互促进

9）（    ）算法更适合做时间序列建模。

A. CNN　　　　　　B. 决策树　　　　C. LSTM　　　　D. 贝叶斯

10）数据中如果发现有异常值应当（    ）。

A. 对结果无影响　　　　　　　　B. 选择合适的异常值剔除方法

C. 数据检查　　　　　　　　　　D. 数据分析

## 3. 简答题

1）自然语言处理的挑战有哪些？

2）中英文本的预处理过程有何不同？

3）有哪些常用的分词工具？

4）你觉得作为自然语言处理工程师，都需要哪些必备技能？

# 第 9 章　语音与语音识别

语音，即语言的物质外壳，是语言的外部形式，是最直接地记录人的思维活动的符号体系。它是人的发音器官发出的具有一定社会意义的声音。语音识别是一门交叉学科，语音识别技术所涉及的领域包括：信号处理、模式识别、概率论和信息论、发声机理和听觉机理、人工智能等。近二十年来，语音识别技术取得显著进步，开始从实验室走向市场。目前，语音识别技术已进入工业、家电、通信、汽车电子、医疗、家庭服务、消费电子产品等各个领域。

14　语音中的噪声

## 9.1　语音中的噪声

在言语交际中，人们不可避免地受周围环境的影响，如传输介质噪声，通信装置内的电噪声，和其他说话人的声音等。由于噪声干扰的存在，接收到的语音不是原来纯净的语音信号，因为在嘈杂的语音信号中存在着噪声污染。例如，安装在车辆上、飞机或船上的电话，街道或在战场上的公共电话与机场广播，在强背景噪声下往往会受到噪音干扰，严重影响通信的质量；室内电话会议和语音广播混合会场的回声，影响收听效果；深海潜水员的对讲会因为佩戴着氮氧气面罩而失真；历史悠久的老唱片与旧磁带会产生噪声，从而引发失真的现象，这些都是语音带噪声的实际例子。

### 9.1.1　语音的特性

语音是一段非平稳的随机过程，但由于声带和声道的形状在一段相对稳定的时间内是不会产生突变的，因此可以得出结论：语音的特征是不变的，所以语音具有短时谱的相对稳定性。这种平稳的语音可以使用短时谱来进行分析。

清音和浊音是语音的两大分类。浊音在频域中存在一个明显的周期性，在时域中具有共振峰结构，但大部分能量集中在低频段。清音段没有明显的时域和频域特性，类似于自噪声。在语音增强技术中，可以使用具备周期性特征的浊音，使用梳状滤波器来提取语音分量或抑制非语音信号，而清音和宽带噪声则难以区分。

通过对语音信号的统计分析，可以用来描述语音的特征。由于语音是不稳定的，是非遍历随机过程，所以长时域的语音增强技术的统计特性意义不大。随时间变化的幅度统计特性具有短期语音频谱，并且只有当分析帧的长度趋向于无穷大时，才近似可以被认为是具有高斯分布的。在高斯分布模型的基础上可以获得中心极限定理。在宽带噪声污染的语音增强技术中，这种假设可以被认为是分析的前提。

## 9.1.2 噪声的特性

不同的实际应用中会有不同的噪声特性，并且噪声能发生很大变化。噪声可以是加性的，但也可以是非加性的。一些非加性噪声可以转换为加性噪声。例如，同态乘性噪声通过噪声卷积变换可以成为加性噪声。加性噪声通常分为周期性噪声、脉冲噪声、宽带噪声、语音的干扰噪声和其他非加性噪声，包括混响电路噪声和传输网络噪声。

语音增强要利用噪声的各种参数，噪声评估的精确度对后续算法具有显著和直接的影响，因此预先准确地估算噪声对语音增强的影响是非常重要的。当对噪声进行估计时，通常假设要估计的噪声具有零均值。在许多噪声估计方法中，有检测无声语音信号和有声语音信号的。

## 9.1.3 语音增强

多年来，为解决语音中的噪声，提出了各种语音增强算法。虽然语音增强还没有建立完整的理论体系，但一些语音增强算法已被证明是有效的。常用的语音增强算法大致分为两种：基于语音产生模型参数的增强方法和基于非语音产生模型参数的增强方法。基于语音产生模型参数的增强方法主要有卡尔曼滤波方法和基于隐马尔可夫模型的方法，它们对语音产生的模型参数和恢复特性做合理的估计。但由于语音产生模型的参数难以被评估，很难得到准确的低信噪比，并且由于迭代和增加算法的复杂度，该算法没有取得实质性的进展。基于非语音产生模型参数的增强方法主要包括自适应噪声滤波方法，谱减算法以及短时谱估计增强算法。这种算法相比于基于语音产生模型参数的增强算法，参数设置简单，信噪比大大提高，在语音增强的实际应用中得到了广泛的应用。在该算法中，谱减算法作为基本算法，简单而易于实现，具有良好的性能和广泛的应用。通过语音增强技术来改善语音质量的过程如图9-1所示。

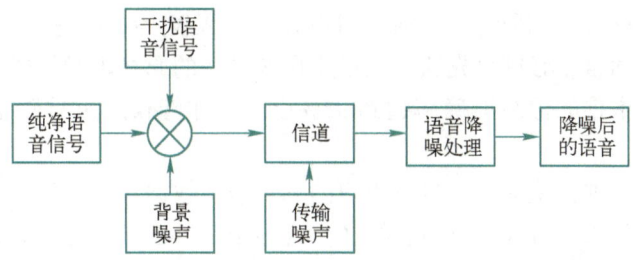

图9-1 通过语音增强技术来改善语音质量的过程图

在实际的需求下，语音增强技术早就引起了人们的关注，许多工程技术人员与科学家多年来一直锲而不舍地进行这方面的研究。随着数字信号处理理论的发展，20世纪70年代，语音增强技术的研究已经达到了一个高潮，得到了一些基本结果，使语音增强技术成为了数字语音信号处理的一个重要分支。之后，随着大规模集成电路和计算机技术的发展，语音增强算法的仿真技术为推动语音增强技术的发展提供了必要的条件，语音增强中的应用研究进入了一个崭新的阶段。

语音增强的目的是提取尽可能多的从带噪语音信号中原始的纯净语音。然而，由于干扰通常是随机的，从带噪语音中提取完全纯净的语音几乎是不可能的。在这种情况下，语音增强的主要目的有两个：首先是语音质量的改进，消除了背景噪声，使人们愿意接受，不感觉疲劳，这是一个主观的方法；其次是提高信噪比，这是一个客观的测量。这两个目的往往是不相同的。

## 9.2 语音标注规范

在语音标注过程中，规范表现如下：

第一，无效语音的判断，在语音标注中，能清晰地听到当事人的对话，如果有背景音乐等杂音，在一般标注下，这些都可以当作杂音来处理。

第二，在标注时，对于模棱两可的方言话语，需要用普通话标出来，除非客户特别要求要尊重方言，一般默认情况下，都需要用普通话翻译出来。

第三，语音标注在进行切分时，电话中人声一定要前后有一定的间距，即在切分时，并不能一个人刚说完，没有时间停顿就被接上，这不符合逻辑。

第四，语音标注对硬件也有一定的要求，对耳机要求很高。如果使用的耳机质量不是很好，在标注过程中，杂音很多，不利于标注，也容易出错。

第五，在语音标注过程中，需要给每个语音内的主角打标签，比如女客服、男客户这类的标签一定要描绘上。

第六，在语音标注过程中，除去杂音成分外，如果突然出现一个人的说话声音，那么，这些声音也需要标注。

## 9.3 语音标注管理与质量检验

不管是语音识别还是语音合成，其背后都依赖于大量的高质量的语音标注数据。高质量的语音标注（包括但不限于对初步识别获得的对应于语音文件的文字内容的标注、文字段的起始和终止的标注以及语音识别质量的标注）可以在很大程度上帮助获得正确的语音识别结果。尤其是对于语音识别而言，必须事先获得大量应用场景下的原始语音数据，然后经过严格的语音标注确保原始语音数据的标注准确率达到95%以上，才能投入声学模型训练，从而获得较高的语音识别准确率。

然而，原始语音数据，是应用场景下用户的真实语音数据，由一系列语音文件组成，没有任何文本信息，需要靠人工方式进行语音标注。这种用于语音标注的方法依赖于密集的人力劳动，效率低且人力成本高，并且难以保障标注结果的准确性。

对于语音标注管理与质量检验，可使用相应的语音数据标注工具与平台，例如语音标注工具Praat可有效实现语音标注管理与质量检验。Praat是目前已经成为比较流行也比较专业的语音处理的软件，可以进行语音数据标注、语音录制、语音合成、语音分析等，具有免费、占用空间小、通用性强、可移植性好等特点，其官网链接为http://www.fon.hum.uva.nl/praat/，汉化版下载链接为http://www.hejingzong.cn/blog/ViewBlog_54.aspx#vidio，具体使用如下。

打开音频文件Sound demo，单击标注，转换为TextGrid文件，如图9-2所示。

分"层"，这里分为文本、性别、身份、噪声四层，如图9-3所示。

# 第 9 章　语音与语音识别

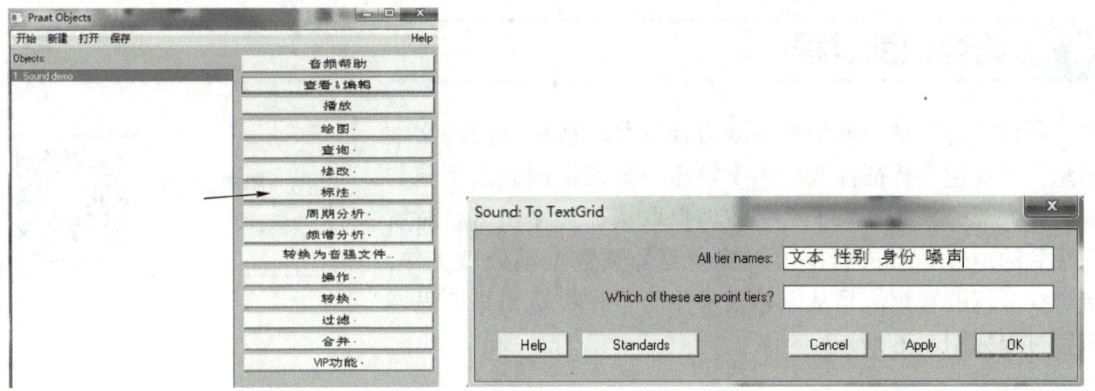

图 9-2　转换界面　　　　　　　　　图 9-3　分层界面

按〈Ctrl〉键，选择 Sound demo 和 TextGrid demo，单击"查看 & 编辑"按钮，开始进行标注，如图 9-4 所示。

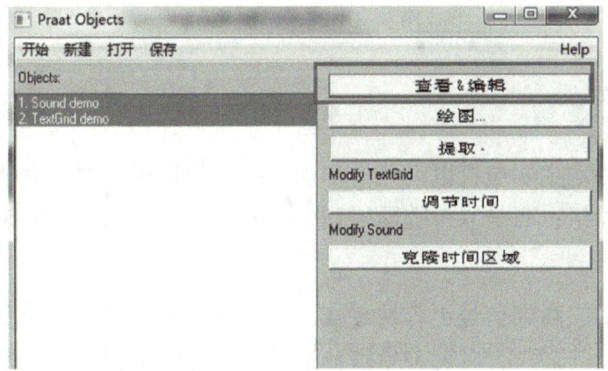

图 9-4　查看 & 编辑界面

完成标注后保存，如图 9-5 所示。

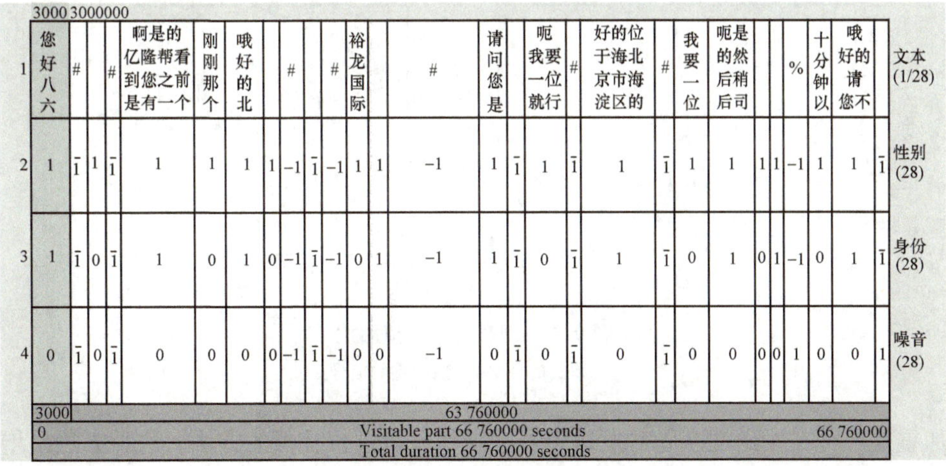

图 9-5　标注后保存

## 9.4 语音识别过程

所谓语音识别，就是将一段语音信号转换成对应的文本信息，主要包含特征提取、声学模型、语言模型以及字典与解码四大部分，此外为了更有效地提取特征往往还需要对所采集到的声音信号进行滤波、分帧等音频数据预处理工作，将需要分析的音频信号从原始信号中合适地提取出来。语音识别过程如图 9-6 所示。

16　语音识别的过程

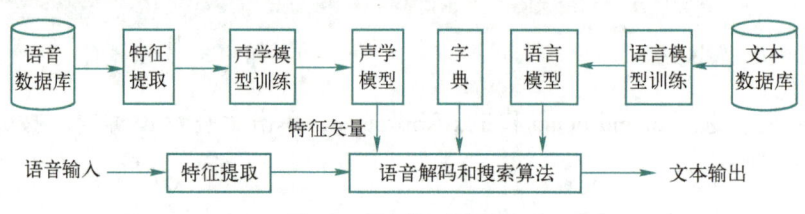

图 9-6　语音识别过程

### 9.4.1 特征提取

语音识别的特征提取主要包含以下几个步骤，一是预加重；二是分帧、加窗，快速傅里叶变换；三是 Mel 滤波器组；四是取对数即得到 Fbank；五是离散余弦变换，即得到 MFCC。

**1. 预加重**

在音频录制过程中，高频信号更容易衰减，而像元音等一些因素的发音包含了较多的高频信号的成分，高频信号的丢失，可能会导致音素的共振峰并不明显，使得声学模型对这些音素的建模能力不强。预加重是个一阶高通滤波器，可以提高信号高频部分的能量。

对于预加重，给定时域输入信号，预加重之后信号为：$y[n]=x[n]-\alpha x[n]$，$0.9 \leq \alpha \leq 1.0$。经过预加重之后的频谱图和原始的频谱图的比较如图 9-7 所示。

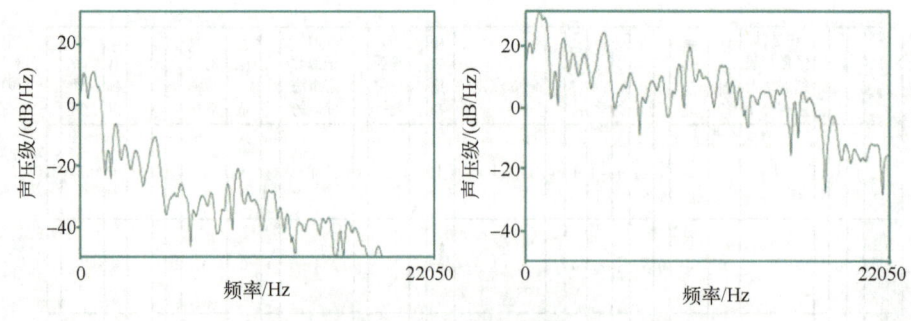

图 9-7　语音信号的预加重
a) 原始信号　b) 预加重的信号

预加重是一种在发送端事先对发送信号的高频分量进行补偿的方法。这种方法是增大信号跳变边沿后第一个 bit（跳变 bit）的幅度（预加重）。比如对于一个 00111 的序列来说，做完预加重后序列里第一个 1 的幅度会比第二个和第三个 1 的幅度大。由于跳变 bit 代表了信号里的高频分量，所以这种方法有助于提高发送信号里的高频分量。在实际实现时，有时并不是增加跳变 bit 的幅度，而是相应减小非跳变 bit 的幅度，这种方法有时又叫去加重。

对于预加重技术来说，其对信号改善的效果取决于其预加重的幅度大小。预加重的幅度是指经过预加重后跳变 bit 相对于非跳变 bit 幅度的变化。简单的预加重对信号的频谱改善并不是完美的，比如其频率响应曲线并不一定和实际的传输通道的损耗曲线相匹配，所以高速率的总线会采用阶数更高、更复杂的预加重技术。

**2. 分帧、加窗，快速傅里叶变换**

语音信号是一个非稳态的、时变的信号。但在短时间范围内可以认为语音信号是稳态的、时不变的。这个短时间一般取 10～30 ms，因此在此时间范围内可进行语音信号处理。

语音信号处理常常要达到的一个目标，就是弄清楚语音中各个频率成分的分布。做这件事情的数学工具是傅里叶变换。傅里叶变换要求输入信号是平稳的，如果是不平稳的信号，得到的结果就没有什么意义了。而语音在宏观上来看是不平稳的，但是从微观上来看，在比较短的时间内，语音信号就可以看成平稳的，进而截取出来做傅里叶变换。这就是为什么语音信号要分帧处理，截取出来的一小段信号就叫一帧，帧长一般取 25 ms。

如图 9-8 所示，这段语音的前三分之一和后三分之二明显不一样，所以整体来看语音信号不平稳。框出来的部分是一帧，在这一帧内部的信号可以看成平稳的。所以任何语音信号的分析和处理必须建立在"短时"的基础上，即进行"短时分析"，将语音信号分段来分析其特征参数。

图 9-8 语音信号

分帧一般采用交叠分段的方法，是为了使帧与帧之间平滑过渡，保持其连续性。前一帧和后一帧的交叠部分称为帧移，帧移与帧长的比值一般为 0～1/2，如图 9-9 所示。

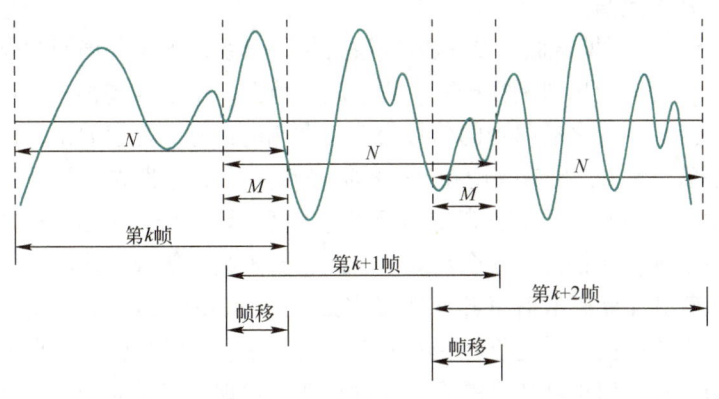

图 9-9 分帧

分帧是用可移动的有限长度窗口进行加权的方法来实现的，就是用一定的窗函数 $\omega(n)$ 来乘以语音信号 $s(n)$，从而形成加窗语音信号 $s\omega(n) = s(n) \times \omega(n)$。

窗函数的要求：一是在时域内减小时间窗两端的坡度，使窗口边缘两端不引起急剧变化而平滑过渡到零，这样可以使截取出的语音波形缓慢降为零，减小语音帧的截断效应；二是在频域内要有较宽的 3 dB 带宽以及较小的边带最大值。

不同窗函数的时域对比如图 9-10 所示。

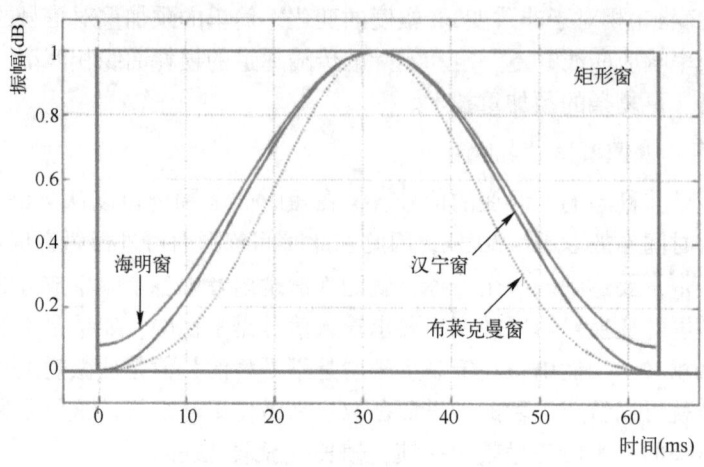

图 9-10　不同窗函数的时域对比

窗函数的选择要注意以下几点：一是加窗函数时，应使窗函数频谱的主瓣宽度尽量窄，以获得高的频率分辨能力；二是旁瓣衰减应尽量大，以减少频谱泄漏（拖尾）；三是二者矛盾需考虑折中，各种窗函数的差别主要在集中于主瓣的能量和分散在所有旁瓣的能量之比。对语音信号的短时分析来说，窗口的形状是至关重要的。选用不同的窗口将使时域分析参数的短时平均能量的平均结果不同。

考虑到后面会对信号做快速傅里叶变换（Fast Fourier Transform，FFT），而 FFT 处理的要求为：信号要么从 $-\infty$ 到 $+\infty$，要么为周期信号。现实世界中，不可能采集时间从 $-\infty$ 到 $+\infty$ 的信号，只能是有限时间长度的信号。由于分帧后的信号是非周期的，进行 FFT 处理之后会有频率泄漏的问题发生，为了将这个泄漏误差减少到最小程度（注意这里说的是减少，而不是消除），我们需要使用加权函数，也叫窗函数。加窗主要是为了使时域信号更好地满足 FFT 处理的周期性要求，减少泄漏。

如图 9-11 所示，若周期截断，则 FFT 频谱为单一谱线。若为非周期截断，则频谱出现拖尾，如图中部所示，可以看出泄漏很严重。为了减少泄漏，给信号施加一个窗函数，原始截断后的信号与这个窗函数相乘之后得到的信号为上面右侧的信号。可以看出，此时，信号的起始时刻和结束时刻幅值都为 0，也就是说在这个时间长度内，信号为周期信号，但是只有一个周期。对这个信号做 FFT 分析，得到的频谱如下部右侧所示。相比较之前未加窗的频谱，可以看出，泄漏已明显改善，但并没有完全消除。因此，窗函数只能减少泄漏，不能消除泄漏。

FFT 是利用计算机计算离散傅里叶变换（Discrete Fourier Transform，DFT）的高效、快速计算方法的统称，它是根据离散傅里叶变换的奇、偶、虚、实等特性，对离散傅里叶变换的算法进行改进获得的。它对傅里叶变换的理论并没有新的发现，但是对于在计算机系统或者数字系统中应用离散傅里叶变换，可以说是有很大的进步。

傅里叶变换的物理意义在于它表明任何连续测量的时序或信号，都可以表示为不同频率的正弦波信号的无限叠加。而根据该原理创立的傅里叶变换算法利用直接测量到的原始信号，以累加方式来计算该信号中不同正弦波信号的频率、振幅和相位。当然这是从数学的角度去看傅里叶变换。

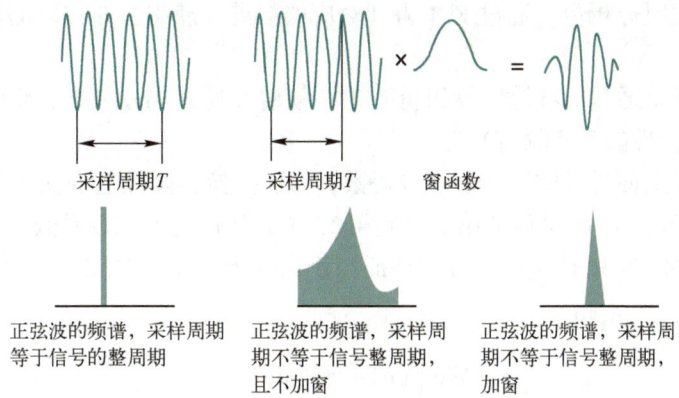

图 9-11 加窗与不加窗信号的 FFT

### 3. Mel 滤波器组

从 FFT 计算得到的结果是每个频带上面的幅值，然而人类对不同频率语音有不同的感知能力。对 1 kHz 以下，与频率呈线性关系，对 1 kHz 以上，与频率成对数关系。频率越高，感知能力就越差。图 9-12 是频率到 Mel（梅尔）刻度的转换关系。

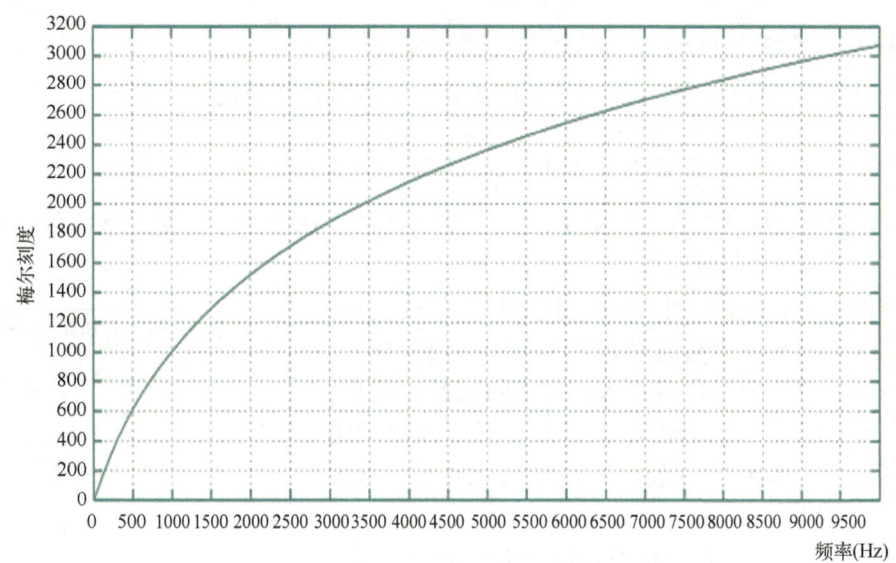

图 9-12 频率到 Mel 刻度的转换

Mel 刻度是一种非线性刻度单位，表示人耳对音高（pitch）变化的感知能力，基于频率定义。在 Mel 频域内，人的感知能力为线性关系，如果两段语音的 Mel 频率差两倍，则人在感知上也差两倍。

将频率 $f$ 转换为 Mel 刻度 $m$ 的公式如下：

$$m = 2595\log_{10}\left(1+\frac{f}{700}\right)$$

提取 Mel 频率倒谱系数（MFCC）特征的过程如下：

1）先对语音进行预加重、分帧和加窗，加强语音信号性能（信噪比、处理精度等）的一些预处理。

2) 对每一个短时分析窗,通过 FFT 得到对应的频谱(获得分布在时间轴上不同时间窗内的频谱)。

3) 将上面的频谱通过 Mel 滤波器组得到 Mel 频谱(通过 Mel 频谱,将线形的自然频谱转换为体现人类听觉特性的 Mel 频谱)。

4) 在 Mel 频谱上面进行倒谱分析,取对数,做逆变换,实际逆变换一般是通过 DCT(离散余弦变换)来实现,取 DCT 后的第 2 个到第 13 个系数作为 MFCC 系数,获得 Mel 频率倒谱系数 MFCC,这个 MFCC 就是这帧语音的特征(倒谱分析,获得 MFCC 作为语音特征)。

**4. 取对数即得到 FBank**

$$Mlog(b) = \log(M(b))$$

这一步就是取上一步结果的对数。简单点理解,它是对纵轴的放缩,可以放大低能量处的能量差异;更深层次地,这是在模仿倒谱(cepstrum)的计算步骤。

FBank 特征已经很贴近人耳的响应特性,但是仍有一些不足:FBank 特征相邻的特征高度相关(相邻滤波器组有重叠),因此当我们用 HMM 对音素建模的时候,几乎总需要首先进行倒谱转换,通过这样得到 MFCC 特征。

MFCC 特征的提取是在 FBank 特征的基础上再进行离散余弦变换,因此前面几步和 FBank 一样。

**5. 离散余弦变换(Discrete Cosine Transform,DCT)**

假设取对数后,我们得到 $N$ 维的特征向量 Mlog。离散余弦变换公式如下:

$$C_i = \sqrt{\frac{2}{N}} \sum_{j=1}^{N} m_j \times \cos\left(\frac{pi \times i}{N} \times (j - 0.5)\right), \forall i \in [1, M]$$

$N$ 是取对数后的特征维度,$M$ 是 DCT 后的特征维度。DCT 的实质是去除各维信号之间的相关性,将信号映射到低维空间。

DCT 是傅里叶变换的一个变种,好处是结果是实数,没有虚部。DCT 还有一个特点是,对于一般的语音信号,这一步的结果的前几个系数特别大,后面的系数比较小,可以忽略。上面说了一般取 40 个三角形,所以 DCT 的结果也是 40 个点;实际中,一般仅保留前 12~20 个,这就进一步压缩了数据。

实际情况下,受不同麦克风及音频通道的影响,会导致相同音素的特征差别比较大,通过 CMVN 可以得到均值为 0、方差为 1 的标准特征。均值方差可以以一段语音为单位计算,但更好的是在一个较大的数据集上进行计算,这样识别效果会更加稳健。

具体过程如图 9-13 所示。

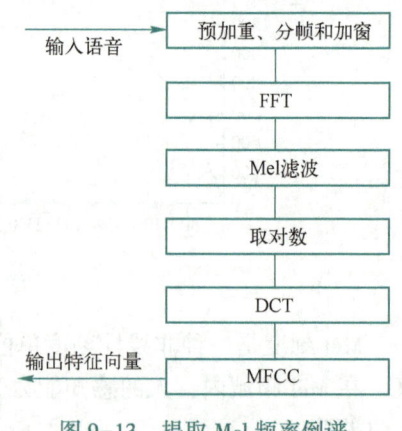

图 9-13 提取 Mel 频率倒谱系数的过程

## 9.4.2 声学模型

声学模型是将语音信号的观测特征与句子的语音建模单元联系起来,即计算。我们通常使用隐马尔可夫模型（Hidden Markov Model，HMM）解决语音与文本的不定长关系，如图9-14所示。

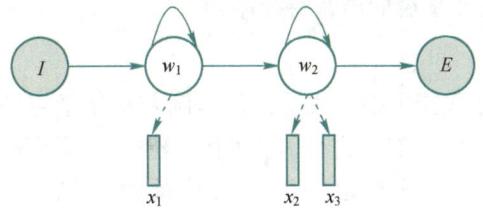

图9-14　隐马尔可夫模型

声学模型是语音识别系统中最为重要的部分之一，主流系统多采用隐马尔可夫模型进行建模。隐马尔可夫模型的概念是一个离散时域有限状态自动机，隐马尔可夫模型是指这一马尔可夫模型的内部状态外界不可见，外界只能看到各个时刻的输出值。

关于声学模型，主要有两个问题，分别是特征向量序列的可变长和音频信号的丰富变化性。可变长特征向量序列问题在学术上通常有动态时间规划（Dynamic Time Warping，DTW）和隐马尔可夫模型方法来解决。而音频信号的丰富变化性是由说话人的各种复杂特性或者说话风格与语速、环境噪声、信道干扰、方言差异等因素引起的。声学模型需要足够的鲁棒性来处理以上的情况。

在过去，主流的语音识别系统通常使用梅尔倒谱系数（Mel-Frequency Cepstrum Coefficient，MFCC）或者线性感知预测（Perceptual Linear Prediction，PLP）作为特征，使用混合高斯模型-隐马尔可夫模型（GMM-HMM）作为传统声学模型。在近些年，区分性模型，比如深度神经网络（Deep Neural Network，DNN）在对声学特征建模上表现出更好的效果。基于深度神经网络的声学模型，比如上下文相关的深度神经网络-隐马尔可夫模型（CD-DNN-HMM）在语音识别领域已经大幅度超越了过去的传统声学模型。

这里首先介绍传统的传统声学模型GMM-HMM，然后介绍基于深度神经网络的声学模型。

**1. 传统声学模型**

HMM对时序信息进行建模，在给定HMM的一个状态后，GMM对属于该状态的语音特征向量的概率分布进行建模。

（1）混合高斯模型

混合高斯模型分布最明显的性质是它的多模态，这使得混合高斯模型可以描述很多显示出多模态性质的物理数据，比如语音数据，而单高斯分布则不合适。数据中的多模态性质可能来自多种潜在因素，每一个因素决定分布中特定的混合成分。如果因素被识别出来，那么混合分布就可以被分解成有多个因素独立分布的集合。

在得到混合高斯模型的形式后，需要估计混合高斯模型的一系列参数变量，主要采用最大期望值算法（Expectation Maximization，EM）进行参数估计。GMM参数通过EM算法进行估计，可以使其在训练数据上生成语音观察特征的概率最大化。此外，只要混合的高斯分布数目足够多，GMM可以拟合任意精度的概率分布。

（2）隐马尔可夫模型

为了描述语音数据，在马尔可夫链的基础上进行了扩展，用一个观测的概率分布与马尔可夫链上的每个状态进行对应，这样引入双重随机性，使得马尔可夫链不能被直接观察，故称为隐马尔可夫模型。隐马尔可夫模型能够描述语音信号中不平稳但有规律可学习的空间变量。具体来说，隐马尔可夫模型具有顺序排列的马尔可夫状态，使得模型能够分段处理短时平稳的语音特征，并以此来逼近全局非平稳的语音特征序列。

### 2. CD-DNN-HMM

虽然 GMM-HMM 在以往取得了很多成功，但是随着深度学习的发展，DNN 模型展现出了明显超越 GMM 的性能，替代了 GMM 进行 HMM 状态建模。不同于 GMM，DNN 模型为了获得更好的性能提升，引入了上下文信息（即前后特征帧信息），所以被称为 CD-DNN-HMM（Context-Dependent DNN-HMM）。在很多测试集上 CD-DNN-HMM 都大幅度超越了 GMM-HMM。

首先简单介绍一下深度神经网络（DNN）模型，DNN 模型是有一个有很多隐藏层的多层感知机，图 9-15 就是一个 5 层 DNN 模型，模型结构上包括输入层、隐藏层和输出层。相比于 GMM，DNN 模型具有一些明显的优势：首先，DNN 模型是一种判别模型，自身便带有区分性，可以更好地区分标注类别；其次，DNN 模型在大数据上有非常优异的表现，伴随着数据量的不断增加，GMM 在 2000 小时左右便会出现性能的饱和，而 DNN 模型在 1 万小时以上还能有性能的提升；另外，DNN 模型对环境噪声有更强的鲁棒性，通过加噪训练等方式，DNN 模型在复杂环境下的识别性能甚至可以超过使用语音增强算法处理的 GMM。

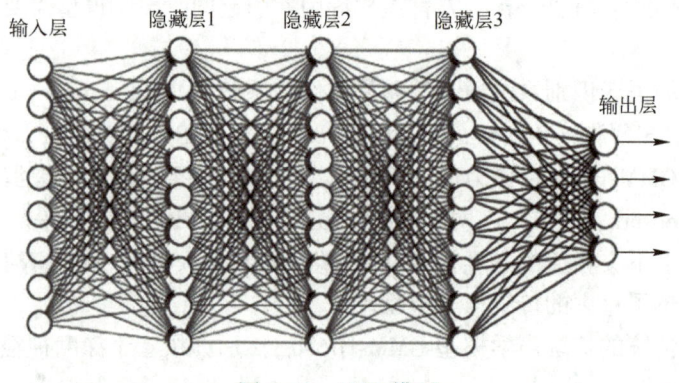

图 9-15　DNN 模型

除此之外，DNN 还有一些有趣的性质，比如，在一定程度上，随着 DNN 网络深度的增加，模型的性能会持续提升，说明 DNN 伴随模型深度的增加，可以提取更有表达性、更利于分类的特征；人们利用这一性质，提取 DNN 模型的瓶颈特征（Bottle-neck），该特征已被广泛用于设计轻量级网络，其核心思想就是运用少量的参数/计算量进行信息压缩。提取 DNN 模型的瓶颈特征之后训练 GMM-HMM，可以取得和 DNN 模型相当的语音识别效果。

### 9.4.3　语言模型

语言模型是根据语言客观事实而进行的语言抽象数学建模，是一种对应关系。语言模型与语言客观事实之间的关系，如同数学上的抽象直线与具体直线之间的关系。

语言模型主要有三种类型：生成性模型、分析性模型和辨识性模型。生成性模型从一个形式语言系统出发，生成语言的某一集合，如乔姆斯基的形式语言理论和转换语法；分析性模型从语言的某一集合开始，根据对这个集合中各个元素的性质的分析，阐明这些元素之间的关系，并在此基础上用演绎的方法建立语言的规则系统，如苏联数学家库拉金娜和罗马尼亚数学家马尔库斯用集合论方法提出的语言模型；在生成性模型和分析性模型的基础上，把二者结合起来，便产生了一种很有实用价值的模型，即辨识性模型。辨识性模型可以从语言元素的某一集合及规则系统出发，通过有限步骤的运算，确定这些元素是一堆乱七八糟的词还是语言中合格的句子，如希勒尔用数理逻辑方法提出的句法类型演算模型。

在语音识别中，为什么需要语言模型呢？可以想象"语音识别"这样的场景，机器通过一定的算法将语音转换为文字，显然，这个过程是极其容易出错的。例如，用户发音"Recognize speech"，机器可能会正确地识别文字为"Recognize speech"，但是也可以不小心错误地识别为"Wrench a nice beach"。简单地从词法上进行分析，无法得到正确的识别结果，但是计算机也不懂语法，那么我们应该如果处理这个问题呢？一个简单易行的方法就是从概率上来判断各个识别正确的可能性，也就是需要语言模型。

什么是语言模型？简单来说就是判断一句话是否在语法上通顺。举个小例子，拿一个训练好的语言模型去衡量下面两个句子，应该是 $p(今天学习比较枯燥) > p(今天枯燥比较学习)$，简单来说就是看起来更符合语法定义。计算一个句子的概率，$p(s) = p(\omega_1, \omega_2, \omega_3, \cdots, \omega_n)$，拿刚才的例子来说：$p(今天, 学习, 比较, 枯燥) = p(今天)p(学习|今天)p(比较|今天, 学习)p(枯燥|今天, 学习, 比较)$，但是我们注意一下这个概率 $p(枯燥|今天, 学习, 比较)$，它的条件很长，这样的话在语料库中出现的概率很小，例如"比较枯燥"是经常出现的，"学习比较枯燥"也会出现几次，但是"今天学习比较枯燥"可能语料库中很少或者没有，这样就导致了数据稀疏性的问题。

如何解决稀疏性问题呢？可以使用马尔可夫假设（Markov Assumption）。马尔可夫的一阶假设可以把上述概率看作 $p(枯燥|今天, 学习, 比较) = p(枯燥)$，我们把它称为一元模型（Unigram Model）。同理二阶假设可以看作 $p(枯燥|今天, 学习, 比较) = p(枯燥|比较)$，我们把它称为二元模型（Bigram Model）。类似的，还有三元模型（Trigram Model），这就是非常经典的 $N$-gram 模型。

如果用二元模型去建模一个句子的话，如下表示：

$$p(s) = p(\omega_1, \omega_2, \omega_3, \cdots, \omega_n) = p(\omega_1) \prod_{i=2}^{n} (\omega_n | \omega_{n-1})$$

gram 的数量也是一个需要平衡的超参数。如果 gram 数量过少，那么离准确值的误差就越大；如果 gram 数量过多，则条件概率十分稀疏，这个统计可能没有意义，本身数量太少。一般采用二元模型，语料库较大的话可以使用三元模型。

### 9.4.4 字典与解码

语音识别中的字典也被称为发音字典，顾名思义就是用来描述各个词的发音或者说给出各个词和音素之间的关系，包含了从单词到音素之间的映射，用来连接声学模型和语言模型。

发音字典包含系统所能处理的单词的集合，并标明了其发音。通过发音字典得到声学模型的建模单元和语言模型建模单元间的映射关系，从而把声学模型和语言模型连接起来，组成一个搜索的状态空间用于解码器进行解码工作。

语音识别系统中所有词的结果均出自于字典，也就是说它是识别系统处理词和音素的集合；通过发音字典得到声学模型的建模单元和语言模型建模单元间的映射关系，从而把声学模型和语言模型连接起来，组成一个搜索的状态空间用于解码器进行解码工作。

当前主流的语音识别系统多基于统计理论的贝叶斯准则，其典型框架一般包含信号处理、声学模型、语言模型和解码器四个基本模块，如图 9-16 所示。解码器模块主要完成的工作包括：给定输入特征序列的情况下，在由声学模型、声学上下文、发音字典和语言模型等四种知识源组成的搜索空间中，通过维特比（Viterbi）算法，寻找最佳词串。

维特比算法是一个特殊但应用最广的动态规划算法，它是针对篱笆网络的有向图（Lattice）的最短路径问题而提出的。凡是使用隐含马尔可夫模型描述的问题都可以用维特比算法来解码，包括今天的数字通信、语音识别、机器翻译、拼音转汉字、分词等。在图 9-17 中，假如从 S 和 E 之间找一条最短的路径，除了遍历完所有路径，还可以用维特比算法求解。

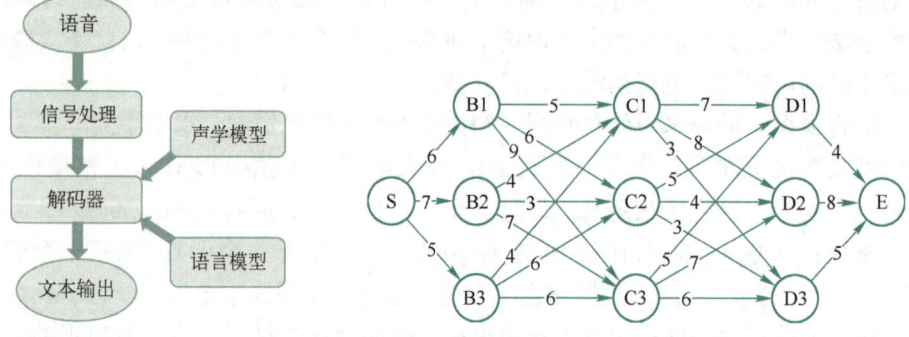

图 9-16　语音识别系统的典型框架　　　　图 9-17　篱笆网络的有向图

在解码过程中，各种解码器的具体实现可以是不同的。按搜索空间的构成方式来分，有动态编译和静态编译两种方式。关于动态编译，预先把发音字典编译成状态网络构成搜索空间，其他知识源在解码过程中根据活跃路径上携带的历史信息动态集成。关于静态编译，是把所有知识源统一编译在一个状态网络中，在解码过程中，根据节点间的转移权重获得概率信息。

## 9.5　语音识别的相关算法

语音识别的研究已经发展了几十年。最早的语音识别系统可以追溯到 20 世纪 50 年代的贝尔实验室，他们开发出了第一个孤立词的数字识别系统。此后在 20 世纪 60 年代语音识别技术有了进一步的发展，其中线性预测编码及动态规划技术的使用，很好地解决了模板匹配中碰到的模板与待识别语音时间上长度不一致的问题，显著地提高了识别率。

此前的语音识别主要采用模板匹配的方法，多用于进行孤立词的识别。在 20 世纪 80 年代以后，随着一些新的算法，如二层动态规划算法等的提出，把研究重点转向了连续语音识别。随着 Rabiner 等人将隐马尔可夫模型引入到语音识别领域，使得基于隐马尔可夫模型的语音识别研究成为之后的研究重点。

本节将讲述语音识别的相关算法，主要包括基于动态时间规整的算法、基于参数模型的隐马尔可夫模型的方法和基于非参数模型的矢量量化（VQ）的方法。

### 9.5.1　基于动态时间规整的算法

动态时间规整（Dynamic Time Warping，DTW）诞生有一定的历史了，由日本学者 Itakura 提出，是一种衡量两个长度不同的时间序列的相似度的方法。应用也比较广，主要是在模板匹配中，如孤立词语音识别（识别两段语音是否表示同一个单词）、手势识别、数据挖掘和信息检索等。

在大多数学科中，时间序列是数据的一种常见表示形式。对于时间序列处理来说，一个普遍的任务就是比较两个序列的相似性。然而，在时间序列中，需要比较相似性的两段时间序列的长度可能并不相等，在语音识别领域表现为不同人的语速不同。因为语音信号具有相当大的随机性，即使同一个人在不同时刻发同一个音，也不可能具有完全的时间长度。而且同一个单词内的不同音素的发音速度也不同，比如有的人会把"A"这个音拖得很长，或者把"i"发得很短。在这些复杂情况下，使用传统的欧几里得距离无法有效地求得两个时间序列之间的距离（或者相似性）。

如图 9-18 所示，实线和虚线分别是同一个词"pen"的两个语音波形（在 $y$ 轴上拉开了，以便观察）。可以看到它们整体上的波形形状很相似，但在时间轴上却是不对齐的。例如在第 20 个时间点的时候，实线波形的 $a$ 点会对应于虚线波形的 $b'$ 点，这样传统的通过比较距离来计算相似性很明显不靠谱，因为实线的 $a$ 点对应虚线的 $b$ 点才是正确的。而在图 9-19 中，DTW 就可以找到这两个波形对齐的点，这样计算它们的距离才是正确的。

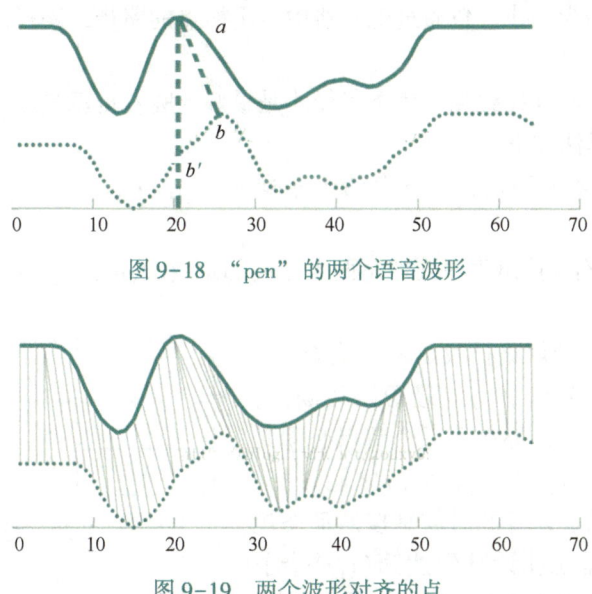

图 9-18 "pen"的两个语音波形

图 9-19 两个波形对齐的点

也就是说，大部分情况下，两个序列整体上具有非常相似的形状，但是这些形状在 $x$ 轴上并不是对齐的。所以我们在比较它们的相似度之前，需要将其中一个（或者两个）序列在时间轴下扭曲，以达到更好的对齐。而 DTW 就是一种实现这种扭曲的有效方法。DTW 通过把时间序列进行延伸和缩短，来计算两个时间序列性之间的相似性。

那如何知道两个波形对齐了呢？也就是说怎么样的扭曲才是正确的？直观上理解，当然是扭曲一个序列后可以与另一个序列重合。这个时候两个序列中所有对应点的距离之和是最小的。所以从直观上理解，扭曲的正确性一般指以特征尺寸为特点的对齐。

对于 DTW 来说，它是一个典型的优化问题，用满足一定条件的时间规整函数 $W(n)$ 描述测试模板和参考模板的时间对应关系，求解两模板匹配时累计距离最小所对应的规整函数。

假设我们有两个时间序列 $Q$ 和 $C$，它们的长度分别是 $n$ 和 $m$（实际语音匹配运用中，一个序列为参考模板，一个序列为测试模板，序列中的每个点的值为语音序列中每一帧的特征值。例如语音序列 $Q$ 共有 $n$ 帧，第 $i$ 帧的特征值（一个数或者一个向量）是 $q_i$。至于取什么特征，在这里不影响 DTW 的讨论。我们需要的是匹配这两个语音序列的相似性，以达到识别我们的测试语音是哪个词)。$Q$ 和 $C$ 表示如下。

$$\begin{cases} Q = \{q_1, q_2, \cdots, q_i, \cdots, q_n\} \\ C = \{c_1, c_2, \cdots, c_j, \cdots, c_m\} \end{cases}$$

如果 $n=m$，直接计算两个序列的距离就好了。但如果 $n$ 不等于 $m$，我们就需要对齐。最简单的对齐方式就是线性缩放了。把短的序列线性放大到和长序列一样的长度再比较，或者把长的线性缩短到和短序列一样的长度再比较。但是这样的计算没有考虑到语音中各个段在不同情况下的持续时间会产生或长或短的变化，因此识别效果不可能达到最佳。因此更多的是采用动态规划的方法。

为了对齐这两个序列，需要构造一个 $n=m$ 的矩阵网格，矩阵元素 $(i,j)$ 表示 $q_i$ 和 $c_j$ 两个点的距离 $d(q_i, c_j)$（也就是序列 $Q$ 的每一个点和 $C$ 的每一个点之间的相似度，距离越小则相似度越高。这里先不管顺序），一般采用欧式距离，$D(q_i, c_j) = (q_i - c_j)^2$（也可以理解为失真度）。动态规划算法可以归结为寻找一条通过此网格中若干格点的路径，路径通过的格点即为两个序列进行计算的对齐的点。

那么这条路径怎么才能找到呢？哪条路径才是最好的呢？也就是刚才的问题，怎么样的扭曲才是最好的。具体算法如下。

1）已知两个或者多个序列，假设有两个序列 $A = \{a_1, a_2, a_3, \cdots, a_m\}$，$B = \{b_1, b_2, b_3, \cdots, b_n\}$，维度 $m > n$。

2）用欧几里得距离计算出每序列的每两点之间的距离 $D(a_i, b_j)$，其中 $1 \leq i \leq m$，$1 \leq j \leq n$，如图 9-20 所示。

3）根据图 9-20 将最短路径找出来。从 $D(a_i, b_j)$ 沿着某条路径到达 $D(a_m, b_n)$。最短路径满足：假如当前节点是 $D(a_i, b_j)$，那么下一个节点必须是在 $D(a_i, b_j)$，$D(a_i, b_{j+1})$，$D(a_{i+1}, b_{j+1})$ 之间选择，并且路径必须是最短的。计算的时候是按照动态规划的思想计算，也就是说在计算到达第 $(i,j)$ 个节点的最短路径时候，考虑的是左上角也即第 $(i-1,j)$、$(i-1,j-1)$、$(i,j-1)$ 这三个点到 $(i,j)$ 的最短距离。

| $D(a_1,b_1)$ | $D(a_1,b_2)$ | $\cdots$ | $D(a_1,b_n)$ |
|---|---|---|---|
| $D(a_2,b_1)$ | $D(a_2,b_2)$ | $\cdots$ | $D(a_2,b_n)$ |
| $\cdots$ | $\cdots$ | $\cdots$ | $\cdots$ |
| $D(a_m,b_1)$ | $D(a_m,b_2)$ | $\cdots$ | $D(a_m,b_n)$ |

图 9-20　两点之间的距离

4）按照回溯法输出路径，从 $D(a_1, b_1)$ 到 $D(a_m, b_n)$。它们的总和就是所需要的 DTW 距离。

举例如下：

已知两个列向量 $a = [8\ 9\ 1]^T$，$b = [2\ 5\ 4\ 6]^T$，其中 T 代表转置，也就是把行向量转换为列向量，现求两个向量利用动态时间规整以后的最短距离。

第一步，计算对应点的欧几里得距离矩阵 $d$，注意开根号，相当于取绝对值，如图 9-21 所示。

| 6 | 3 | 4 | 2 |
|---|---|---|---|
| 7 | 4 | 5 | 3 |
| 1 | 4 | 3 | 5 |

图 9-21　欧几里得距离矩阵 $d$

第二步，计算累加距离 $D$［从 6 出发到达 5 的累加距离］，计算方法如下：

$$D(1,1) = d(1,1) = 6$$

$$D(1,2)=D(1,1)+d(1,2)=9$$

...

$$D(2,2)=\min[D(1,2),D(1,1),D(2,1)]+d(2,2)=6+4=10$$

...

$$D(m,n)=\min[D(m-1,n),D(m-1,n-1),D(m,n-1)]+d(m,n)$$

累加距离 $D$ 如图 9-22 所示。

| 6 | 9 | 13 | 15 |
|---|---|---|---|
| 13 | 10 | 14 | 16 |
| 14 | 14 | 13 | 16 |

图 9-22 累加距离 $D$

最优路径如图 9-23 箭头所示。

另举一个例子,已知累加距离矩阵 $D$ 如图 9-24 所示,则最优路径如图中箭头所示。

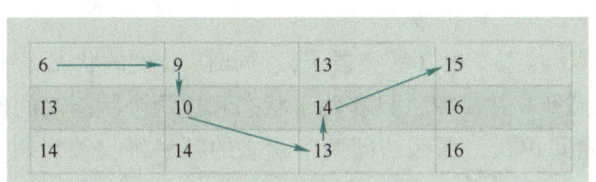

图 9-23 最优路径

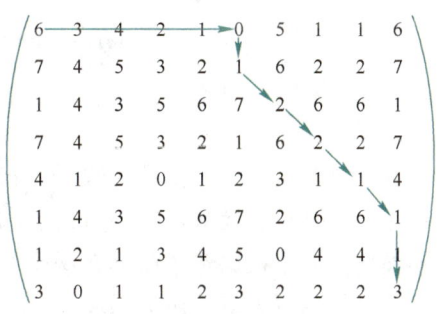

图 9-24 已知累加距离矩阵 $D$

### 9.5.2 基于参数模型的隐马尔可夫模型的方法

隐马尔可夫模型是比较经典的机器学习模型,它在语言识别、自然语言处理、模式识别等领域得到广泛的应用。当然,随着目前深度学习的崛起,尤其是 RNN、LSTM 等神经网络序列模型的火热,HMM 的地位有所下降。但是作为一个经典的模型,学习 HMM 算法,对我们解决问题建模能力的提高以及算法思路的拓展还是很好的。

HMM 是马尔可夫链的一种,它的状态不能直接观察到,但能通过观测向量序列观察到,每个观测向量都是通过某些概率密度分布表现为各种状态,每一个观测向量是由一个具有相应概率密度分布的状态序列产生。所以,HMM 是一个双重随机过程——具有一定状态数的隐马尔可夫链和显示随机函数集。自 20 世纪 80 年代以来,HMM 被应用于语音识别、行为识别、文字识别等领域,取得重大成功。到了 20 世纪 90 年代,HMM 还被引入计算机文字识别和移动通信核心技术"多用户的检测"。HMM 在生物信息科学、故障诊断等领域也开始得到应用。

HMM 是一种结构最简单的动态贝叶斯网的生成模型,也是一种著名的有向图模型。它是典型的自然语言中处理标注问题的统计机器学模型,现举例介绍这种模型。

假设有三个不同的骰子(6 面、4 面、8 面),每次先从三个骰子里面选择一个,每个骰子选中的概率为 1/3，如图 9-25 所示，重复上述过程，得到一串数值 $[1,6,3,5,2,7]$。这些可观测变量组成可观测状态链。同时，在隐马尔可夫模型中还有一条由隐变量组成的隐含状态链，在本例中即骰子的序列。比如得到这串数字骰子的序列可能为 $[D6,D8,D8,D6,D4,D8]$。

HMM 示意图如图 9-26 所示，箭头表示变量之间的依赖关系。图 9-26 中的箭头说明如图 9-27 所示。

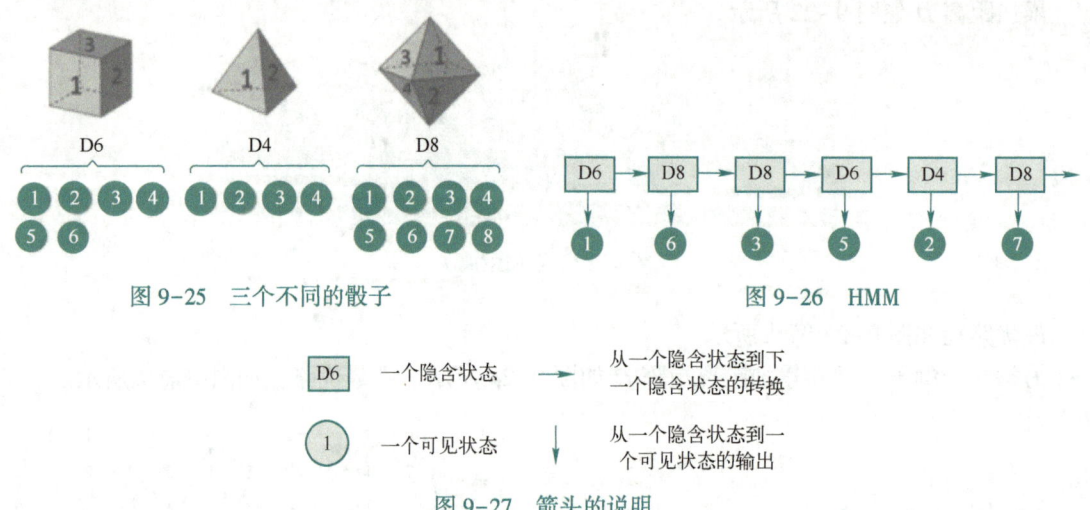

图 9-25　三个不同的骰子　　　　　　　图 9-26　HMM

图 9-27　箭头的说明

在任意时刻，观测变量（骰子）仅依赖于状态变量（哪类骰子），同时 $t$ 时刻的状态 $q_t$ 仅依赖于 $t-1$ 时刻的状态 $q_{t-1}$。它首先考虑的模型非常简单，只有两个状态和这两个状态之间的转换概率。如果根据转移概率在两个状态之间跳跃，那么访问两个状态的频率将收敛到期望值，这是马尔可夫链的遍历原理。

根据上面的例子，这里给出 HMM 的定义。HMM 是关于时序的概率模型，描述由一个隐藏的马尔可夫链随机生成不可观测的状态随机序列，再由各个状态生成一个可观测的随机序列的过程，隐藏的马尔可夫链随机生成的状态序列，称为状态序列（也就是上面例子中的 D6，D8 等）；每个状态生成一个观测，而由此产生的观测随机序列，称为观测序列（也就是上面例子中的 1，6 等）。序列的每个位置又可以看作是一个时刻。

HMM 由初始的概率分布、状态转移概率分布以及观测概率分布确定。具体的形式如下，这里设 $Q$ 是所有可能的状态的集合，$V$ 是所有可能的观测的集合，即

$$Q=\{q_1,q_2,\cdots,q_N\}，\quad V=\{v_1,v_2,\cdots,v_M\}$$

其中，$N$ 是可能的状态数，$M$ 是可能观测的数。另外设 $I$ 是长度为 $T$ 的状态序列，$O$ 是对应的观测序列：

$$I=\{i_1,i_2,\cdots,i_N\}，\quad O=\{o_1,o_2,\cdots,o_N\}$$

在马尔可夫链中，有几个矩阵变量，分别是状态转移概率矩阵 $A$，观测概率矩阵 $B$，以及初始状态概率向量 $C$，其中状态转移概率矩阵 $A$ 为：

$$A=[a_{ij}]_{N\times N}$$

其中，

$$a_{ij}=p(i_{t+1}=q_j\mid i_t=q_i)$$

$i=1,2,\cdots,N, j=1,2,\cdots,N$；$a_{ij}$ 是在时刻 $t$ 处于状态 $q_i$ 的条件下生成状态 $q_j$ 的概率。

初始状态概率向量为

$$C=(C_i), C_i=P(i_1=q_i), i=1,2,\cdots,N$$

$C_i$ 为时刻 $t=1$ 处于状态 $q_i$ 的概率。

隐马尔可夫模型由初始状态概率向量 $C$、状态转移概率矩阵 $A$ 和观测概率矩阵 $B$ 决定，$C$ 和 $A$ 决定状态序列，$B$ 决定观测序列，因此 HMM 可以用三元符号表示为

$$\lambda=\{A,B,C\}$$

$A$、$B$ 和 $C$ 也被称为隐马尔可夫模型的三要素。

状态转移概率矩阵 $A$ 与初始状态概率向量 $C$ 确定了隐藏的马尔可夫链，生成不可观测的状态序列，观测概率矩阵 $B$ 确定了如何从状态生成观测，与状态序列综合确定了如何产生观测序列。

从定义中，可以发现 HMM 有两个基本假设：

1）马尔可夫性假设，即假设隐藏的马尔可夫链在任意时刻 $t$ 的状态只依赖于其前一时刻的状态，与其他时刻的状态及观测无关，也与时刻 $t$ 无关，即

$$p(i_t|i_{t-1},o_{i-1},\cdots,i_1,o_1)=p(i_t|i_{t-1}), t=1,2,\cdots,T$$

2）观测独立性假设，即假设任意时刻的观测只依赖于该时刻的马尔可夫链的状态，与其他观测及状态无关，即

$$p(o_t|i_T,o_T,i_{T-1},o_{T-1},\cdots i_{t+1},o_{t+1},i_t,o_t,\cdots,i_1,o_1)=p(o_t|i_t)$$

HMM 可以用于标注，这时状态对应着标记。标注问题是给定观测的序列预测其对应的标记序列。可以假设标注问题的数据是由 HMM 生成的，这样可以利用该模型的学习与预测算法进行标注。

### 9.5.3 基于非参数模型的矢量量化（VQ）的方法

矢量量化（Vector Quantization，VQ）是一种极其重要的信号压缩方法。VQ 在语音信号处理中占有十分重要的地位，广泛应用于语音编码、语音识别和语音合成等领域。

VQ 是一种基于块编码规则的有损数据压缩方法。事实上，在 JPEG 和 MPEG-4 等多媒体压缩格式里都有 VQ 这一步。它的基本思想是将若干个标量数据组构成一个矢量，然后在矢量空间给以整体量化，从而压缩了数据而不损失多少信息。

VQ 实际上就是一种逼近，它的思想和"四舍五入"有异曲同工之妙，都是用和一个数最接近的整数来近似表示这个数。这里举一个一维 VQ 的例子。设定小于-2 的数都近似为-3，在-2 和 0 之间的数都近似为-1，在 0 和 2 之间的数都近似为 1，大于 2 的数都近似为 3。这样任意的一个数都会被近似为-3、-1、1 或者 3 这四个数中的其中一个。这样编码这四个数只需要两个二进制位就行了，如图 9-28 所示，所以这是 1-dimensional、2-bit VQ，它的量化速率为 2bits/dimension。

再举一个二维的例子，如图 9-29 所示。在该图中，用实线将这张图划分为 16 个区域。任意的一对数（也就是横轴 $x$ 和纵轴 $y$ 组成的任意的一个坐标点 $(x,y)$ 都会落到上面这张图中的某一特定区域）。然后它就会被该区域的星形点近似。这里有 16 块不同区域，就是 16 个星形点。然后这 16 个值就可以用 4 位的二进制码来编码表示（$2^4=16$）。因此，这是个 2-dimensional、4-bit VQ，它的速率同样是 2bits/dimension。上面这些星形点就是量化矢量，表示图中的任意一个点都可以量化为这 16 个矢量中的一个。

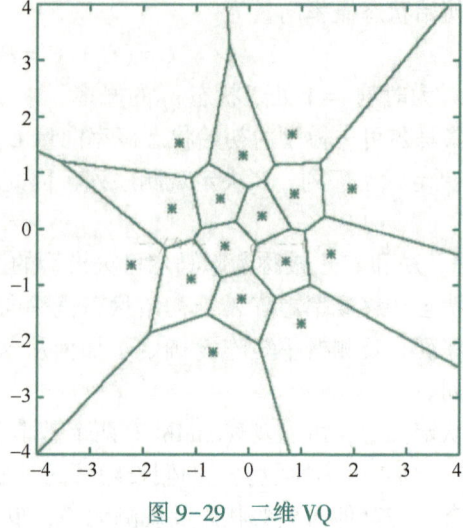

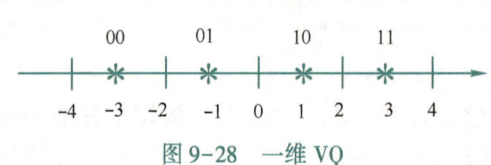

图 9-28　一维 VQ　　　　　　　　　图 9-29　二维 VQ

## 9.6　语音识别应用场景及产品分类

根据识别内容的范围，语音识别产品可分为"封闭域识别"和"开放域识别"这两类。

**1. 封闭域识别**

识别范围为预先指定的字/词集合，即算法只在开发者预先设定的封闭域识别词的集合内进行语音识别，对范围之外的语音会拒识。因此，可将其声学模型和语言模型进行裁剪，使得识别引擎的运算量变小；并且，可将引擎封到嵌入式芯片或者本地化的 SDK 中，从而使识别过程完全脱离云端，摆脱对网络的依赖，并且不会影响识别率。

该类产品形态表现在流式传输——同步获取。

**2. 开放域识别**

该类识别无须预先指定识别词集合，算法将在整个语言大集合范围中进行识别。为适应此类场景，声学模型和语音模型一般都比较大，引擎运算量也较大。如果将其封装到嵌入式芯片或者本地化的 SDK 中，耗能较高并且影响识别效果。

因此，业界厂商基本上都只以云端形式提供（云端包括公有云形式和私有云形式）。至于本地化形式，只提供带服务器级别计算能力的嵌入式系统（如会议字幕系统）。

对于产品形态，按照音频录入和结果获取方式可分为 3 种。

（1）流式上传——同步获取

应用/软件会对说话人的语音进行自动录制，并将其连续上传至云端，说话人在说完话的同时能实时地看到返回的文字。

语音云服务厂商的产品接口中，会提供音频录制接口和格式编码算法，供客户端边录制边上传，并与云端建立长连接，同步监听并获取中间（或者最终完整）的识别结果。

对于时长的限制，由语音云服务厂商自定义，一般有小于 1 分钟和小于 5 小时两种，两者可能会采用不同的模型（时长限制小于 5 小时的模型会采用 LSTM 长时相关性建模）。

典型应用场景主要在输入场景，如输入法、会议/法院庭审时的实时字幕上屏；与麦克风阵列和语义结合的人机交互场景，如具备更自然交互形态的智能音箱。比如用户说"转发小编这篇文章",在无配置的情况下,识别系统也能够识别这段语音,并返回相应的文字结果。

(2) 已录制音频文件上传——异步获取

音频时长一般小于 3 或 5 小时。用户需自行调用软件接口或是硬件平台预先录制好规定格式的音频,并使用语音云服务厂商提供的接口进行音频上传,上传完成之后便可以断掉连接。用户通过轮询语音云服务器或者使用回调接口进行结果获取。

由于长语音的计算量较大,计算时间较长,因此采取异步获取的方式可以避免由于网络问题带来的结果丢失。也因为语音转写系统通常是非实时处理的,这种工程形态也给了识别算法更多的时间进行多遍解码。而长时的语料,也给了算法使用更长时的信息进行长短期记忆网络建模。在同样的输入音频下,此类型产品形态牺牲了一部分实时率,花费了更高的资源消耗,但是却可以得到更高的识别率。在时间允许的使用场景下,"非实时已录制音频转写"无疑是最推荐的产品形态。

典型应用场景包含两个方面,一是已经录制完毕的音/视频字幕配置;二是实时性要求不高的客服语音质检和 UGC 语音内容审查场景等。

(3) 已录制音频文件上传——同步获取

音频时长一般小于 1 分钟。用户需自行预先录制好规定格式的音频,并使用语音云服务厂商提供的接口进行音频上传。此时,客户端与云端建立长连接,同步监听并一次性获取完整的识别结果。使用的模型会根据语音云厂商产品策略的不同,而采用上述几种模型中的任意一种。

典型应用场景表现为适用于无法用音频录制接口进行实时音频流上传,或者结果获取的实时性要求比较高的场景。

## 9.7 习题与练习

**1. 填空题**

1) 语音是一段(　　　　)过程,但由于(　　　　)和(　　　　)的形状在一段相对稳定的时间内是不会产生突变的,因此可以得出结论:(　　　　)是不变的,所以语音具有(　　　　)的相对稳定性。

2) 语音增强要利用到噪声的各种参数,噪声评估的(　　　　)对后续算法具有显著直接的影响,因此预先准确地估算(　　　　)的影响是非常重要的。

3) 原始语音数据,是应用场景下用户的(　　　　),由一系列(　　　　)组成,没有任何(　　　　),需要靠人工方式进行语音标注。

4) 语音识别的特征提取主要包含以下几个步骤,一是(　　　　);二是(　　　　);三是(　　　　);四是取 log 即得到 FBank;五是(　　　　),即得到 MFCC。

5) 关于声学模型,主要有两个问题,分别是(　　　　)和(　　　　)。(　　　　)特征向量序列问题在学术上通常有(　　　　)和(　　　　)方法来解决。而音频信号的丰富变化性是由说话人的各种复杂特性或者说话风格与语速、环境噪声、信道干扰、方言差异等因素引起的。(　　　　)需要足够的鲁棒性来处理以上的情况。

6) 语言模型主要有三种类型:(　　　　)、(　　　　)和(　　　　)。(　　　　)从一个形式语言系统出发,生成语言的某一集合,如乔姆斯基的形式语言理论和转换语法。

7) 发音字典包含系统所能处理的(　　　　)的集合,并标明了其(　　　　)。通过发音字典得到声学模型的（　　　　）和（　　　　）的映射关系，从而把声学模型和语言模型连接起来，组成一个搜索的状态空间用于（　　　　）进行解码工作。

8）对于 DTW 来说，它是一个典型的（　　　　）问题，用满足一定条件的时间规整函数 $W(n)$ 描述（　　　　）和（　　　　）的时间对应关系，求解两模板匹配时（　　　　）最小所对应的规整函数。

9）HMM 是（　　　　）的一种，它的状态不能直接观察到，但能通过观测（　　　　）观察到，每个观测向量都是通过某些（　　　　）分布表现为各种状态，每一个观测向量是由一个具有相应（　　　　）分布的状态序列产生。

10）矢量量化（VQ）是一种极其重要的（　　　　）方法。VQ 在语音信号处理中占有十分重要的地位，广泛应用于（　　　　）、（　　　　）和（　　　　）等领域。

**2. 选择题**

1）在语音信号参数分析前要进行预处理，主要是因为（　　）。
A. 使处理后的信号更能满足实际需要，对提高处理精确度有重要意义
B. 使有效的语音信号和无用的噪声信号得以分离
C. 可以用来区分声母与韵母的分界
D. 可作为一种超音段信息，用于语音识别中

2）（　　）不属于语音信号参数分析前预处理过程。
A. 预加重　　　　B. 加窗　　　　C. 分帧　　　　D. 傅里叶变换

3）（　　）不属于语音识别的相关算法。
A. 基于动态时间规整的算法
B. 基于参数模型的隐马尔可夫模型的方法
C. 基于非参数模型的矢量量化（VQ）的方法
D. 基于傅里叶的参数估计方法

4）（　　）不属于语音识别过程。
A. 特征提取　　　B. 声学模型　　　C. 数据分析　　　D. 语言模型

5）下列关于语音说法不正确的是（　　）。
A. 清音和浊音是语音的两大分类
B. 语音是稳定的，是遍历随机过程
C. 通过对语音信号的统计分析，可以用来描述语音的特征
D. 长时域的语音增强技术的统计特性意义不大

6）在语音标注过程中，（　　）不属于规范表现。
A. 无效语音的判断
B. 在转写时，对于模棱两可的方言话语，我们需要用普通话标出来
C. 语音标注对硬件没有一定的要求，对耳机要求不大
D. 在语音标注过程中，需要给每个语音内的主角打标签

7）（　　）不属于语音识别的特征提取。
A. 预加重　　　　　　　　　　B. 分帧、加窗，快速傅里叶变换
C. Mel 滤波器组　　　　　　　D. 参数估计

8）下面关于声学模型，正确的是（　　）。
A. 声学模型是将语音信号的观测特征与句子的语音建模单元联系起来，即计算

B．声学模型主要有三种类型：生成性模型、分析性模型和辨识性模型

C．声学模型简单来说就是判断一句话是否在语法上通顺

D．声学模型和语音模型一般都很小，引擎运算量也很小

9）关于语音识别中的字典，不正确的是（　　）。

A．语音识别中的字典也被称为发音字典，是用来描述各个词的发音或者给出各个词和音素之间的关系

B．发音字典包含系统所能处理的单词的集合，并标明了其发音

C．字典的作用是用来进行特征提取的

D．语音识别系统中所有词的结果均出自字典，也就是说它是识别系统处理词和音素的集合

10）关于隐马尔可夫模型，下列说法正确的是（　　）。

A．隐马尔可夫模型是比较经典的参数估计模型

B．隐马尔可夫模型是一种结构最简单的动态贝叶斯网的生成模型，它也是一种著名的有向图模型

C．隐马尔可夫模型是用来描述一个含有已知参数的马尔可夫过程

D．隐马尔可夫模型是一种著名的无向图模型

**3. 简答题**

1）语音识别的基本流程包括哪几个步骤？

2）语音的特性是什么？

3）语音识别的特征提取主要包含哪几个步骤？

4）简要阐述一下如何实现语音的增强。

5）语音识别的相关算法有哪些？

# 第 10 章 人工智能开发环境

操作系统对一个国家的信息安全至关重要。Linux 操作系统具有免费、开源、高效等优点。大部分国产操作系统,基本都是基于 Linux 操作系统升级,这是中国操作系统的核心技术土壤。随着开源软件在世界范围内影响力的日益增强,Linux 在服务器、桌面、行业定制等领域获得了长足发展。就 Linux 的本质来说,它只是操作系统的核心,负责控制硬件、管理文件系统、程序进程等。Linux Kernel(内核)并不负责提供用户强大的应用程序,没有编译器、系统管理工具、网络工具、Office 套件、多媒体、绘图软件等,这样的系统也就无法发挥其强大功能,用户也无法利用这个系统工作,因此有人便提出以 Linux Kernel 为核心再集成搭配各式各样的系统程序或应用工具程序组成一套完整的操作系统,经过如此组合的 Linux 套件即称为 Linux 发行版。

## 10.1 Linux 操作系统

Windows、Mac OS、Linux 是当今主流三大操作系统,普通用户一般选择 Windows 或 Mac OS,Linux 主要是占据服务器领域市场。Linux 操作系统具有运行稳定、功能强大、访问方便等优点。具体优势如下。

1)由于 Linux 内核多采用 C 语言编写,采用可移植的 UNIX 标准应用编程接口,支持 i386、Alpha、AMD、Sparc 等系统平台,以及从个人计算机到大型机,甚至包括嵌入式等各种硬件设备系统。

2)与其他操作系统不同,安装 Linux 系统后,一些用户常用的办公软件、图形处理工具、多媒体播放软件、网络工具等无须安装。对于程序开发者来说,Linux 是一个很好的操作平台。Linux 软件包包括多种编程语言和开发工具,如 gcc、cc、C++、Tcl/Tk、Perl、Fortran77 等。

3)与 UNIX 系统一样,Linux 系统是真正的多用户多任务操作系统。多个用户可以独立拥有和使用系统资源,即每个用户对自己的资源(如文件、设备)拥有特定的权限,用户之间互不影响。

4)Linux 系统是一种具有先天病毒免疫力的操作系统,很少受到病毒的攻击。

5)Linux 内核的源代码针对标准 32 位(64 位 CPU 上为 64 位)计算机进行了优化,以确保系统稳定性。Linux 作为一种操作系统,拥有越来越多的用户,也逐渐被应用于更多的领域。随着 Linux 的快速发展,并且凭借着诸多优点,Linux 正逐步在打破 Windows 的垄断地位。

Linux,全称 GNU/Linux,是一种免费使用和自由传播的类 UNIX 操作系统,其内核由 Linus Torvalds 于 1991 年 10 月 5 日首次发布,它主要受到 MINIX 和 UNIX 思想的启发,是一个基于 POSIX 和 UNIX 的多用户、多任务、支持多线程和多 CPU 的操作系统。它能运行主要的 UNIX 工具软件、应用程序和网络协议。它支持 32 位和 64 位硬件。Linux 继承了 UNIX 以网络为核心的设计思想,是一个性能稳定的多用户网络操作系统。Linux 有上百种不同的发行版,如基于社区开发的 Debian、Arch Linux,和基于商业开发的 Red Hat Enterprise Linux、SUSE、Oracle Linux 等。

### 10.1.1 Linux 发展历程

Linux 操作系统的诞生、发展和成长过程始终依赖着五个重要支柱:UNIX 操作系统、MINIX 操作系统、GNU 计划、POSIX 标准和 Internet 网络。

20 世纪 80 年代,计算机硬件的性能不断提高,个人计算机的市场不断扩大,当时可供计算机选用的操作系统主要有 UNIX、DOS 和 MacOS 这三种。UNIX 价格昂贵,不能运行于个人计算机;DOS 显得简陋,且源代码被软件厂商严格保密;MacOS 是一种专门用于苹果计算机的操作系统。此时,计算机科学领域迫切需要一个更加完善、强大、廉价和完全开放的操作系统。由于供教学使用的典型操作系统很少,因此当时在荷兰当教授的美国人 Andrew S. Tanenbaum 编写了一个操作系统 MINIX,向学生讲述操作系统的内部工作原理。MINIX 虽然很好,但只是一个用于教学目的的简单操作系统,而不是一个强有力的实用操作系统,然而最大的好处就是公开源代码。全世界学计算机的学生都可以通过钻研 MINIX 源代码来了解计算机里运行的 MINIX 操作系统,芬兰赫尔辛基大学二年级的学生 Linus Torvalds 就是其中一个,在吸收了 MINIX 精华的基础上,Linus 于 1991 年写出了属于自己的 Linux 操作系统,版本为 Linux 0.01,是 Linux 时代开始的标志。他利用 UNIX 的内核,去除繁杂的内核程序,改写成适用于一般计算机的 x86 系统,并放在网络上供大家下载,1994 年推出完整的内核 Linux 1.0,至此,Linux 逐渐成为功能完善、稳定的操作系统,并被广泛使用。

### 10.1.2 Linux 主要特性

#### 1. 基本特性

Linux 的基本思想有两点:第一,一切都是文件;第二,每个文件都有确定的用途。其中第一条详细来讲就是系统中的所有都归结为一个文件,包括命令、硬件和软件设备、操作系统、进程等,对于操作系统内核而言,都被视为拥有各自特性或类型的文件。至于说 Linux 是基于 UNIX 的,很大程度上也是因为这两者的基本思想十分相近。

#### 2. 完全免费

Linux 是一款免费的操作系统,用户可以通过网络或其他途径免费获得,并可以任意修改其源代码,这是其他的操作系统所做不到的。正是由于这一点,来自全世界无数的程序员参与了 Linux 的修改、编写工作,程序员可以根据自己的兴趣和灵感对其进行改变,这让 Linux 吸收了无数程序员的智慧,不断壮大。

#### 3. 完全兼容 POSIX 1.0 标准

这使得在 Linux 下可以通过相应的模拟器运行常见的 DOS、Windows 的程序,这为用户从 Windows 转到 Linux 奠定了基础。许多用户在考虑使用 Linux 时,就想到以前在 Windows 下常用的程序是否能正常运行,这点特性就消除了他们的疑虑。

#### 4. 多用户、多任务

Linux 支持多用户,各个用户对于自己的文件设备有自己特殊的权利,保证了各用户之间互不影响。多任务则是现代计算机最主要的一个特点,Linux 可以使多个程序同时并独立地运行。

**5. 良好的界面**

Linux 同时具有字符界面和图形界面。在字符界面用户可以通过键盘输入相应的指令来进行操作。它同时也提供了类似 Windows 图形界面的 X-Window 系统，用户可以使用鼠标对其进行操作。在 X-Window 环境中就和在 Windows 中相似，可以说是一个 Linux 版的 Windows。

**6. 支持多种平台**

Linux 可以运行在多种硬件平台上，如具有 x86、680x0、SPARC、Alpha 等处理器的平台。此外 Linux 还是一种嵌入式操作系统，可以运行在机顶盒或游戏机上。2001 年 1 月发布的 Linux 2.4 版本内核已经能够完全支持 Intel 64 位芯片架构。同时 Linux 也支持多处理器技术。多个处理器同时工作，使系统性能大大提高。

### 10.1.3 安装 Ubuntu 18.04

Ubuntu 是一个以桌面应用为主的 Linux 操作系统，它基于 Debian 发行版和 GNOME 桌面环境，与 Debian 的不同在于 Ubuntu 每 6 个月会发布一个新版本。Ubuntu 的目标在于为一般用户提供一个最新的，同时又相当稳定的主要由自由软件构建而成的操作系统。Ubuntu 具有庞大的社区力量，用户可以方便地从社区获得帮助。

**1. 安装配置 VM 虚拟机**

VMware WorkStation 是一款桌面计算机虚拟软件，让用户能够在单一主机上同时运行多个不同的操作系统。每个虚拟操作系统的硬盘分区、数据配置都是独立的，而且多台虚拟机可以构建为一个局域网。Linux 系统对硬件设备的要求很低，我们没有必要再买一台计算机，课程实验用虚拟机完全可以搞定，而且 VM 还支持实时快照、虚拟网络、拖曳文件以及预启动执行环境（Preboot eXecute Environment，PXE）网络安装等方便实用的功能。VM 下载地址为：https://www.vmware.com/cn/products/workstation-pro/workstation-pro-evaluation.html。下面进行 Linux 系统的安装。

**2. 安装 Linux 系统**

1）打开运行环境 VMware Workstation Pro，创建新的虚拟机，如图 10-1 所示。

2）单击"创建新的虚拟机"选项，并在弹出的"新建虚拟机向导"界面中选择"典型"单选按钮，然后单击"下一步"按钮，如图 10-2 所示。

3）选择"稍后安装操作系统"单选按钮，然后单击"下一步"按钮，如图 10-3 所示。

图 10-1 创建新的虚拟机

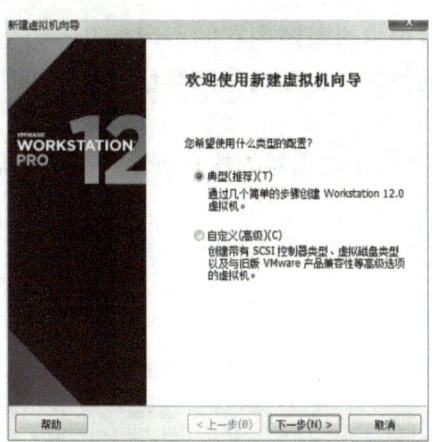

图 10-2　新建虚拟机向导

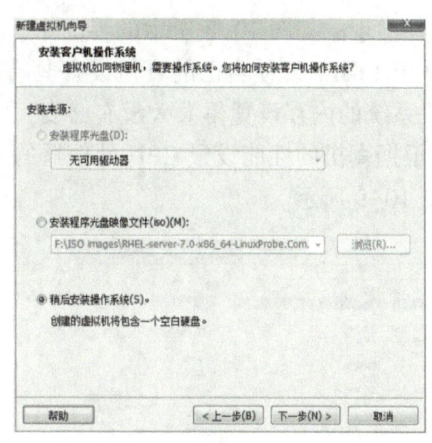

图 10-3　选择虚拟机的安装来源

4）将客户机操作系统的类型选择为"Linux",版本为"Red Hat Enterprise Linux 7 64位",然后单击"下一步"按钮,如图 10-4 所示。

5）填写"虚拟机名称"字段,并在选择安装"位置"之后单击"下一步"按钮,如图 10-5 所示。

图 10-4　选择操作系统的版本

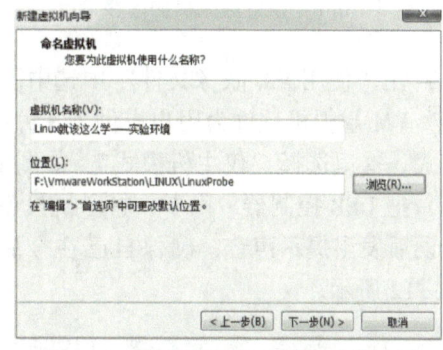

图 10-5　命名虚拟机及设置安装路径

6）将虚拟机系统的"最大磁盘大小"设置为 20.0 GB（默认即可）,然后单击"下一步"按钮,如图 10-6 所示。

7）单击"自定义硬件"按钮,如图 10-7 所示。

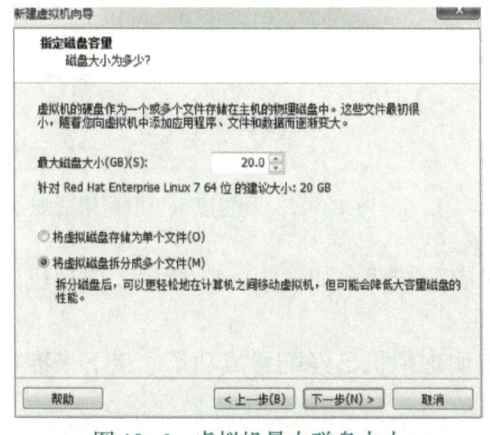

图 10-6　虚拟机最大磁盘大小

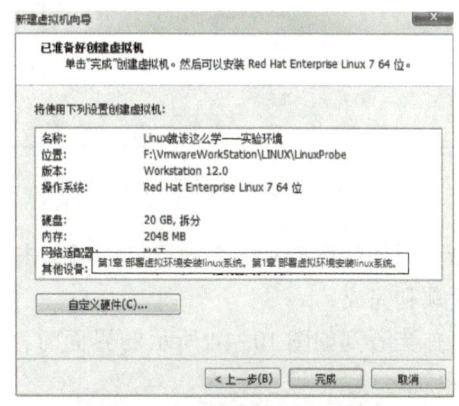

图 10-7　虚拟机的配置界面

8)在出现的如图10-8所示的界面中,建议将虚拟机系统内存的可用量设置为2 GB,最低不应低于1 GB。即使自己的真机设备具有很强的性能,也建议将内存量设置为2 GB,因为将虚拟机系统的内存设置得太大没有必要。

9)根据真机的性能设置CPU处理器的数量以及每个处理器的核心数量,并开启虚拟化功能,如图10-9所示。

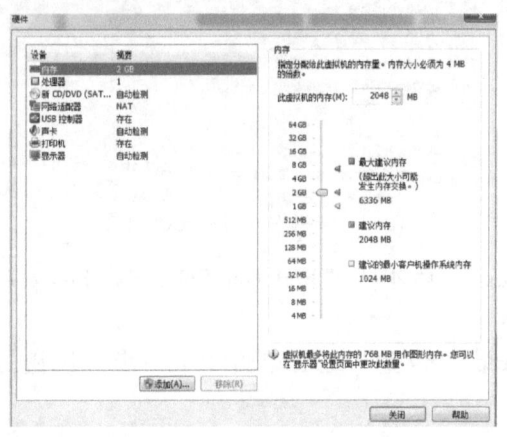
图10-8 设置虚拟机的内存量

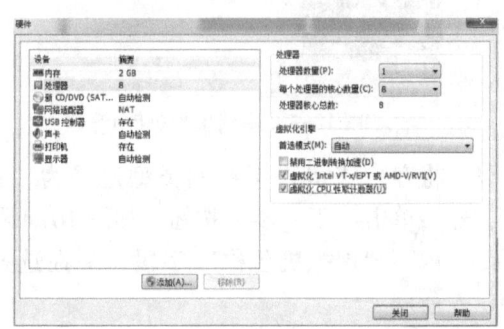
图10-9 设置虚拟机的处理器参数

10)在"使用ISO映像文件"中选中了下载好的RHEL系统映像文件,如图10-10所示。

11)VM虚拟机软件为用户提供了3种可选的网络模式,分别为桥接模式、NAT模式与仅主机模式。这里选择"仅主机模式",如图10-11所示。

12)把USB控制器、声卡、打印机设备等不需要的设备移除掉。移掉声卡后可以避免在输入错误后发出提示声音,确保自己在今后实验中思绪不被打扰。然后单击"关闭"按钮,如图10-12所示。

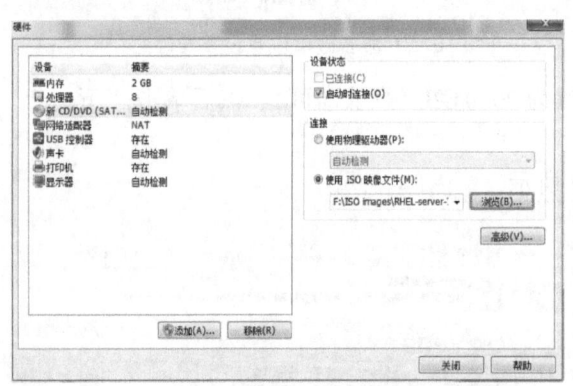
图10-10 设置虚拟机的光驱设备

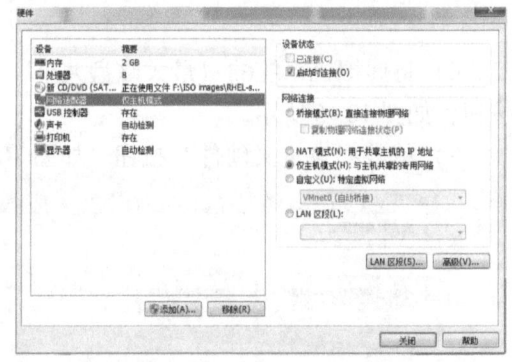
图10-11 设置虚拟机的网络适配器

13)返回到虚拟机配置向导界面后单击"完成"按钮,如图10-13所示。虚拟机的安装和配置顺利完成。

14)当看到如图10-14所示的界面时,就说明虚拟机已经配置成功了。接下来准备步入Linux系统之旅。

第 10 章 人工智能开发环境

图 10-12 最终的虚拟机配置情况　　　　图 10-13 结束虚拟机配置向导

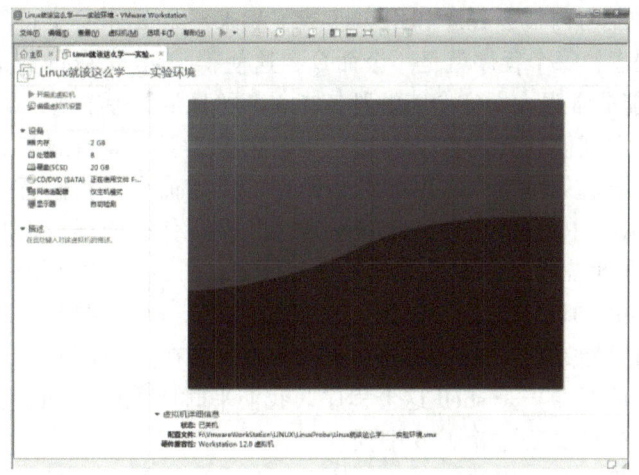

图 10-14 虚拟机配置成功的界面

## 10.2　shell 指令

### 10.2.1　什么是 shell 指令

现在常用的操作系统（Windows、MacOS、Android、iOS 等）都是带图形界面的，简单直观，容易上手，对专业用户和普通用户都非常适用。

计算机的普及离不开图形界面。然而在计算机的早期并没有图形界面，用户只能通过一个一个的命令来控制计算机，这些命令有成百上千之多，记住这些命令非常困难，而且每天面对没有任何色彩的"黑屏"本身就是一件枯燥的事情。这个时候的计算机还远远谈不上炫酷和普及，只有专业人员才能使用。

对于图形界面，用户单击某个图标就能启动某个程序；对于命令行，用户输入某个程序的名字（可以看作一个命令）就能启动某个程序。这两者的基本过程都是类似的，都需要查找程序在硬盘上的安装位置，然后将它们加载到内存运行。换句话说，图形界面和命令行要达到的目的是一样的，都是让用户控制计算机。然而，真正能够控制计算机硬件（CPU、内存、显示器等）

的只有操作系统内核（Kernel），图形界面和命令行只是架设在用户和内核之间的一座桥梁。

由于安全、复杂、烦琐等原因，用户不能直接接触内核（也没有必要），需要另外再开发一个程序，让用户直接使用这个程序，该程序的作用就是接收用户的操作（单击图标、输入命令），并进行简单的处理，然后再传递给内核。如此一来，用户和内核之间就多了一层"代理"，这层"代理"既简化了用户的操作，也保护了内核。

用户界面和命令行就是这个另外开发的程序，就是这层"代理"。在 Linux 下，这个命令行程序叫作 shell。

### 10.2.2　shell 的作用详析

shell 除了能解释用户输入的命令，将它传递给内核，还可以调用其他程序，给其他程序传递数据或参数，并获取程序的处理结果；在多个程序之间传递数据，把一个程序的输出作为另一个程序的输入；shell 本身也可以被其他程序调用。

由此可见，shell 是将内核、程序和用户连接了起来。shell 本身支持的命令并不多，但是它可以调用其他的程序，每个程序就是一个命令，这使得 shell 命令的数量可以无限扩展，其结果就是 shell 的功能非常强大，完全能够胜任 Linux 的日常管理工作，如文本或字符串检索、文件的查找或创建、大规模软件的自动部署、更改系统设置、监控服务器性能、发送报警邮件、抓取网页内容、压缩文件等。shell 并不是简单的堆砌命令，我们还可以在 shell 中编程，这和使用 C/C++、Java、Python 等常见的编程语言并没有什么两样。shell 虽然没有 C/C++、Java、Python 强大，但也支持了基本的编程元素，例如：if…else 选择结构，switch…case 开关语句，for、while、until 循环，变量、数组、字符串、注释、加减乘除、逻辑运算等概念，用户自定义的函数和内置函数（printf、export、eval 等）。站在这个角度讲，shell 也是一种编程语言，它的编译器（解释器）是 shell 这个程序。我们平时所说的 shell，有时候是指连接用户和内核的这个程序，有时候又是指 shell 编程。

shell 主要用来开发一些实用的、自动化的小工具，而不是用来开发具有复杂业务逻辑的中大型软件，例如检测计算机的硬件参数、一键搭建 Web 开发环境、日志分析等，shell 都非常合适。

### 10.2.3　常见的 shell 指令

常用文件操作如下。

1）编辑文件：vi 文件名，或者说是新建文件并用 vi 编辑。

2）复制文件：cp a 文件 b 文件，即将 a 文件复制一份，b 就是复制文件（副本）。两个文件都在当前路径，可以分别指定路径。

3）复制文件目录：cp a 目录 b 目录 –r，将 a 目录（包含里面的全部文件）内容复制到 b 目录下，–r 表示递归复制。

4）新建文件：touch 文件名，如果文件不存在就新建，否则更新新建的最新修改时间。

5）移动文件：mv a 文件 b 目录，将 a 文件移动到 b 目录下。

6）重命名文件：mv a 文件 b 文件，将 a 文件命名为 b 文件，a 文件和 b 文件都是在当前路径下。

7）删除文件：rm a 文件，删除 a 文件。

8）删除文件目录：rm a 目录 –r，删除 a 目录，包括里面的文件。

其他一些常用的 shell 指令如表 10-1 所示。

表 10-1  shell 常用指令表

| 命　令 | 功　能 |
| --- | --- |
| alias | 给命令起别名 |
| cat | 显示文件内容 |
| cd | 改变当前路径 |
| chmod | 修改文件访问权限 |
| chown | 修改文件所有者 |
| clear | 清屏 |
| cp | 复制文件 |
| df | 查看文件系统信息 |
| diff | 比较两个文件的异同 |
| dpkg | 手工安装软件包 |
| echo | 显示字符串 |
| find | 查找文件 |
| grep | 查找字符串 |
| ifconfig | 查看或修改网络 |
| kill | 发送信号 |
| ln | 创建链接文件 |
| ls | 列出文件信息 |
| man | 查找帮助信息 |
| mount | 挂载或卸载分区 |
| more | 分屏显示信息 |
| less | 与 more 类似 |
| head | 显示文件的开头若干行 |
| tail | 显示文件的末尾若干行 |
| mkdir | 创建目录 |
| mv | 移动或重命名文件 |
| pwd | 显示当前路径 |
| ps | 查看系统进程信息 |
| rm | 删除文件和目录 |
| sort | 排序 |
| tar | 归档或释放<br>释放或解压 |
| uniq | 去掉相邻重复的行 |
| wc | 计数器 |
| which | 查找所在路径 |
| touch | 修改文件或目录的时间属性 |

shell 指令中还有一些其他指令，比如：tree 命令、正向表达式命令和 vi 命令等。

## 10.2.4 shell 指令的应用

### 1. mkdir 和 rmdir 指令

mkdir 指令用于创建目录，rmdir 指令用于删除目录。注意 rmdir 指令只能用于删除一个空目录。要删除包含文件的目录，请使用 rm 指令。执行结果如图 10-15 所示。

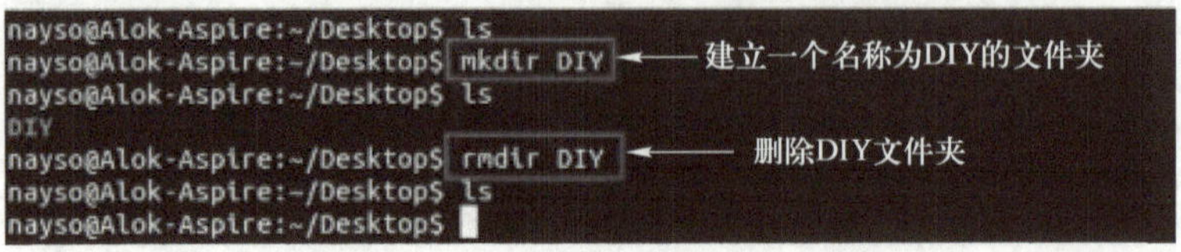

图 10-15　创建与删除文件夹指令

### 2. rm 指令

使用 rm 指令删除文件和目录。但是 rm 指令不能简单地删除目录。使用 "rm-r" 删除目录可以删除文件夹和文件夹中的文件。执行结果如图 10-16 所示。

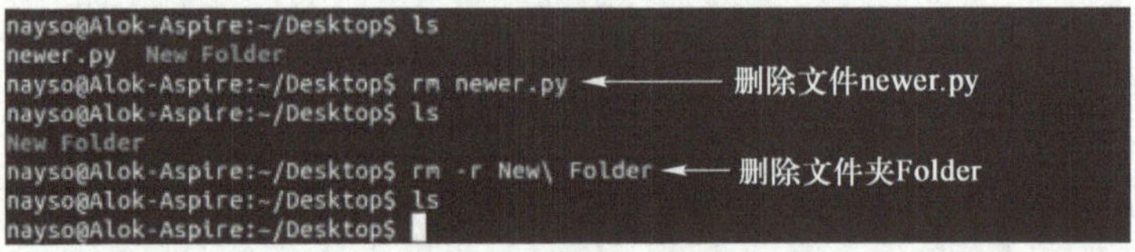

图 10-16　rm 指令

### 3. touch 指令

touch 指令用于修改文件或目录的时间属性，若文件不存在，会建立一个新的文件。它可以产生任何文件，可以是一个空的 txt 文件，也可以是一个空的 zip 文件。执行结果如图 10-17 所示。

图 10-17　touch 指令

### 4. cp 和 mv 指令

使用 cp 命令复制文件。它需要两个参数：第一个是从哪里复制文件，第二个参数是把文件复制到哪里去。使用 mv 命令移动文件。我们也可以使用 mv 命令重命名文件，此时用法类似于 cp。执行结果如图 10-18 所示。

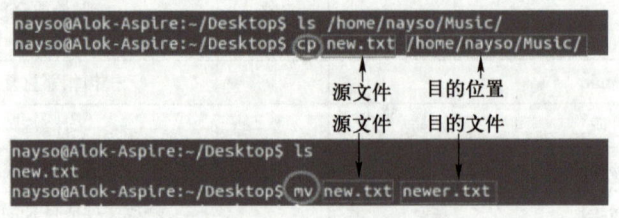

图 10-18　cp 和 mv 指令

### 5. locate 指令

类似于 Windows 中的搜索命令。当不知道保存文件的位置或文件的实际名称时，此命令非常有用。例如，想搜索一个含有"hello"的文件，它会给出一个 Linux 系统中所有包含"hello"的文件的列表。

### 6. 显示与编辑指令

cat 显示指令：使用 cat 指令显示文件的内容。

nano，vi 编辑指令：nano，vi，都是已经在 Linux 命令行中安装的文本编辑器。nano 是一个很好的文本编辑器，用颜色表示关键字，可以兼容大多数语言。如"nano check.txt"可以创建一个 check.txt 文件。vi 比 nano 更简单，也可以用来创建新文件或修改文件。

### 7. 权限指令

超级用户名：sudo 是在 Linux 命令行广泛使用的"超级用户"命令。例如，如果想要进入 administrator 或 root 权限，就可以使用 sudo 指令。

chmod：改变文件权限指令。

### 8. 磁盘指令

df：使用 df 命令查看系统中每个分区中可用的磁盘空间。输入 df 后，可以看到每个挂载的分区及可用空间（%或者 KB 表示）。如果你希望它以 MB 显示，则输入"df-m"。

du：使用 du 来了解系统中文件的磁盘使用情况。如果想知道 Linux 中某个文件夹或文件的磁盘使用情况，可以输入命令 df 和文件夹或文件的名称。执行结果如图 10-19 所示。

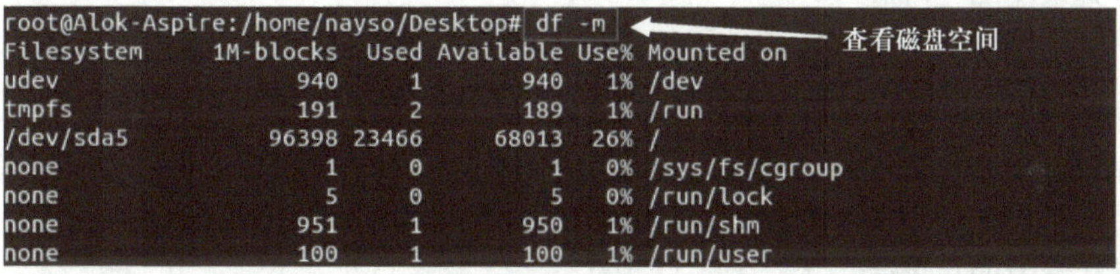

图 10-19 df 指令

### 9. 压缩指令

tar：可以解压一些类型的文件，如 .tar、.tar.gz、.tar.bz2 等。

1）tar -cvf 产生一个 .tar 文件。
2）tar -xvf 解压一个 .tar 文件。
3）tar -tvf 列出文件内容。

zip 和 unzip：用 zip 压缩文件，用 unzip 解压文件。

### 10. 安装指令（apt-get）

在 Linux 中，使用 APT 来安装软件包（需要在 root 权限下操作，用 sudo 指令）。

1）sudo apt-get install jad：安装 jed 编辑器。
2）sudo apt-get update：更新软件库。
3）sudo apt-get dist-upgrade：升级版本。
4）apt-cache search+文件名：搜索安装包。

## 10.3　Python 的安装与移植

Python 语言是一种面向对象、直译式计算机程序设计语言，Python 语法简捷、清晰和易读。Python 是开源的语言，具有丰富和强大的类库，同时具有优良的可扩展性和平台可移植性，它能够很轻松地把用其他语言制作的各种模块联结在一起。

### 10.3.1　Python 语言在人工智能中的功能及优势

**1. 为何用 Python 开发人工智能**

Python 因其简洁优美和极高的开发效率，得到了越来越多公司的青睐。很多大型的科技公司都选用 Python 进行网站、搜索引擎、云计算、大数据、人工智能、科学计算等方向的开发。Python 成为继 C++和 Java 之后的第三个主流编程语言。它被称为"胶水语言"，更被热爱它的程序员称为"最美丽的"编程语言。从云端、客户端，到物联网终端，Python 应用无处不在，同时也是人工智能首选的编程语言。

**2. Python 语言在人工智能中的优势**

（1）更加人性化的设计

Python 的设计更加人性化，具有快速、坚固、可移植性、可扩展性的特点，十分适合人工智能；开源免费，而且学习简单，很容易实现普及；内置强大的库，可以轻松实现更强大的功能。

（2）丰富整体的 AI 库

AIMA：Python 实现了从 Russell 到 Norvigs 的人工智能算法。

pyDatalog：Python 中的逻辑编程引擎。

SimpleAI：Python 实现在人工智能中提供一个易于使用、有良好文档和测试的库。

EasyAI：一个双人 AI 游戏的 Python 引擎。

（3）灵活有效的机器学习库

PyBrain：一个灵活、简单而有效的针对机器学习任务的算法，它是模块化的 Python 机器学习库，它也提供了多种预定义好的环境来测试和应用算法。

PyML：一个用 Python 写的双边框架，重点研究支持向量机和其他内核方法，它支持 Linux 和 MacOS X。

scikit-learn 旨在提供简单而强大的解决方案，可以在不同的上下文中重用：作为科学和工程的一个多功能工具，它是 Python 的一个模块，集成了经典的机器学习算法。

MDP-Toolkit 是一个 Python 数据处理的框架，可以很容易地进行扩展。它还收集了监督和非监督学习算法以及其他数据处理单元，可以组合成数据处理序列或者更复杂的前馈网络结构。新算法的实现是简单和直观的。可用的算法是在不断地稳定增加的，包括信号处理方法、流型学习方法、集中分类、概率方法和数据预处理方法等。

（4）开源的自然语言和文本处理库

NLTK 是开源的 Python 模块，用来研究和开发自然语言处理和文本分析，有 Windows、MacOS X 和 Linux 版本。

Python 具有丰富而强大的库，能够将其他语言制作的各种模块很轻松地联结在一起，因此，Python 编程对人工智能是一门非常有用的语言。可以说人工智能和 Python 是紧密相连的。

## 10.3.2　在不同操作系统中如何搭建 Python 编程环境

**1. 在 Linux 系统中搭建 Python 编程环境**

Linux 系统中默认安装了 Python。因为 Linux 本身就是为了编程而设计的。

（1）检查 Python 版本

在系统中运行应用程序 Terminal（如果你使用的是 Ubuntu，可按〈Ctrl+Alt+T〉组合键），打开一个终端窗口。为确定是否安装了 Python，执行命令 python（请注意，这里的 p 是小写的）。运行结果指明了安装的 Python 版本；最后的">>>"是提示符，让你能够输入 Python 命令，如图 10-20 所示。

```
$ python
Python 2.7.6(default, Mar 22 2014,22:59:38)
[CCC 4.8.2] on linux2
Type "help", "copyright", "credits" or "license" for more information
>>>
```

图 10-20　检查 Python 版本运行结果

上述运行结果表明，当前计算机默认使用的 Python 版本为 Python 2.7.6。如果要退出 Python 并返回到终端窗口，可按〈Ctrl+D〉组合键或执行命令 exit( )。

要检查系统是否安装了 Python 3，可能需要指定相应的版本。换句话说，如果运行结果指出默认版本为 Python 2.7，请尝试执行命令 python3，如图 10-21 所示。

```
$ python3
Python 3.5.0(default, Sep 17 2015,13:05:18)
[CCC 4.8.4] on linux
Type "help", "copyright", "credits" or "license" for more information
>>>
```

图 10-21　检查系统版本指令

上述输出表明，系统中也安装了 Python 3，因此你可以使用这两个版本中的任何一个。

（2）安装文本编辑器

Geany 是一款简单的文本编辑器，它易于安装，让你能够直接运行几乎所有的程序（而无须通过终端来运行）；同时可以使用不同的颜色来显示代码，以突出代码语法；在终端窗口中运行代码，让你能够习惯使用终端。在大多数 Linux 系统中，都只需执行命令 sudo apt-get install geany 就可以安装 Geany。

如果这个指令不管用，请查阅 http://geany.org/Download/ThirdPartyPackages/ 的说明。

（3）运行 Hello World 程序

为编写第一个程序，需要启动 Geany。为此，可按 Super（超级）键（对应键盘上的〈Windows〉键），并在系统中搜索 Geany。找到 Geany 后，双击以启动它；再将其拖曳到任务栏或桌面上，以创建一个快捷方式。接下来，创建一个用于存储项目的文件夹，并将其命名为 python_work（在文件名和文件夹名中，最好使用小写字母，并使用下划线来表示空格，因为这是 Python 采用的命名约定）。回到 Geany，在菜单栏选择 File→Save As，将当前的空 Python 文件保存到文件夹 python_work，并将其命名为 hello_world.py。扩展名 .py 告诉 Geany，文件包含的是 Python 程序；它还让 Geany 知道如何运行该程序，并突出其中的代码。

保存文件后，在其中输入下面一行代码：

  print("Hello World!")

  如果你的系统安装了多个 Python 版本，就必须对 Geany 进行配置，使其使用正确的版本。为此，可在菜单栏选择 Build（生成）→Set Build Commands（设置生成命令）；你将看到文字 Compile（编译）和 Execute（执行），它们旁边都有一个命令。默认情况下，这两个命令都是 python，要让 Geany 使用 Python 3，必须做相应的修改。

  如果在终端会话中能够执行命令 python3，请修改编译命令和执行命令，让 Geany 使用 Python 3 解释器。为此，将编译命令修改成如下代码：

  python3 -m py_compile "%f"

  你必须完全按上面的代码显示的那样输入这个命令，确保空格和大小写都完全相同。将执行命令修改成如下代码：

  python "%f"

  同样，务必确保空格和大小写都完全与显示的相同。图 10-22 显示了该如何在 Geany 中配置这些命令。

  现在来运行程序 hello_world.py。为此，可在菜单栏选择 Build→Execute、单击 Execute 图标或按〈F5〉键。将弹出一个终端窗口，如图 10-23 所示。

图 10-22　在 Linux 中配置 Geany，使其使用 Python3

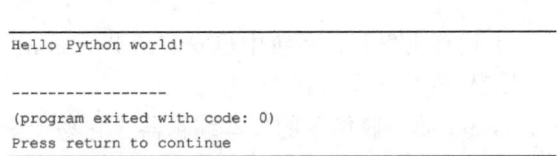

图 10-23　输出结果

  如果没有看到这样的输出，请检查你输入的每个字符。你是不是将 print 的首字母大写了？是不是遗漏了引号或括号？编程语言对语法的要求非常严格，只要你没有严格遵守语法，就会出错。如果代码正确，这个程序还不能正确运行，请参阅 10.3.3 节。

  （4）在终端会话中运行 Python 代码

  你可以打开一个终端窗口并执行命令 python 或 python3，再尝试运行 Python 代码片段。检查 Python 版本时，你就这样做过。下面再次这样做，但在终端会话中输入如下代码：

  print("Hello Python interpreterl")

  消息将直接打印到当前终端窗口中。别忘了，要关闭 Python 解释器，可按〈Ctrl+D〉或执行命令 exit()。

## 2. 在 OS X 系统中搭建 Python 编程环境

大多数 OS X 系统都默认安装了 Python。确定安装了 Python 后，你还需安装一个文本编辑器，并确保其配置正确无误。

（1）检查是否安装了 Python

在文件夹 Applications/Utilities 中，选择 Terminal，打开一个终端窗口；你也可以按〈Command+空格键〉，再输入 terminal 并按〈Enter〉键。为确定是否安装了 Python，请执行命令 python（注意，这里的 p 是小写的）。输出指出了安装的 Python 版本；最后的"＞＞＞"是一个提示符，让你能够输入 Python 命令，如图 10-24 所示。

```
$ python
Python 2.7.5(default, Mar 9 2014,22:59:38)
[CCC 4.2.1 Compatible Apple LLVM 5.0 (clang-500.0.68)] on darwin
Type "help", "copyright", "credits" or "license" for more information
>>>
```

图 10-24　检查 Python 版本指令

上述输出表明，当前计算机默认使用的 Python 版本为 Python 2.7.5。看到上述输出后，如果要退出 Python 并返回到终端窗口，可按〈Ctrl+D〉组合键或执行命令 exit( )。

要检查系统是否安装了 Python 3，可尝试执行命令 python3，可能会出现一条错误消息，但如果输出指出系统安装了 Python 3，则无须安装便可使用它。

（2）在终端会话中运行 Python 代码

你可以打开一个终端窗口并执行命令 python 或 python3，再尝试运行 Python 代码片段。检查 Python 版本时，你就这样做过。下面再次这样做，但在终端会话中输入如下代码行：

```
print("Hello Python interpreterl")
```

消息将直接打印到当前终端窗口中。别忘了，要关闭 Python 解释器，可按〈Ctrl+D〉或执行命令 exit( )。

（3）安装文本编辑器

Sublime Text 是一款简单的文本编辑器：它在 OS X 中易于安装；让你能够直接运行几乎所有程序（而无须通过终端）；使用不同的颜色来显示代码，以突出代码语法；在内嵌在 Sublime Text 窗口内的终端会话中运行代码，让你能够轻松地查看输出。

要下载 Sublime Text 安装程序，可访问 http：//sublimetext.com/3，单击 Download 链接，并查找 OS X 安装程序。Sublime Text 的许可策略非常灵活，你可以免费使用这款编辑器，但如果你喜欢它并想长期使用，建议你购买许可证。下载安装程序后，打开它，再将 Sublime Text 图标拖放到 Applications 文件夹。

（4）配置 Sublime Text 使其使用 Python 3

如果你启动 Python 终端会话时使用的命令不是 python，就需要配置 Sublime Text，让它知道到系统的什么地方去查找正确的 Python 版本。要获悉 Python 解释器的完整路径，请执行如下命令：

```
type -a python3
```

现在，启动 Sublime Text，并在菜单栏选择 Tools→Build System→New Build System，这将打开一个新的配置文件。删除其中的所有内容，再输入如下内容：

```
{"cmd":["/usr/local/bin/python3","-U","$file"]},
```

这些代码让 Sublime Text 使用命令 python3 来运行当前打开的文件。请确保其中的路径为你在前一步使用命令 type -a python3 获悉的路径。将这个配置文件命名为 Python3.sublime-build，并将其保存到默认目录——你选择菜单 Save 时 Sublime Text 打开的目录。

（5）运行 Hello World 程序

为编写第一个程序，需要启动 Sublime Text。为此，可打开文件夹 Applications，并双击图标 Sublime Text；也可按〈Command+空格键〉，再在弹出的搜索框中输入 sublime text。

创建一个用于存储项目的文件夹，并将其命名为 python_work（在文件名和文件夹名中，最好使用小写字母，并使用下划线来表示空格，因为这是 Python 采用的命名约定）。在 Sublime Text 中，在菜单栏选择 File→Save As，将当前的空 Python 文件保存到文件夹 python_work，并将其命名为 hello_world.py。扩展名.py 告诉 Sublime Text，文件包含的是 Python 程序；它还让 Sublime Text 知道如何运行该程序，并突出其中的代码。

保存文件后，在其中输入下面一行代码：

```
print("Hello World!")
```

如果在系统中能够运行命令 python，就可在菜单栏选择 Tools→Build 或按〈Ctrl+B〉来运行程序。如果你对 Sublime Text 进行了配置，使其使用的命令不是 python，请在菜单栏选择 Tools→Build System，再选择 Python 3。这将把 Python 3 设置为默认使用的 Python 版本，此后，你就可在菜单栏选择 Tools→Build 或按〈Command+B〉来运行程序了。

Sublime Text 窗口底部将出现一个终端屏幕，输出结果如图 10-25 所示：

```
Hello Python world!
[Finished in 0.1s]
```

图 10-25　输出结果

如果没有看到这样的输出，请检查你输入的每个字符。你是不是将 print 的首字母大写了？是不是遗漏了引号或括号？编程语言对语法的要求非常严格，只要你没有严格遵守语法，就会出错。如果代码都正确，这个程序也不能正确地运行，请参阅 10.3.3 节。

**3. 在 Windows 系统中搭建 Python 编程环境**

Windows 系统并非都默认安装了 Python，因此你可能需要下载并安装它，再下载并安装一个文本编辑器。

（1）安装 Python

首先，检查你的系统是否安装了 Python。为此，在"开始"菜单中输入 command 并按〈Enter〉键以打开一个命令窗口；你也可按〈Shift〉键并右击桌面，再选择"在此处打开命令窗口"。在终端窗口中输入 python 并按〈Enter〉键：如果出现了 Python 提示符">>>"，就说明你的系统安装了 Python。然而，你也可能会看到一条错误消息，指出 python 是无法识别的命令。

这时就需要下载适用于 Windows 系统的 Python 安装程序。为此，请访问 http://python.org/downloads/。根据计算机系统要求选择对应的 Python 版本进行下载，你将看到两个按钮，分别用于下载 Python 3 和 Python 2。单击用于下载 Python 3 的按钮，这会根据你的系统自动下载正确的安装程序。下载安装程序后，运行它。请务必选中复选框 Add Python 3.5 to PATH（见图 10-26），这让你能够更轻松地配置系统。

(2) 启动 Python 终端会话

通过配置系统，让其能够在终端会话中运行 Python，可简化文本编辑器的配置工作。打开一个命令窗口，并在其中执行命令 python。如果出现了 Python 提示符“>>>”，就说明 Windows 找到了你刚安装的 Python 版本，如图 10-27 所示。

如果是这样，就可以直接跳到下一部分——“在终端会话中运行 Python”。

然而，输出可能如图 10-28 所示。

在这种情况下，你就必须告诉 Windows 如何找到你刚安装的 Python 版本。命令 python 通常存储在 C 盘，因此请在 Windows 资源管理器中打开 C 盘，在其中找到并打开以 Python 开头的文件夹，再找到文件 python。例如，在我的计算机中，有一个名为 Python35 的文件夹，其中有一个名为 python 的文件，因此文件 python 的路径为 C：Python35\python。如果找不到这个文件，请在 Windows 资源管理器的搜索框中输入 python，这将让你能够准确地获悉命令 python 在系统中的存储位置。

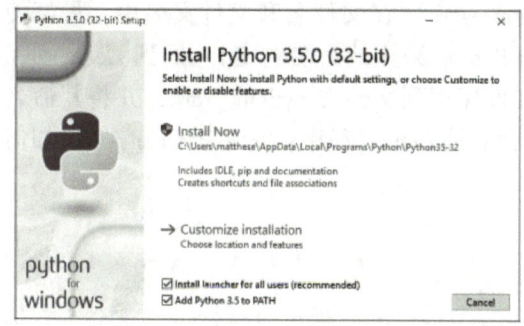

图 10-26 确保选中复选框 Add Python 3.5 to PATH

```
C:\>python
Python 3.5.0 (v3.5.0:374f501f4567, Sep 13 2015, 22:15:05) ] [MSC V.1900
32 bit (Intel)] on win32
Type "help", "copyright", "credits" or "license" for more information
>>>
```

图 10-27 检查 Python 版本指令

```
C:\>python
'python' is not recognized as an internal or external command, operable
Program or batch file.
```

图 10-28 输出结果

如果已经知道命令 python 的路径，就在终端窗口中输入该路径进行测试。为此，打开一个命令窗口，并输入你确定的完整路径，如图 10-29 所示。

```
C:\>python35\python
Python 3.5.0 (v3.5.0:374f501f4567, Sep 13 2015, 22:15:05) ] [MSC V.1900
32 bit (Intel)] on win32
Type "help", "copyright", "credits" or "license" for more information
>>>
```

图 10-29 输入完整路径

如果可行，就说明你已经知道如何访问 Python 了。

(3) 在终端会话中运行 Python

在 Python 会话中执行下面的命令，并确认看到了输出“Hello Python world!”，如图 10-30 所示。

```
>>>print("Hello Python world!")
Hello Python world!
>>>
```

图 10-30　输出结果

每当要运行 Python 代码片段时，都请打开一个命令窗口并启动 Python 终端会话。要关闭该终端会话，可按〈Ctrl+Z〉键，再按〈Enter〉键，也可执行命令 exit( )。

（4）安装文本编辑器

安装 Geany 编辑器，要下载 Windows Geany 安装程序，可访问 http://geany.org，单击 Download 下的 Releases，找到安装程序 geany-1.25_setup.exe 或类似的文件。下载安装程序后，运行它并接受所有的默认设置。

为编写第一个程序，需要启动 Geany。为此，可按 Windows 键，并在系统中搜索 Geany。找到 Geany 后，双击启动；再将其拖曳到任务栏或桌面上，以创建一个快捷方式。接下来，创建一个用于存储项目的文件夹，并将其命名为 python_work（在文件名和文件夹名中，最好使用小写字母，并使用下划线来表示空格，因为这是 Python 采用的命名约定）。回到 Geany，在菜单栏中选择 File→Save As，将当前的空 Python 文件保存到文件夹 python_work，并将其命名为 hello_world.py。扩展名.py 告诉 Geany，文件包含的是 Python 程序；它还让 Geany 知道如何运行该程序，并突出其中的代码。

保存文件后，在其中输入下面一行代码：

```
print("Hello Python world!")
```

如果能够在系统中执行命令 python，就无须配置 Geany，因此你可以跳过下一部分，直接进入"运行 Hello World 程序"部分。如果启动 Python 解释器时必须指定路径，如 C:\Python35\python，请按下面的说明对 Geany 进行配置。

（5）配置 Geany

要配置 Geany，请在菜单栏选择 Build→SetBuild Commands；你将看到文字 Compile 和 Execute，它们旁边都有一个命令。默认情况下，编译命令和执行命令的开头都是 python，但 Geany 不知道命令 python 存储在系统的什么地方，因此你需要在其中添加你在终端会话中使用的路径。

为此，在编译命令和执行命令中，加上命令 python 所在的驱动器和文件夹。其中编译命令应类似于以下结果：

```
print("Hello Python world!")
C:\Python\python -m py_compile "%f"
```

在你的系统中，路径可能稍有不同，但请务必确保空格和大小写与这里显示的一致。执行命令应类似于以下结果：

```
C:\Python\python "%f"
```

同样，指定执行命令时，务必请确保空格和大小写与这里显示的一致。图 10-31 显示了该如何在 Geany 中配置这些命令。

正确地设置这些命令后，单击 OK 按钮。

（6）运行 Hello World 程序

运行 Hello World 与 Linux 系统步骤相同，结果如图 10-32 所示。

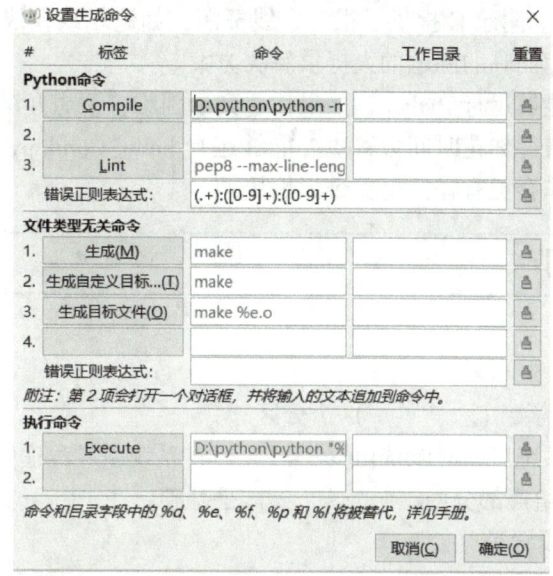

图 10-31　在 Windows 中配置 Geany，使其使用 Python 3

```
Hello World!
------------------
(program exited with code: 0)
Press return to continue
```

图 10-32　输出结果

注意编写程序时的大小写是否正确？严格遵守语法要求。如果代码都正确，这个程序也不能正确地执行，请参阅下一节。

### 10.3.3　解决安装问题

如果你按前面的步骤做，应该能够成功地搭建编程环境。但如果你始终无法运行程序 hello_world.py，可尝试如下几个解决方案。

1）程序存在严重的错误时，Python 将显示 traceback。Python 会仔细研究文件，试图找出其中的问题。trackback 可能会提供线索，让你知道是什么问题让程序无法运行。

2）在编程中，语法非常重要，即便是少一个冒号、引号不匹配或括号不匹配，都可能导致程序无法正确地运行。请再次阅读本章相关的内容，再次审视你所做的工作，看看能否找出错误。

3）推倒重来。你也许不需要把一切都推倒重来，但将文件 hello_world.py 删除并重新创建它也许是合理的选择。

4）让别人在你的计算机或其他计算机上按本章的步骤重做一遍，并仔细观察。你可能遗漏了一小步，而别人刚好没有遗漏。

5）请懂 Python 的人帮忙。当你有这样的想法时，可能会发现在你认识的人当中就有人使用 Python。

6）本章的安装说明在网上也可以找到，其网址为 https:/www.nostarch.com/pythoncrashcourse/。

7) 到网上寻求帮助。附录 C 提供了很多在线资源，如论坛或在线聊天网站，你可以前往这些地方，请求解决过你面临的问题的人提供解决方案。

任何现代计算机都能够运行 Python，如果你遇到了困难，请想办法寻求帮助吧。前期的问题可能令人沮丧，但很值得你花时间去解决。能够运行 hello_world.py 后，你就可以开始学习 Python 了，而且编程工作会更有趣，也更令人愉快。

## 10.4 习题与练习

**1. 填空题**

1) 安装 Linux 至少需要（　　　）个分区。
2) RHEL Server 5 系统启动时默认由（　　　）系统引导程序实施系统加载。
3) 在 Linux 系统各组成部分中，（　　　）是基础。
4) SELinux 的默认设置是（　　　）。
5) 要安全删除 Linux 必须进行（　　　）和（　　　）两个步骤。
6) 配置主机网卡 IP 地址的配置文件是（　　　）。
7) 为了将当前目录下的压缩归档文件 myftp.tar.gz 解压缩，我们可以使用（　　　）。
8) 在 Linux 中把声卡当作（　　　）设备。
9) 为了保证系统的安全，现在的 Linux 系统一般将/etc/passwd 密码文件加密后，保存在（　　　）文件。

**2. 选择题**

1) 下列哪个选项不是 Linux 支持的？（　　　）。
   A. 多用户　　　B. 超进程　　　C. 可移植　　　D. 多进程
2) Linux 是所谓的 "Free Software"，这个 "Free" 的含义是（　　　）。
   A. Linux 不需要付费　　　　　　B. Linux 发行商不能向用户收费
   C. Linux 可自由修改和发布　　　D. 只有 Linux 的作者才能向用户收费
3) 以下关于 Linux 内核版本的说法，错误的是（　　　）。
   A. 依次表示为主版本号、次版本号、修正次数的形式
   B. 1.2.2 表示稳定的发行版
   C. 2.2.6 表示对内核 2.2 的第 6 次修正
   D. 1.3.2 表示稳定的发行版
4) 以下哪个软件不是 Linux 发行版本？（　　　）。
   A. 红旗 Server 4　　B. Solaris 10　　C. RedHat 9　　D. Fedora 8
5) 与 Windows 相比，Linux 在（　　　）方面相对应用得较少。
   A. 桌面　　　B. 嵌入式系统　　　C. 服务器　　　D. 集群
6) Linux 内核管理不包括的子系统是（　　　）。
   A. 进程管理系统　　B. 内存管理系统　　C. 文件管理系统　　D. 硬件管理系统
7) 超级用户的口令必须符合什么要求？（　　　）。
   A. 至少 4 个字节，并且大小写敏感　　　B. 至少 6 个字节，并且大小写敏感
   C. 至少 4 个字节，并且大小写不敏感　　D. 至少 6 个字节，并且大小写不敏感

8）下面关于 Shell 的说法，不正确的是（　　）。
　A．操作系统的外壳　　　　　　　　B．用户与 Linux 内核之间的接口
　C．一种和 C 类似的高级程序设计语言　　D．一个命令语言解释器

9）（　　）类型在 Linux 环境下不能使用。
　A．B Shell　　　　B．K Shell　　　　C．R Shell　　　　D．Bash

10）以下哪一项不是进程和程序的区别？（　　）。
　A．程序是一组有序的静态指令，进程是一次程序的执行过程
　B．程序只能在前台运行，而进程可以在前台或后台运行
　C．程序可以长期保存，进程是暂时的
　D．程序没有状态，而进程是有状态的

### 3. 简答题

1）简述 Linux 系统的应用领域。
2）Linux 的发展优势与存在问题？
3）什么是位置变量？Shell 的变量类型有哪几种？
4）使用什么命令可以删除具有子目录的目录？
5）常见的文本内容显示命令有哪些？区别是什么？

# 第 11 章　机器人的实现

全球制造产业格局正在发生深刻而重大的转变，以数字化、智能化、网络化为代表的智能制造成为产业发展新趋势，智能制造是我国顺应新一轮科技革命和产业变革、重塑制造业发展优势、提高国际市场竞争力建设制造强国的战略选择，对加快供给侧结构性改革、实现制造业智能化转型、推动产业升级发展具有重大意义。

为了更好地适应市场经济发展的需要，提高生产率、产品质量和企业竞争力，利用机器人技术提升我国工业发展水平，完成从制造业大国向制造业强国的转变，已经逐步成为全社会的共识。1947 年美国成功研发世界上第一台遥控机器人，自 20 世纪 70 年代以来，在计算机技术、电子信息、人工智能技术等新兴技术的快速发展下，机器人技术的开发速度也越来越快，智能度越来越高，应用范围越来越广泛。在海洋开发、宇宙探测、工农业生产、军事、社会服务、娱乐等各个领域，机器人都有着广阔的发展空间与应用前景。机器人正朝着智能化和多样化等方向发展。

本章从认识 ROS（Robot Operating System）开始，帮助读者逐步搭建 ROS 机器人，并对其在路径规划领域有更深的了解。

## 11.1　ROS 基本原理

ROS 是用于编写机器人软件程序的一种高度灵活的软件框架。它包含了大量工具软件、库代码和约定协议，提供了类似操作系统所提供的功能，包括硬件抽象描述、底层驱动程序管理、共用功能的执行、程序间的消息传递、程序发行包管理，旨在简化跨机器人平台创建复杂、鲁棒的机器人行为这一过程的难度与复杂度。

### 11.1.1　ROS 架构设计

ROS 是一个机器人分布式框架，分为三个层次：基于 Linux 系统的 OS 层；基于 ROS 核心通信系统实现多种通信机制的数据传输的中间层；负责管理整个系统正常运行的应用层。ROS 架构如图 11-1 所示。

**1. OS 层**

ROS 不是传统意义上的操作系统，不是像 Windows、Linux 操作系统可以直接在计算机硬件上运行，它需要依托在 Linux 系统上。因此在 OS 层，可以直接使用 ROS 官方支持程度最好的 Ubuntu 操作系统，当然在 Mac OS、Arch、Debian 等操作系统也可以使用。

**2. 中间层**

Linux 系统是一个通用系统，并没有针对机器人开发提供特殊的中间件，因此 ROS 在中间层需要做大量工作，其中最为重要的就是基于 TCPROS/UDPROS 的通信系统。ROS 的通信系统基于 TCP/UDP 网络，在此之上进行再次封装，也就是 TCPROS/UDPROS。通信系统使用发布/订阅、客户端/服务器等模型，实现多种通信机制的数据传输。

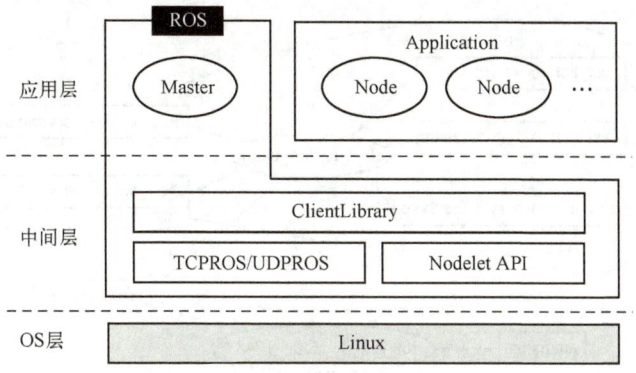

图 11-1　ROS 架构

值得注意的是，除了上面介绍的 TCPROS/UDPROS 的通信机制外，ROS 还提供一种进程内的通信方法——Nodelet API，可以为多进程通信提供一种更优化的数据传输方式，适合对数据传输实时性方面有较高要求的应用。

在通信机制之上，ROS 提供了大量与机器人开发相关的库，如数据类型定义、坐标变换、运动控制等，可以提供给应用层进行使用。

**3. 应用层**

在应用层，ROS 需要运行一个管理者——Master，负责管理整个系统的正常运行。ROS 社区内共享了许多的机器人应用功能包，而这些功能包内的模块是以节点为单位运行，以 ROS 标准的输入输出作为接口，开发者不需要关注模块的内部实现机制，需要了解的是接口规则即可实现复用，大大地提高了开发效率。

从系统实现的角度看，ROS 也可以分为如图 11-2 所示的三个层次：开源社区、文件系统和计算图。

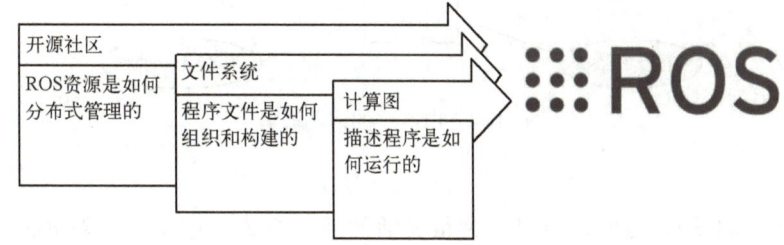

图 11-2　系统实现角度讲 ROS 分为三个层次

### 11.1.2　计算图

从计算图的角度来看，ROS 的功能模块是以节点为单位独立运行的，可以分布在多个相同或不同的主机中，在系统运行时通过端对端的拓扑结构进行连接。

**1. 节点**

节点（Node）就是一些执行运算任务的进程，ROS 利用规模可增长的方式是代码模块化：一个系统就是典型的由很多节点组成的。节点也可以被称之为"软件模块"。我们使用"节点"使得基于 ROS 的系统在运行的时候更加形象化：当许多节点同时运行时，可以很方便地将端对端的通信绘制成如图 11-3 所示的节点关系图，在这个图中，进程就是图中的节点，而端对端的连接关系就是其中弧线连接。

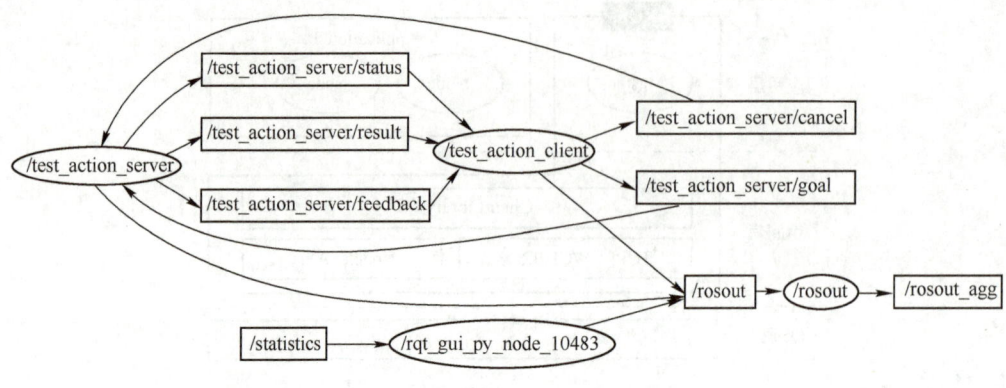

图 11-3　ROS 中的节点关系图

**2. 消息**

节点之间最重要的通信机制就是基于发布/订阅（Publish/Subscribe）模型的消息（Message）通信。每一个消息都是一种严格的数据结构，支持标准数据类型（整型、浮点型、布尔型等），也可以包含任意的嵌套结构和数组（类似于 C 语言的结构体 structs），还可以根据需求由发布者自主定义。

**3. 话题**

话题（Topic）是所有 ROS 节点传递数据的方式，如图 11-4 所示。消息以一种发布/订阅的方式传递。一个节点可以在一个给定的主题中发布消息。一个节点针对某个主题关注与订阅特定类型的数据。可能同时有多个节点发布或者订阅同一个主题的消息。一般情况下，发布者和订阅者不了解彼此的存在。

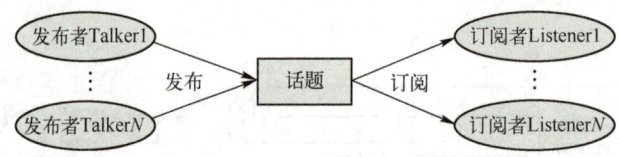

图 11-4　ROS 中的话题通信

**4. 服务**

虽然基于话题的发布/订阅模型是一种很灵活的通信方式，但是对于双向的同步传输模式并不适合。在 ROS 中，称这种同步传输模式为服务（Service），其基于客户端/服务器（Client/Server）模型，包括两个部分的通信数据模型：一个用于请求，另一个用于应答，类似于 Web 服务器。但与话题不同的是，ROS 只允许由一个节点提供指定命名的服务。比如说，任意一个给出的 URL 地址只能有一个 Web 服务器。

**5. 节点管理器**

节点管理器（ROS Master）用于主题、服务名称的注册和查找等，如果在整个 ROS 中没有节点管理器，就不会有节点间的通信。节点管理器通过远程过程调用（RPC）提供登记列表和其他计算图表的查找功能，帮助 ROS 节点之间相互查找、建立连接，同时还为系统提供参数服务器。需要注意的是，由于 ROS 本身就是一个分布式网络系统，可以在某一台计算机上运行节点管理器，在其他计算机上运行由该管理器管理的节点。

## 11.1.3 文件系统

ROS 中有众多的抽象节点及消息、服务、工具和库文件，需要采用有效的结构管理。类似于操作系统，ROS 将所有文件按照一定的规则进行组织，不同构件放在不同的文件夹下，如图 11-5 所示。

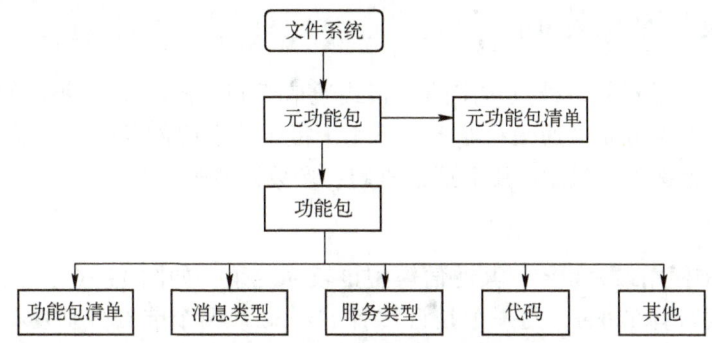

图 11-5　ROS 中的文件系统结构

元功能包（Stack）：将具有相关功能的功能包组织在一起，就是一个元功能包，例如一个 ROS 导航的元功能包中会包含建模、定位、导航等多个功能包。

元功能包清单：类似于功能包清单，不同之处在于元功能包清单中可能会包含运行时需要依赖的功能包或者声明一些引用的标签。

功能包：功能包是 ROS 中软件组织的基本形式，创建 ROS 程序时，功能包具有最小的结构和最少的内容，包含 ROS 节点、库、配置文件等。

功能包清单（Package Manifest）：功能包清单是一个 package.xml 文件，用于记录功能包的基本信息，包含作者信息、许可信息、依赖选项、编译标志等。功能包清单的作用就是为了更容易地安装和分发这些功能包。

消息类型（Message）：消息是 ROS 节点之间发布/订阅的通信信息，每个功能包的消息文件夹中，都定义了这个功能包需要的消息类型。此外，若该功能包依赖另外一个功能包，则该功能包可以使用另一功能包的消息类型。

服务类型（Service）：服务类型定义了 ROS 客户端/服务器通信模型下的请求与应答数据类型。服务的描述存储在功能包的 srv 子目录下的拓展名为 .srv 的文件中。

代码（Code）：用来放置功能包节点源代码的文件夹。

## 11.1.4 开源社区

ROS 开源社区中的资源非常丰富，而且可以通过网络共享以下软件和知识。

- 发行版（Distribution）：类似于 Linux 发行版，ROS 发行版包括一系列带有版本号、可以直接安装的功能包，这使得 ROS 的软件管理和安装更加容易，而且可以通过软件集合来维持统一的版本号。
- 软件源（Repository）：ROS 依赖于共享网络上的开源代码，不同的组织结构可以开发或者共享自己的机器人软件。
- ROSwiki：记录 ROS 信息文档的主要论坛。所有人都可以注册、登录该论坛，并且上传自己的开发文档、进行更新、编写教程。

- 邮件列表（Mailing List）：ROS 邮件列表是交流 ROS 更新的主要渠道，同时也可以交流 ROS 开发的各种疑问。
- ROS Answers：ROS Answers 是一个咨询 ROS 相关问题的网站，用户可以在该网站提交自己的问题并得到其他开发者的问答。
- 博客（Blog）：发布 ROS 社区中的新闻、图片、视频，地址为 http：//www.ros.org/news。

### 11.1.5 ROS 的通信机制

ROS 的核心功能是提供一种点对点的分布式通信机制。ROS 是一个分布式框架，所有软件功能和工具都建立在分布式通信机制上，为用户提供节点间的通信。下面介绍 ROS 最常用的三种通信机制：话题通信机制、服务通信机制、参数管理机制。

**1. 话题通信机制**

话题在 ROS 中使用最为频繁，其通信模型也较为复杂，如图 11-6 所示。在 ROS 中有两个节点：一个是发布者 Talker，另一个是订阅者 Listener。两个节点分别发布、订阅同一个话题，启动顺序没有强制要求，此处假设 Talker 首先启动，可分为如下七步分析建立通信的详细过程。

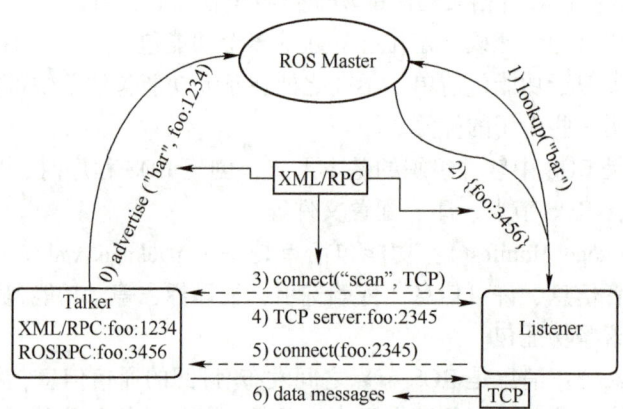

图 11-6 基于发布/订阅模型的话题通信机制

（1）Talker 注册

Talker 启动，通过 1234 端口使用 RPC 向 ROS Master 注册发布者的信息，包含所发布消息的话题名；ROS Master 会将节点的注册信息加入注册列表中。

（2）Listener 注册

Listener 启动，同样通过 RPC 向 ROS Master 注册订阅者的信息，包含需要订阅的话题名。

（3）ROS Master 进行信息匹配

Master 根据 Listener 的订阅信息从注册列表中进行查找，如果没有找到匹配的发布者，则等待发布者的加入；如果找到匹配的发布者信息，则通过 RPC 向 Listener 发送 Talker 的 RPC 地址信息。

（4）Listener 发送连接请求

Listener 接收到 Master 发回的 Talker 地址信息，尝试通过 RPC 向 Talker 发送连接请求，传输订阅的话题名、消息类型以及通信协议（TCP/UDP）。

（5）Talker 确认连接请求

Talker 接收到 Listener 发送的连接请求后，继续通过 RPC 向 Listener 确认连接信息，其中包含自身的 TCP 地址信息。

（6）Listener 尝试与 Talker 建立网络连接

Listener 接收到确认信息后，使用 TCP 尝试与 Talker 建立网络连接。

（7）Talker 向 Listener 发送话题消息数据

成功建立连接后，Talker 开始向 Listener 发送话题消息数据。

从上面的分析中可以发现，前五个步骤使用的通信协议都是 RPC，最后发布数据的过程才使用到 TCP。ROS Master 在节点建立连接的过程中起到了重要作用，但是并不参与节点之间最终的数据传输。

> 节点建立连接后，可以关掉 ROS Master，节点之间的数据传输并不受到影响，但是其他节点也无法加入这两个节点之间的网络。

**2. 服务通信机制**

服务是一种带有应答的通信机制，通信机制如图 11-7 所示，与话题通信相比，其减少了 Listener 与 Talker 之间的 RPC 通信。

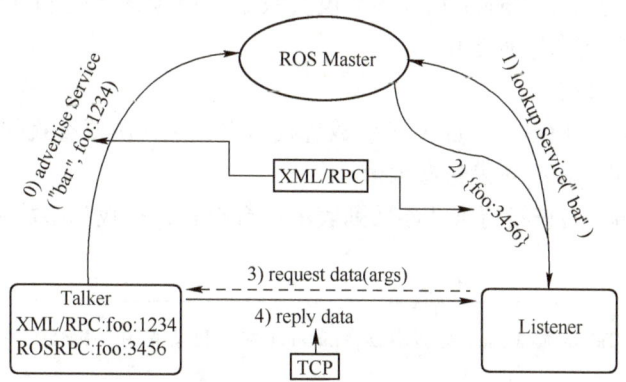

图 11-7　基于服务/客户端的服务通信机制

（1）Talker 注册

Talker 启动，通过 1234 端口使用 RPC 向 ROS Master 注册发布者的信息，包含所提供的服务名；ROS Master 会将节点的注册信息加入注册列表中。

（2）Listener 注册

Listener 启动，同样通过 RPC 向 ROS Master 注册订阅者的信息，包含需要订阅的服务名。

（3）ROS Master 进行信息匹配

Master 根据 Listener 的订阅信息从注册列表中进行查找，如果没有找到匹配的服务提供者，则等待该服务的提供者加入；如果找到匹配的服务提供者信息，则通过 RPC 向 Listener 发送 Talker 的 TCP 地址信息。

（4）Listener 与 Talker 建立网络连接

Listener 接收到确认信息后，使用 TCP 尝试与 Talker 建立网络连接，并且发送服务的请求数据。

### (5) Talker 向 Listener 发布服务应答数据

Talker 接收到服务请求和参数后,开始执行服务功能,执行完成后,向 Listener 发送应答数据。

**3. 参数管理机制**

参数类似于 ROS 中的全局变量,由 ROS Master 进行管理,其通信机制较为简单,不涉及 TCP/UDP 的通信,如图 11-8 所示。

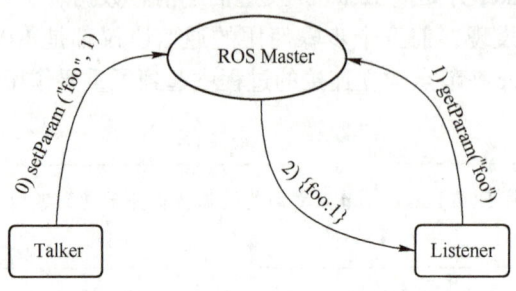

图 11-8  基于 RPC 的参数管理机制

(1) Talker 设置变量

Talker 使用 RPC 向 ROS Master 发送参数设置数据,包含参数名和参数值;ROS Master 会将参数名和参数值保存到参数列表中。

(2) Listener 查询参数

Listener 通过 RPC 向 ROS Master 发送参数查找请求,包含所要查找的参数名。

(3) ROS Master 向 Listener 发送参数值

Master 根据 Listener 的查找请求从参数列表中进行查找,查找到参数后,使用 RPC 将参数值发送给 Listener。

> 特别注意的是,如果 Talker 向 Master 更新参数,Listener 在不重新查询参数值的情况下是无法知晓参数值已经被更新的。

## 11.2  ROS 平台搭建

### 11.2.1  操作系统与 ROS 版本的选择

ROS 目前主要支持 Ubuntu 操作系统,但也可以在 OS X、Android、Arch、Debian 等系统上运行。到 2022 年为止,ROS 已经发布了如表 11-1 所示的多个版本。

本书选择 2020 年发布的长期支持版本 ROS Noetic Ninjemys,并保证其与 Ubuntu 18.04 长期支持的生命周期同步。

ROS 的安装方法主要有两种:软件源安装和源码编译安装。软件源(Repository)安装为系统提供了一个庞大的应用程序仓库,只要通过简单的命令即可在仓库中找到需要的软件并完成下载安装。相比之下,源码编译安装的方法相对复杂,需要手动解决复杂的软件依赖关系。

表 11-1  ROS 所有发布版本的相关信息

| 发行版本 | 发布日期 | 停止支持日期 | 操作系统版本 |
|---|---|---|---|
| ROS Noetic Ninjemys | 2020 年 5 月 23 日 | 2025 年 5 月 | Ubuntu 20.04 |
| ROS Melodic Morenia | 2018 年 5 月 23 日 | 2023 年 5 月 | Ubuntu 17.10、Ubuntu 18.04、Debian 9、Windows 10 |
| ROS Lunar Loggerhead | 2017 年 5 月 23 日 | 2019 年 5 月 | Ubuntu 16.04、Ubuntu 16.10、Ubuntu 17.04、Debian 9 |
| ROS Kinetic Kame | 2016 年 5 月 23 日 | 2021 年 4 月 | Ubuntu 15.10、Ubuntu 16.04、Debian 8 |
| ROS Jade Turtle | 2015 年 5 月 23 日 | 2017 年 5 月 | Ubuntu 14.04、Ubuntu 14.10、Ubuntu 15.04 |
| ROS Indigo Igloo | 2014 年 7 月 22 日 | 2019 年 4 月 | Ubuntu 13.04、Ubuntu 14.04 |

### 11.2.2 配置系统软件源

以软件源安装为例，首先需要配置 Ubuntu 系统运行 restricted（不完全的自由软件）、universe（Ubuntu 官方不提供支持与补丁，全靠社区安全）、multiverse（非自由软件、完全不提供支持和补丁）这三种软件源。为了保证配置无误，建议打开 Ubuntu 软件中心的软件源配置界面，检查选项是否与图 11-9 相同。

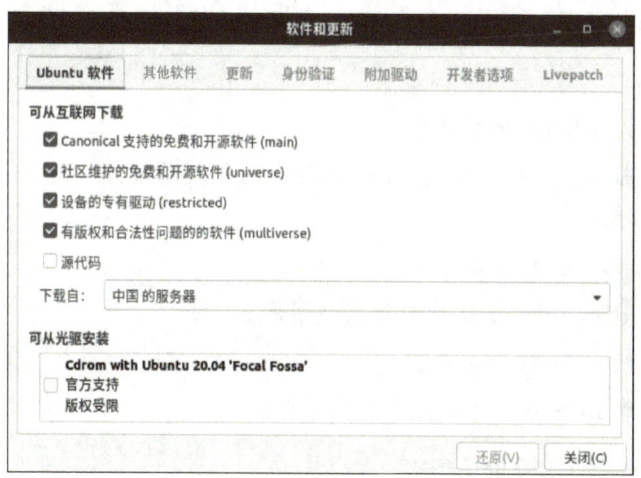

图 11-9  Ubuntu 系统软件源的设置

### 11.2.3 添加 ROS 软件源

sources.list 是 Ubuntu 系统保存软件源地址的文件，位于/ect/apt 目录下，需要将 ROS 的软件源地址添加到该文件中，确保之后的安装可以正确找到 ROS 相关软件的下载地址。

打开终端，输入以下命令，即可添加 ROS 官方的软件源镜像：

```
sudo sh -c ' echo " deb http://packages.ros.org/ros/ubuntu $(lsb_release -sc) main" > /etc/apt/sources.list.d/ros-latest.list'
```

为了提高软件的下载、安装速度，也可以使用以下任意一种国内的镜像源：

- 中国科学技术大学镜像源：

  ```
  sudo sh -c '. /etc/lsb-release && echo "deb http://mirrors.ustc.edu.cn/ros/ubuntu/ '$(lsb_release -cs)' main" > /etc/apt/sources.list.d/ros-latest.list'
  ```

- 清华大学镜像源：

  ```
  sudo sh -c '. /etc/lsb-release && echo "deb http://mirrors.tuna.tsinghua.edu.cn/ros/ubuntu/ '$(lsb_release -cs)' main" > /etc/apt/sources.list.d/ros-latest.list'
  ```

### 11.2.4 添加密钥

使用如下命令添加密钥：

```
curl -sSL 'http://keyserver.ubuntu.com/pks/lookup?op=get&search=0xC1CF6E31E6BADE8868B172B4F42ED6FBAB17C654' | sudo apt-key add -
```

若无法连接到密钥服务器，可以尝试替换上面命令中的 http://keyserver.ubuntu.com:80 为 http://pgp.mit.edu:80。也可以使用 curl 命令替换 apt-key 命令，这在使用代理服务器的情况下比较有用：

```
url -sSL 'http://keyserver.ubuntu.com/pks/lookup?op=get&search=0xC1CF6E31E6BADE8868B172B4F42ED6FBAB17C654' | sudo apt-key add -
```

### 11.2.5 安装 ROS

安装 ROS 前需要确保 Debian 包索引是最新的：

```
sudo apt update
```

在 ROS 中有很多不同的库和工具。

- 桌面完整版（推荐）：包含 ROS、rqt、rviz、机器人通用库、2D/3D 模拟器、导航，以及 2D/3D 感知包。

  ```
  sudo apt install ros-melodic-desktop-full
  ```

- 桌面版：包含 ROS、rqt、rviz 和机器人通用库。

  ```
  sudo apt install ros-melodic-desktop
  ```

- 基础版：仅包含 ROS 基础功能。没有图形界面工具。

  ```
  sudo apt install ros-melodic-ros-base
  ```

- 单独的包：可以安装某个指定的 ROS 软件包（PACKAGE）：

  ```
  sudo apt install ros-melodic-PACKAGE
  ```

例如安装 ROS 软件包 slam_gmapping：

```
sudo apt install ros-melodic-slam-gmapping
```

### 11.2.6 初始化 rosdep

在使用 ROS 之前，需要初始化 rosdep。rosdep 能够轻松地安装想要编译的源代码，或被某些 ROS 核心组件需要的系统依赖。

```
sudo rosdep init
rosdep update
```

## 11.2.7 设置环境变量

现在 ROS 已经成功安装到计算机上了,默认在/opt 路径下。在使用过程中,会频繁地使用终端输入 ROS 命令,所以在使用之前还需要设置环境变量。

将 ROS 环境变量自动添加到新 bash 会话会很方便:

  echo "source /opt/ros/melodic/setup. bash" >> ~/. bashrc
  source ~/. bashrc

如果使用 zsh,那么你需要将上述命令改为:

  echo "source /opt/ros/melodic/setup. zsh" >> ~/. zshrc
  source ~/. zshrc

## 11.2.8 构建工厂依赖

目前为止,已经安装运行核心 ROS 包所需要的内容。为了创建和管理自己的 ROS 工作区,ROS 包中有各种各样的工具。例如:rosinstall 是一个经常使用的命令行工具,它使你能够轻松地从一个命令下载许多 ROS 包的源树。

  sudo apt-get install python-rosinstall python-rosinstall-generator python-wstool build-essential

## 11.2.9 完成安装

现在打开终端,输入 roscore 命令,即可看到 ROS 已经可以在计算机上运行了,如图 11-10 所示。

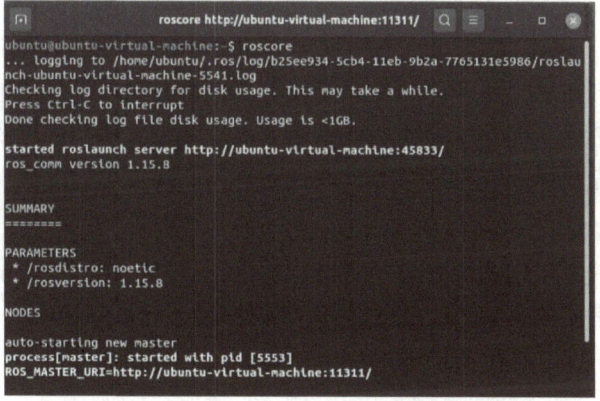

图 11-10  roscore 命令启动成功后的日志信息

# 11.3 ROS 机器人运动控制

## 11.3.1 机器人的组成

机器人是一个机电一体化的设备,从控制的角度来说,机器人系统包括机械系统、驱动系统、控制系统和感知系统四大部分,如图 11-11 所示。

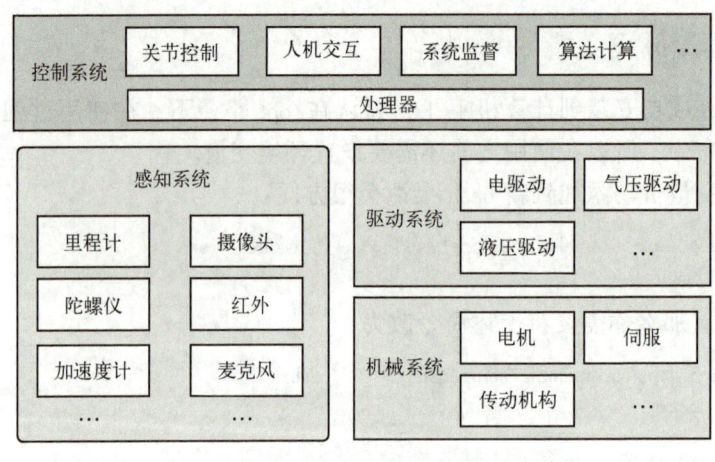

图 11-11　机器人的组成

**1. 机械系统**

机械系统是直接面向工作对象的机械装置，相当于人体的手和脚。根据不同的工作情况，执行机构也不相同。例如：常用的室内移动机器人一般采用直流电机作为执行机构；而机械臂一般采用位置或力矩控制，使用伺服作为执行机构。

**2. 驱动系统**

驱动系统是向机械结构系统提供动力的装置，相当于人体的肌肉和筋络。不同的机械结构使用的驱动系统也不相同，如直流电机采用较为简单的 PWM 驱动板，而伺服机需要专业的伺服驱动器。

**3. 感知系统**

感知系统是由内部传感模块和外部传感模块组成，主要完成信号的输入和反馈。内部传感模块包括里程计、陀螺仪、加速度计等，可以通过自身信号反馈检测位姿状态；外部传感模块包括摄像头、红外、麦克风等，可以检测机器人的外部环境信息。

**4. 控制系统**

控制系统是实现任务及信息的处理，输出控制命令信号，相当于人的大脑。系统需要基于处理器的实现，一般常用的有 ARM、x86 等架构的处理器。除了处理器，控制系统需要完成机器人的算法处理、人机交互等丰富的功能。

### 11.3.2　机器人系统搭建

本章以一款低成本、入门级的机器人平台 MRobot 为例，MRobot 与 TurtleBot 类似，是一款差分轮式移动机器人，如图 11-12 所示，已经实现了机械系统、驱动系统和内部传感模块，可以根据需求，配置摄像头、激光雷达等外部传感器。机械系统使用两个直流电机带动主动轮，配合一个从动轮实现机器人的移动。

图 11-12　MRobot

### 11.3.3 硬件平台

MRobot 的主控板可以通过串口与控制系统通信,所以在控制系统上具有灵活性。本章选择 Raspberry Pi 4B(树莓派 4B)作为实现平台,控制系统的结构如图 11-13 所示。

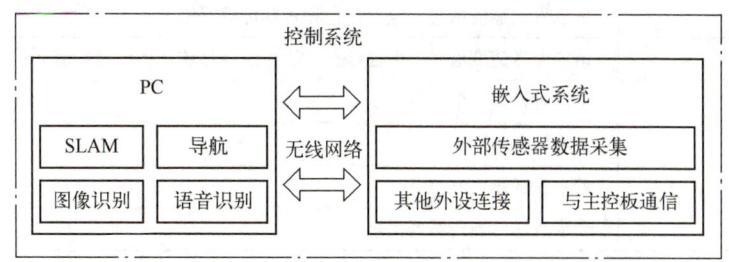

图 11-13 控制系统结构

Raspberry Pi 4B 中搭载 Ubuntu 系统,运行 ROS,Raspberry Pi 4B 主要实现与 MRobot 的相互通信、外部传感器数据的采集、其他外设连接等控制系统的基础功能,PC 端运行需要图形化显示以及高性能处理的上层 ROS 功能包,使用无线网络通信。

Raspberry Pi 4B 可以安装多种版本的 Linux,这里选择 Ubuntu 18.04 系统,安装步骤在本书第 10 章详细介绍。ROS 对 ARM 开发板的支持度越来越高,在 Raspberry Pi 4B 上安装 ROS 的流程在本章第 11.2 节有详细介绍。

### 11.3.4 控制系统与 MRobot 通信

控制系统与 MRobot 驱动系统之间通过串口进行通信,在控制系统下发送机器人运动指令,机器人上传里程计、超声波等传感器信息。实现控制系统与 MRobot 之间的通信,则要了解两者之间的通信协议。该通信协议的数据包格式如下。

[消息头(2 字节)][命令(2 字节)][长度(1 字节)][数据($n$ 字节,$n$ 为长度)][校验(1 字节)][消息(2 字节)]

上述数据包格式中主要包含以下几个重要元素。

1) 消息头,固定为 [0x55 0xaa];消息尾,固定为 [0x0d 0x0a]。
2) 命令段有两个字节,MRobot 接收和发送所使用的命令不同,如表 11-2 和表 11-3 所示。

表 11-2 MRobot 通信协议中的发送命令参数

| 命　令 | 参　　数 |
| --- | --- |
| 0x5a 0x5a | 发送速度信息和电池信息 |
| 0x5a 0x55 | 发送速度信息、电池信息和超声波信息 |
| 0x5a 0xaa | 发送速度信息、电池信息和六轴传感器信息 |
| 0x5a 0xa5 | 发送速度信息、电池信息、超声波信息和六轴传感器信息 |
| 0xa5 0x5a | 发送速度信息 |
| 0xa5 0x55 | 发送电池信息 |
| 0xa5 0xaa | 发送超声波信息 |
| 0xa5 0xa5 | 发送六轴传感器信息 |

表 11-3　MRobot 通信协议中的接收命令参数

| 命　令 | 参　数 |
| --- | --- |
| 0x55 0xaa | 请求发送速度信息和电池信息 |
| 0x55 0x55 | 请求发送速度信息、电池信息和超声波信息 |
| 0x55 0xa5 | 请求发送速度信息、电池信息和六轴传感器信息 |
| 0x55 0x5a | 请求发送速度信息、电池信息、超声波信息和六轴传感器信息 |
| 0xaa 0xaa | 请求发送速度信息 |
| 0xaa 0x55 | 请求发送电池信息 |
| 0xaa 0xa5 | 请求发送超声波信息 |
| 0xaa 0x5a | 请求发送六轴传感器信息 |

了解了控制系统与 MRobot 的通信协议后，就可以设计一个控制器，实现以下两个功能。

1) 订阅速度控制指令，通过串口发送速度控制命令，实现 MRobot 运动。

2) 通过串口读取编码器信息，发布 MRobot 里程计消费。

该节点的实现可以参见网站 https://github.com/ROSClub/mrobot/blob/master/mrobot_bringup/src/serial_node.cpp，其中，控制系统与 MRobot 通信的主要流程如下。

1) 下发机器人期望速度。

2) 读取机器人实际速度。

3) 发布 TF 变换。

4) 发布里程计消息。

### 11.3.5　PC 端控制 MRobot

接下来需要加入 PC 端的功能，在 PC 端选择一个键盘遥控的节点，将键盘敲击转换成 Twist 格式控制消息，发布消息后，Raspberry Pi 端接收到消息后控制 MRobot 运动。详细代码参见网站 https://github.com/ROSClub/mrobot/blob/master/mrobot_teleop/scripts/mrobot_teleot_key.py。

为保证 PC 与 Raspberry Pi 4B 之间的通信，需要配置相应的 IP 地址和环境变量。

1) 设置 IP 地址：首先使用 ipconfig 命令查看计算机的 IP 地址；然后在计算机系统中的 /etc/hosts 文件中加入对方的 IP 地址对应的计算机名；设置完毕后，需要分别使用 ping 命令测试网络是否连通。

2) 设置 ROS_MASTER_URI：因为系统只能有一个 Master，使用环境变量 ROS_MASTER_URI 进行定义，命令如下。

```
export ROS_MASTER_URI=http://hcx-pc:11311
```

其中 hcx-pc 为计算机名称，为了让所有打开的终端都能识别，使用以下命令将环境变量的设置加入终端的配置文件中。

```
echo "export ROS_MASTER_URI=http://hcx-pc:11311" >> ~/.bzshrc
```

设置完毕后，就可以在 PC 和 Raspberry Pi 4B 端启动相应的节点，运行机器人并开始进行遥控，命令如下。

```
roscore                                               (PC)
roslaunch mrobot_bringup mrobot_robot.launch          (Raspberry Pi)
rosrun mrobot_teleop mrobot_teleop.py                 (PC)
```

在 PC 端的键盘控制节点终端中根据提示敲击键盘，MRobot 就可以运动了，除了控制机器人的运动，外部传感器的类别也较为丰富，针对不同的应用场景，机器人可以搭建摄像头、激光雷达等外部传感器。

## 11.4 ROS 机器人的路径规划与导航

移动机器人在路径规划与导航中的重点是：地图精确建模、机器人精准定位、路径实时规划。使用 ROS 实现机器人的 SLAM（即时定位与地图构建）和自主导航等功能非常方便，开发者可以使用较多的 ROS 功能包，如 gmapping、hector_slam、ORB_SLAM、move_base、amcl 等。

### 11.4.1 准备工作

ROS 中的路径规划和自主导航的相关功能包可以在各种移动机器人平台使用，所需要使用到的包有以下 3 个。

1）move_base：根据参照的消息进行路径规划，使移动机器人到达指定的位置。
2）gmapping：根据激光数据（或者深度数据模拟的激光数据）建立地图。
3）amcl：根据已经有的地图进行定位。

对机器人硬件有 3 个要求。

1）导航功能包对差分、轮式机器人的效果更好。
2）导航功能包要求机器人安装激光雷达等测距设备，以此获得深度信息。
3）导航功能包以正方形或圆形的机器人为模板进行开发。

启动 MRobot 后，可查看话题列表。计算 MRobot 里程计消息的代码参考 https://github.com/ROSClub/mrobot/blob/master/mrobot_bringup/src/serial_node.cpp。

### 11.4.2 gmapping

gmapping 功能包继承了 Rao-Blackwelliaed 粒子滤波算法，省去了开发者的内部实现。gmapping 功能包的总体框架如图 11-14 所示。

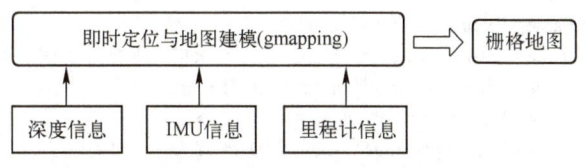

图 11-14　gmapping 功能包的总体框架

gmapping 功能包订阅机器人的深度信息、IMU 信息和里程计信息，同时完成一些必要参数的配置，即可创建并输出基于概率的二维栅格地图。gmapping 功能包基于 openslam 社区的开源 SLAM 算法。在 ROS 的软件源中已经集成 gmapping 功能包的安装文件，可以使用以下命令安装。

```
sudo apt-get installros-melodic-gmapping
```

接下来使用 gmapping 功能包实现机器人 SLAM 功能,首先创建一个运行 gmapping 节点的 launch 文件,主要用于节点参数的配置,参考代码 mrobot_navigation/launch/gmapping.launch 如下。

```xml
<launch>
    <arg name="scan_topic" default="scan" />
    <node pkg="gmapping" type="slam_gmapping" name="slam_gmapping" output="screen" clear_params="true" >
        <param name="odom_frame" value="odom"/>        <!--***世界坐标系-->
        <param name="map_update_interval" value="5.0"/>
        <!-- SetmaxUrange < actual maximum range of the Laser -->
        <param name="maxRange" value="5.0"/>
        <param name="maxUrange" value="4.5"/>
        <param name="sigma" value="0.05"/>
        <param name="kernelSize" value="1"/>
        <param name="lstep" value="0.05"/>            <!--机器人移动的初始值(距离)-->
        <param name="astep" value="0.05"/>            <!--机器人移动的初始值(角度)-->
        <param name="iterations" value="5"/>          <!--icp 的迭代次数-->
        <param name="lsigma" value="0.075"/>
        <param name="ogain" value="3.0"/>             <!--用来平滑重采样的影响-->
        <param name="lskip" value="0"/>               <!--为 0 表示所有的激光都处理,尽可能为 0,每次扫描跳过的波束评估似然的增益,用来平滑重采样的影响-->
        <param name="srr" value="0.01"/>              <!--以下四个参数是运动模型的噪声参数-->
        <!--平移时里程误差平移函数 0.01-->
        <param name="srt" value="0.02"/>              <!--平移时里程误差旋转函数 0.02-->
        <param name="str" value="0.01"/>              <!--旋转时里程误差平移函数 0.01-->
        <param name="stt" value="0.02"/>              <!--旋转时里程误差旋转函数 0.02-->
        <param name="linearUpdate" value="0.5"/>
        <param name="angularUpdate" value="0.436"/>   <!--机器人旋转 angularUpdate 角度,进行 scanmatch--><!--机器人每旋转这么远处理一次扫描-->
        <param name="temporalUpdate" value="-1.0"/>   <!--如果最新扫描处理比更新慢,则处理 1 次扫描,该值为负数时关闭基于时间的更新-->
        <param name="resampleThreshold" value="0.5"/> <!--基于重采样门限的 Neff-->
        <param name="particles" value="80"/>          <!--很重要,粒子个数 80-->
        <param name="xmin" value="-1.0"/>             <!--map 初始化的大小--><!--地图初始尺寸-100,-100,100,100-->
        <param name="ymin" value="-1.0"/>
        <param name="xmax" value="1.0"/>
        <param name="ymax" value="1.0"/>
        <param name="delta" value="0.05"/>            <!--地图分辨率-->
        <param name="llsamplerange" value="0.01"/>
        <param name="llsamplestep" value="0.01"/>
        <param name="lasamplerange" value="0.005"/>
        <param name="lasamplestep" value="0.005"/>
        <remap from="scan" to="$(arg scan_topic)"/>
    </node>
</launch>
```

接下来创建一个启动 gmapping 例程的 launch 文件 mrobot_navigation/launch/gmapping_demo.launch,参考代码如下。

```xml
<launch>
    <include file="$(find mrobot_navigation)/launch/gmapping.launch"/>
    <!--启动 rviz -->
    <node pkg="rviz" type="rviz" name="rviz" args="-d $(find mrobot_navigation)/rviz/gmapping.rviz"/>
</launch>
```

以上 launch 文件包含两部分内容。

1) 启动之前创建 gmapping 节点。
2) 启动 rviz，查看传感器和地图构建的实时信息。

启动机器人，发布 SLAM 需要的深度信息、里程计信息、接收运动控制的 twist 命令，参考以下代码 mrobot_bringup/launch/mrobot_with_laser.launch 完成。

```xml
<launch>
    <node pkg="mrobot_bringup" type="mrobot_bringup" name="mrobot_bringup" output="screen" />
    <arg name="urdf_file" default="$(find xacro)/xacro --inorder '$(find mrobot_description)/urdf/mrobot_with_rplidar.urdf.xacro'" />
    <param name="robot_description" command="$(arg urdf_file)" />
    <node name="joint_state_publisher" pkg="joint_state_publisher" type="joint_state_publisher" />
    <node pkg="robot_state_publisher" type="robot_state_publisher" name="state_publisher">
        <param name="publish_frequency" type="double" value="5.0" />
    </node>
    <node name="base2laser" pkg="tf" type="static_transform_publisher" args="0 0 0 0 0 0 1 /base_link /laser 50"/>
    <node pkg="robot_pose_ekf" type="robot_pose_ekf" name="robot_pose_ekf">
        <remap from="robot_pose_ekf/odom_combined" to="odom_combined"/>
        <param name="freq" value="10.0"/>
        <param name="sensor_timeout" value="1.0"/>
        <param name="publish_tf" value="true"/>
        <param name="odom_used" value="true"/>
        <param name="imu_used" value="false"/>
        <param name="vo_used" value="false"/>
        <param name="output_frame" value="odom"/>
    </node>
    <include file="$(find mrobot_bringup)/launch/rplidar.launch" />
```

这个 launch 文件启动了机器人，加载了机器人的 URDF 模型，并且启动激光雷达，发布激光深度数据。在机器人端运行如下命令：

```
roslaunch mrobot_bringup mrobot_with_laser.launch
```

在 PC 端运行如下命令：

```
roslaunch mrobot_navigation gmapping_demo.launch
```

### 11.4.3 导航功能包

move_base 和 amcl 功能包作为机器人路径规划和定位的两个核心，ROS 在这两个功能包的基础上，提供了一套完整的功能框架，如图 11-15 所示。

机器人只需要发布必要的传感器信息和导航的目标位置，ROS 就可以完成导航功能。move_base 功能包提供导航的主要运行、交互接口，它主要包括两个部分。

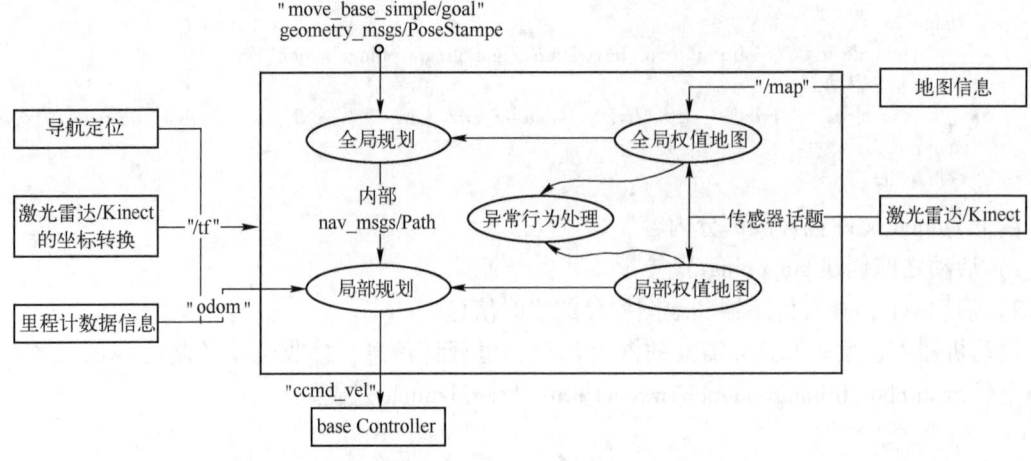

图 11-15 ROS 的导航功能框架

1) 全局路径规划：根据给定的目标位置进行总体路径的规划。
2) 本地实时规划：根据附近的障碍物进行躲避路线规划。

为了保证机器人路径规划与导航的准确性，机器人要对自己所在位置进行精准定位，amcl 功能包可以实现这部分工作。

使用如下命令安装导航框架功能包。

```
sudo apt-get installros-melodic-navigation
```

**1. 创建 launch 文件**

使用 mrobot_navigation/launch/move_base.launch 来启动 move_base 节点。

```
<launch>
<!--设置地图的配置文件 -->
<arg name="map" default="test_map.yaml" />
<!--运行地图服务器,并且加载设置的地图-->
<node name="map_server" pkg="map_server" type="map_server" args="$(find mrobot_navigation)/maps/$(arg map)"/>
<!--运行 move_base 节点 -->
<include file="$(find mrobot_navigation)/launch/move_base.launch"/>
<!--启动 AMCL 节点 -->
<include file="$(find mrobot_navigation)/launch/amcl.launch"/>
<!--设置一个/odom 与/map 之间的静态坐标变换 -->
<nodepkg="tf" type="static_transform_publisher" name="map_odom_broadcaster" args="000000/map /odom 100" />
<!--运行 rviz -->
<nodepkg="rviz" type="rviz" name="rviz" args="-d $(find mrobot_navigation)/rviz/nav.rviz"/>
</launch>
```

acml 定位功能节点的启动文件 mrobot_navigation/launch/amcl.launch 的代码如下。

```
<launch>
    <arg name="use_map_topic" default="false"/>
    <arg name="scan_topic" default="scan"/>
    <nodepkg="amcl" type="amcl" name="amcl" clear_params="true">
        <param name="use_map_topic" value="$(arg use_map_topic)"/>
        <!-- Publish scans from best pose at a max of 10 Hz -->
```

```xml
            <param name="odom_model_type" value="diff"/>
            <param name="odom_alpha5" value="0.1"/>
            <param name="gui_publish_rate" value="10.0"/>
            <param name="laser_max_beams" value="60"/>
            <param name="laser_max_range" value="12.0"/>
            <param name="min_particles" value="500"/>
            <param name="max_particles" value="2000"/>
            <param name="kld_err" value="0.05"/>
            <param name="kld_z" value="0.99"/>
            <param name="odom_alpha1" value="0.2"/>
            <param name="odom_alpha2" value="0.2"/>
    <!-- translation std dev, m -->
            <param name="odom_alpha3" value="0.2"/>
            <param name="odom_alpha4" value="0.2"/>
            <param name="laser_z_hit" value="0.5"/>
            <param name="laser_z_short" value="0.05"/>
            <param name="laser_z_max" value="0.05"/>
            <param name="laser_z_rand" value="0.5"/>
            <param name="laser_sigma_hit" value="0.2"/>
            <param name="laser_lambda_short" value="0.1"/>
            <param name="laser_model_type" value="likelihood_field"/>
    <!-- <param name="laser_model_type" value="beam"/> -->
            <param name="laser_likelihood_max_dist" value="2.0"/>
            <param name="update_min_d" value="0.25"/>
            <param name="update_min_a" value="0.2"/>
            <param name="resample_interval" value="1"/>
    <!-- Increase tolerance because the computer can get quite busy -->
            <param name="transform_tolerance" value="1.0"/>
            <param name="recovery_alpha_slow" value="0.0"/>
            <param name="recovery_alpha_fast" value="0.0"/>
            <remap from="scan" to="$(arg scan_topic)"/>
        </node>
</launch>
```

### 2. 开始导航

使用以下命令开始机器人导航：

```
roslaunch mrobot_bingup mrobot_with_laser.launch    （机器人端）
roslaunch mrobot_navigation nav_demo.launch         （PC端）
```

在打开的 rviz 界面中，单击菜单栏"2D Nav Goal"按钮，然后任意选择一个目标点，机器人开始向目标点前进。在 rviz 中，可以看到机器人在地图上的实时位置、传感器信息等。

读者可在地图中突然加入障碍物，测试机器人是否可以避开障碍物。

## 11.5 对话机器人分类

17 对话机器人

关于对话机器人的研究，可以追溯到20世纪50年代，图灵提出了"机器可以思考吗？"的图灵测试问题来衡量人工智能发展的程度，图灵测试就测试者是分别对机器人和人进行对话，看测试者能否辨别出机器人。

从应用上来说，对话机器人是为了解决当今信息爆炸引起的信息过载问题，现在的搜索引擎需要用户逐个浏览和仔细阅读搜索出的网址信息，然后再剔除冗余信息得到期望答案。用户用自然语言向对话机器人提出问题后，对话系统能够自然又通顺地回答问题，回答内容与问题相关且精准。目前，对话机器人在生活中已经有了成功的应用，在电商、保险等行业的智能客服、个人助理等场景中，已经能够替代大量的人工客服，可以进行简单的业务处理和客户支持。

例如，美国 OpenAI 研发的聊天机器人程序 ChatGPT 是人工智能技术驱动的自然语言处理工具，它能够通过学习和理解人类的语言来进行对话，还能根据聊天的上下文进行互动，真正像人类一样来聊天交流，甚至能完成写邮件、视频脚本、文案、翻译、编程和写论文等任务。

目前对话机器人可以从技术实现方式、对话领域、功能角度方面进行分类。

### 11.5.1　按技术实现方式分类

在与对话机器人进行对话过程中，答案生成包括内容选择、文本规划、语句合成、指代表达生成、表层实现等阶段。生成答案技术主要包括检索式和生成式。

**1. 检索式对话机器人**

检索式指的是机器人回复的内容都是预先定义好的，机器人只需要在知识库中找到最合适的答案即可。由于回复的内容是人工预先设定的，因此检索式对话机器人的回复质量通常较高。但缺点也很明显，人工构造知识库耗时耗力且难以覆盖更多的对话领域，因此检索式对话机器人通常只应用于某些限定领域。

其中最典型的例子是 FAQ 客服机器人，如图 11-16 所示。FAQ（常见问题解答）客服机器人的设计原因是没有人工服务，且人工服务的水平态度参差不齐、耗时费力；对客服而言，向用户回答的问题单一重复，技术含量低，使用客服机器人可以降低人工成本以及客服培养管理难题。

**2. 生成式对话机器人**

生成式指的是机器人在收到用户的输入内容后，会基于算法模型自动生成一句回复。生成式对话机器人不需要人工构建知识库，因此也不受对话领域的限制，而且相比于检索式，生成的答复内容更加丰富多样。生成式对话机器人虽然有很多优点，但当前工业界却很少采用该方式，究其原因主要是目前机器人生成的答复内容不可控，且容易出现语法错误、语句不通顺等问题。

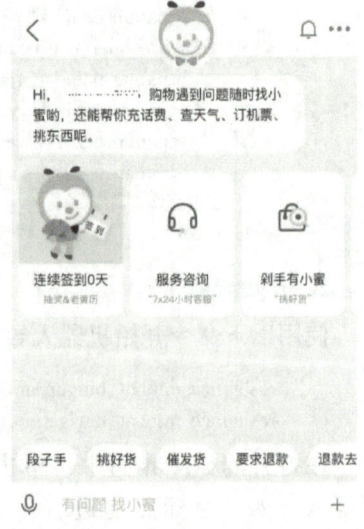

图 11-16　FAQ 客服机器人

最著名的生成式对话机器人是 Google 翻译，Google 翻译生成译文时，会在数百万篇文档中查找各种模式，以便决定最佳翻译。Google 翻译通过在人工翻译的文档中检测各种模式，进行合理的猜测，然后得出适当的翻译。

### 11.5.2　按对话领域分类

根据用户的对话意图、话题的区分对话机器人可以分为限定域对话机器人和开放域对话机器人。

### 1. 限定域对话机器人

限定域指的是机器人仅能在某个限定的领域内提供对话服务，而用户如果与机器人聊限定域之外的内容，机器人则回答不上来。用户的问题意图限定在特定领域中，在与机器人对话中，得到的对话答案的准确率也会提高。

限定域对话机器人（见图 11-17）往往能够很好地解决某一领域内的用户问题，对话中关于一些特定主题的有限问题，更容易实现，比如询问天气怎么样。可能的输入和输出的空间是有限的，因为系统试图实现一个非常特定的目标，限定域机器人只需要尽可能有效地完成具体任务。技术支持或购物助理是典型的例子，其中客服机器人能够代替传统人工客服解答大量重复性的问题，节省企业人力成本，因此在工业界应用最为广泛。

### 2. 开放域对话机器人

与限定域对话机器人可以响应关键字或意图完成特定任务的意图不同，开放域对话机器人可以参与任何主题的对话，并且机器人能够给予丰富多样的回复。

但相比于限定域对话机器人，开放域对话机器人更难实现，因为用户不一定有明确的目标或意图，他们可以谈论任何方向的任何话题，无数的话题和生成合理的反应所需要的知识规模，使得开放域对话机器人的实现相当困难。所以开放域对话机器人在当前市场上应用场景有限，且开放域对话机器人通常采用生成式实现方式来回复用户，回复内容不可控，因此在企业中的实际应用较少。

典型的开放域对话机器人有 Siri、微软小冰、小度机器人（见图 11-18）等语音助手，它们可以通过智能对话与即时问答的智能交互，帮助用户解决问题，其主要是帮助用户解决生活中各类问题。

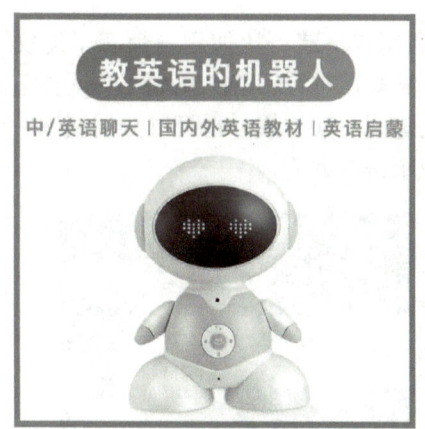

图 11-17　限定域对话机器人

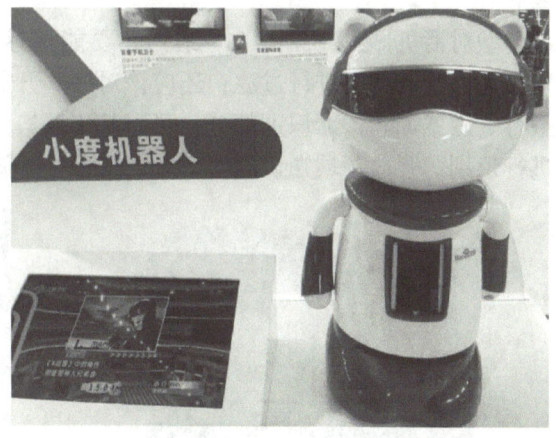

图 11-18　小度机器人

## 11.5.3　按功能角度分类

对话机器人在日常生活中的不同应用场景中可以分为问答型、任务型和闲聊型对话机器人。

### 1. 问答型对话机器人

问答型对话机器人也可以划分成很多类型，常见的有 FAQ 检索型、基于知识图谱的问答（KBQA）、表格问答（TableQA）和文档问答（PassageQA）等。

1）FAQ 检索型问答是根据用户的对话去 FAQ 知识库匹配最合适的答案并反馈给用户。

2）基于知识图谱的问答是将知识以 RDF 三元组的形式进行存储，模型能够将答案定位到具体某个实体/属性，相比于 FAQ，KBQA 能够实现"推理"能力。

3）在表格问答中，表格可以看作是二维的知识图谱，模型会把用户的自然语言转化成 SQL 查询语句，直接从数据库里定位到答案。

4）文档问答是基于文档的问答，我们的问答模型会基于用户的问题，将答案定位在文档的某个段落、某句话，甚至是某个短语。

### 2. 任务型对话机器人

任务型对话机器人指特定条件下提供信息或服务的机器人。通常情况下是为了满足带有明确目的的用户，例如查流量、查话费、订餐、订票、咨询等任务型场景。由于用户的需求较为复杂，通常情况下需分多轮互动，用户也可能在对话过程中不断修改与完善自己的需求，任务型对话机器人需要通过询问、澄清和确认来帮助用户明确目的。

天猫精灵（见图 11-19）就是通过语音形式进行交互的任务型对话系统，可以通过语音对话控制天猫精灵播放音乐、查询天气，甚至还可以实现订外卖、充话费、网上购物等复杂需求。

### 3. 闲聊型对话机器人

闲聊型对话机器人主要指的是用户为了获得某种情感需求而进行的对话，对话领域往往是开放域，闲聊的实现方式有多种，例如基于匹配/规则的方式、基于检索的方式、基于编解码结构的端到端模型的方式。闲聊场景中，机器人检测到用户是在闲聊，就可以进入闲聊逻辑进行回复。

闲聊型对话机器人（见图 11-20）还要能够感知到用户情绪，比如用户愤怒了能安慰用户；能够对一些敏感词进行过滤；还应该对一些开放领域知识进行回答，比如下一届奥运会在哪里举行。敏感词和情绪识别部分，可以基于词典的关键词过滤方式，也可以分别训练一个分类器进行识别。开放领域知识问答部分，可以基于知识图谱的方式。

图 11-19　天猫精灵

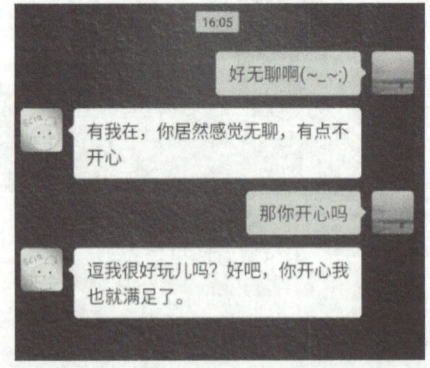

图 11-20　闲聊型对话机器人

相比于闲聊型，任务型对话机器人的目的性会更强，当用户输入"帮我订张机票"这句话后，系统通过 AI 模型识别到用户这句话的意图为"订机票"，系统需要获取相关信息，则通过提前配置好的澄清话术向用户进行反问以获取该信息，所以对于任务型对话机器人的设计，需要考虑意图跳转、多意图任务、指代识别、槽位继承等多种复杂的对话策略。

## 11.6 对话机器人技术对比

对话机器人本质上是通过机器学习和人工智能等技术让机器理解人的语音,并回复相关问题。它包含了诸多学科方法的融合使用,是人工智能领域的一个技术演练营,接下来分别介绍对话机器人主要涉及的技术。

### 11.6.1 深度学习

基于深度学习聊天机器人的绝大多数技术都是在 Sequence to Sequence(Seq2Seq)深度学习技术框架下进行改进的。Sequence to Sequence 一般是通过 Encoder-Decoder(编码-解码)框架实现,Encoder 编码将输入序列转化成一个固定长度的向量编码,右侧 Decoder 解码将之前生成的固定向量再转化成输出序列,编解码部分可以采用 CNN、RNN、LSTM、GRU、BLSTM 等实现,所以基于 Encoder-Decoder,我们可以设计出各种各样的应用算法。

**1. Encoder-Decoder 模型**

Encoder-Decoder 模型,又叫作编码-解码模型,如图 11-21 所示,这是一种应用于 Seq2Seq 问题的模型,主要应用于机器翻译、语音识别、问答系统以及文本摘要。

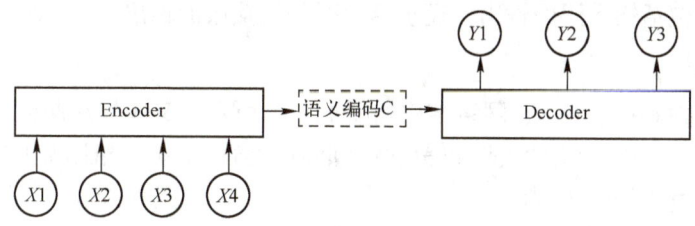

图 11-21 抽象 Encoder-Decoder 模型

其模型在对话机器人中的应用,对于句子 $(X,Y)$,其目标是给定输入句子 $X$,期待通过 Encoder-Decoder 模型来生成目标句子 $Y$。$X$ 和 $Y$ 可以是同一种语言,也可以是两种不同的语言。而 $X$ 和 $Y$ 分别由各自的单词序列构成:

$$X = \{x_1, x_2, \cdots, x_m\} \tag{11-1}$$

$$Y = \{y_1, y_2, \cdots, y_n\} \tag{11-2}$$

对应的 $(X,Y)$ 中,$X$ 指的是用户输入语句,一般称作 Message,而 $Y$ 一般指的是聊天机器人的应答语句,一般称作 Response,其含义是当用户输入 Message 后,经过 Encoder-Decoder 模型计算,首先由 Encoder 对 Message 进行语义编码,形成中间语义表示 C:

$$C = F(x_1, x_2, \cdots, x_m) \tag{11-3}$$

Decoder 根据中间语义表示 C 生成了聊天机器人的应答。这样,用户反复输入不同的 Message,聊天机器人每次都形成新的应答:

$$y_i = G(C, y_1, y_2, \cdots, y_n) \tag{11-4}$$

Encoder-Decoder 模型虽然非常经典,但是局限性也非常大,最大的局限性就是在于编码和解码之间的唯一联系语义向量 C,语义向量无法完全表示整个序列的信息,并且先输入的内容携带的信息会被后输入的信息稀释掉,或者说被覆盖了。

**2. RNN 模型**

RNN 模型就是循环神经网络模型,一般以序列数据为输入,通过网络内部的结构设计有效捕捉序列之间的关系特征，一般也是以序列形式进行输出。RNN 模型能够很好利用序列之间的关系，因此针对自然界具有连续性的输入序列，如人类的语言、语音等进行很好的处理，广泛应用于 NLP 领域的各项任务，如文本分类、情感分析、意图识别、机器翻译等。RNN 结构如图 11-22 所示。

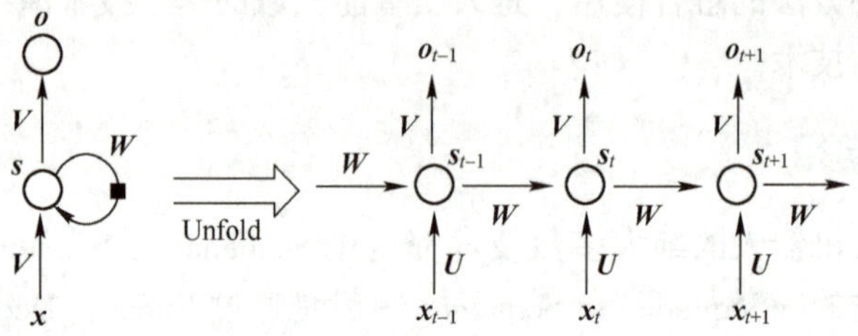

图 11-22　RNN 结构

基于 RNN 的对话系统由两个部分构成，分别为编码器和解码器。编码器的作用是对一句输入语句进行编码，使得对话系统能够理解这句话的意思。而解码器是利用编码器输出的编码输出对话句子。假设一个输入："我是中国"，那么就该对应"是""中国"这两个词，预测下一个词最有可能是什么？是"人"的概率比较大。从网络结构上，RNN 会记忆之前的信息，并利用之前的信息影响后面节点的输出，也就是说，RNN 的隐藏层之间的节点是有连接的，隐藏层的输入不仅包括输入层的输出，还包括上时刻隐藏层的输出。

### 3. LSTM 模型

LSTM 模型一种特殊的 RNN，网络结构如图 11-23 所示，又叫长短期记忆模型，主要是为了解决长序列训练过程中的梯度消失和梯度爆炸问题。简单来说，相比普通的 RNN，LSTM 能够在更长的序列中有更好的表现。

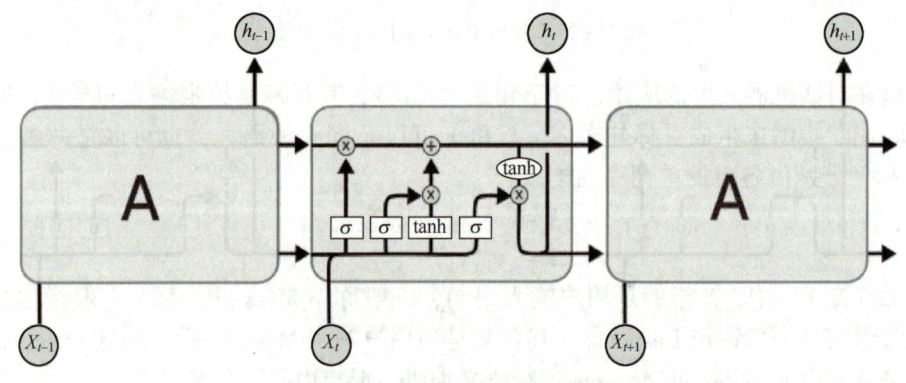

图 11-23　LSTM 网络结构

LSTM 模型和 RNN 不同，除原有输出外，还增加了一条单元状态通路，这个单元状态只经过较少的改变就传给下一个单元。LSTM 的巧妙之处在于通过增加各种门控，如输入门、遗忘门和输出门，使得自循环的权重是变化的，控制了上一单元有多少信息可以通过，当前单元有哪些信息可以添加到单元状态传递给下一个单元。

LSTM 非常适合在 NLP 领域应用，比如一句话出现的词可以认为是不同时序的输入 x，而在某一时间 t 出现词 A 的概率可以通过 LSTM 计算，因为词 A 出现的概率是取决于前面出现过的词的，但取决于前面多少个词是不确定的，这正是 LSTM 所做的存储着记忆信息 C，使得能够得出较接近的概率。

LSTM 模型在一定程度上改善了 RNN 的梯度问题，但 LSTM 模型在处理较长的序列时会显得有些棘手，并且若 LSTM 的时间跨度很大，并且网络又深的情况下，计算量就会很大，很耗时。

### 11.6.2 人工模板

人工模板的工作流程为将人工智能标记语言（AIML）文件知识库载入内存进行初始化，下一步将接收到用户的输入请求后，通过提取关键词、替换、去除噪声等方式为下一步的问题查询推理做准备，其工作流程的核心步骤是问题查询推理，主要是通过与规则进行逐步匹配，对问题进行推理定位，最后进行模板处理，对上一步的问题进行完善，得到最可能的答案。这个技术路线的好处是精准，缺点是需要大量人工工作，缺乏灵活性，而且可扩展性差，需要到每一个场景去扩展。

应该说目前市场上各种类似于 Siri 的对话机器人中都大量使用了人工模板的技术，主要是其精准性是其他方法还无法比拟的。这种对话机器人当人提问时，它会拿着问题去搜索答案，使用关键词匹配显得稍有技术一点。甚至有好几个答案对应一个问题，可以随机显示或者再进行逻辑判断，选择合适的回答，这样就显得不那么枯燥，这属于问题和答案一对多。另外一种情况是，比如用户问天气如何，它会反问用户在哪个城市，根据城市回答天气。这种比较困难，因为这不是单纯的检索，需要一些逻辑判断和记忆。记忆很难做到，这要求它需要记住上面聊到的人和事，这种情况处于属于问题和答案多对一。

### 11.6.3 检索技术

基于检索技术的对话机器人则类似搜索引擎，事先存储对话库并建立索引，根据用户的提问，在对话库中进行模糊匹配找到最合适的应答内容。

检索模型所使用的回复数据通常是预先存储且事先定义的数据，准确来说，检索模型的输入是一段上下文内容，和一个可能作为回复的候选答案，模型的输出是对这个候选答案的打分。寻找最合适的回复内容的过程是：先对一些候选答案进行打分及排序，最后选出分值最高的候选答案作为最终回复。

基于检索技术的对话机器人的优点是不需要完全进行逐字逐句的匹配，解决了人工模板的模板局限性，回答质量高，能让机器人看起来更灵活了。但也存在一些缺点，比如精准性下降；并且由于对话输入的短语信息量太少，还需要解决特征少的问题，进行相似特征的提取，从而通过相似特征去做搜索，获得结果。

分别对对话机器人的三种技术进行对比，如表 11-4 所示。

表 11-4 对话机器人的三种技术对比表

| 对 比 项 | 基于人工模板 | 基于检索技术 | 基于深度学习 |
| --- | --- | --- | --- |
| 聊天语料库 | 问答模板 | 问答句配对 | 问答句配对 |
| 人工工作量 | 大 | 中等 | 低 |
| 语法准确性 | 准确 | 准确 | 准确 |
| 应答可控性 | 高 | 中等 | 低 |
| 可扩展性 | 差 | 中等 | 好 |
| 技术难度 | 低 | 中等 | 高 |
| 适用场景 | 高频聊天请求<br>特定聊天场景 | 中等频率聊天请求<br>垂直领域的聊天 | 开放领域聊天请求 |

## 11.7 习题与练习

**1. 填空题**

1) 目前 ROS 主流的编译系统是（　　　）。
2) ROS 通信系统使用（　　　）等模型，实现（　　　）机制的数据传输。
3) ROS 系统软件的功能模块是以（　　　）为单位独立运行的。
4) 如果你要备份一个 ROS 的软件包，合理的存放位置是（　　　）。
5) 默认情况下，catkin_make 生成的 ROS 可执行文件放在（　　　）路径。
6) 启动 ROS Master 的命令是（　　　）。
7) ROS 机器人的功能包不属于路径规划和导航的是（　　　）。
8) 对话机器人主要从（　　　）方面进行分类。
9) 检索式对话机器人回复内容是（　　　）设定的，只需要在知识库中找到最合适的答案即可。
10)（　　　）是一个复杂的机器学习算法，在语音和图像识别方面取得了远远超过先前相关技术的效果。

**2. 选择题**

1) 实现多种通信机制的数据传输的 ROS 核心通信系统处于（　　　）。
   A. OS 层　　　　B. 中间层　　　　C. 应用层　　　　D. 通信层
2) 关于 ROS 节点的描述，哪一项是错误的？（　　　）。
   A. 节点是 ROS 的进程
   B. 节点是 ROS 可执行文件运行的实例
   C. 节点启动时会向 Master 注册
   D. 节点可以先于 ROS Master 启动
3) 机器人操作系统的全称是（　　　）。
   A. Router Operating System
   B. Request of Service
   C. React Operating System
   D. Robot Operating System
4) 获取软件包目录的命令是（　　　）。
   A. rospack find
   B. rospack list
   C. rostopic pub
   D. rostopic hz
5) ROS 复制文件的命令是（　　　）。
   A. roscp　　　B. rosls　　　C. rospd　　　D. rosed
6) 查看 ROS 话题信息的命令是（　　　）。
   A. rosservice　　B. rosnode　　C. rostopic　　D. roswtf
7) 自动生成功能包的命令是（　　　）。
   A. catkin_create_pkg
   B. catkin_prepare_release
   C. catkin_generate_changelog
   D. catkin_init_workspace
8) 检查或删除 ROS 日志文件的命令是（　　　）。
   A. rescore　　B. rosclean　　C. rosbag　　D. rossrv
9)（　　　）不是 ROS 的特点。
   A. 强实时性　　B. 分布式架构　　C. 开源　　D. 模块化

10）ROS Melodic 最佳适配的 Linux 版本是（　　）。
A. CentOS 7　　　　B. Ubuntu 14.04　　　C. Ubuntu 16.04　　　D. Ubuntu 18.04

**3. 简答题**

1）ROS 机器人的分布式架构是什么样的？分别负责什么功能？
2）什么是功能包？功能包至少会包含什么文件？
3）move_base 功能包的配置文件有几个？并简述 move_base 功能包提供导航的主要部分。
4）简述对话机器人分类方式及各类型对话机器人的优缺点。
5）简述对话机器人之间的技术对比。

# 参 考 文 献

[1] 董婕. 计算机专业技术人员职业道德建设研究［D］. 昆明：昆明理工大学，2012.
[2] 汪静. AI时代：创新而有度［J］. 商学院，2017（9）：1.
[3] 惠亚楠，王蕾，孙阳. 基于大数据背景的会计信息挖掘构想［J］. 企业改革与管理，2020（3）：2.
[4] 谷振峰. 人工智能的基石［J］. 数字技术与应用，2017（8）：2.
[5] 蔡科. Magos AI项目为区块链领域带来人工智能与神经网络技术［J］. 计算机与网络，2017（18）：77.
[6] 张睿哲. 深度学习技术概述［J］. 中国新通信，2018，20（21）：192-193.
[7] 唐毅. 计算机视觉图像处理技术在茶学领域应用分析［J］. 福建茶叶，2018（9）：25+46.
[8] 左燕. 自然语言与计算机编程语言的相通性微探［J］. 现代信息科技，2019，3（22）：2.
[9] 李召卿，曹杨. 语音识别专利技术发展现状与未来趋势［J］. 中国发明与专利，2017（S1）：55-59.
[10] 张硕，刘鑫. 从专利角度分析遥控型手术机器人技术发展过程［J］. 科学技术创新，2017（31）：98-99.